|g|r|a|f|i|t|

© 2007 by GRAFIT Verlag GmbH
Chemnitzer Str. 31, D-44139 Dortmund
Internet: http://www.grafit.de
E-Mail: info@grafit.de
Alle Rechte vorbehalten.
Umschlagfoto: Tobias Freyer
Druck und Bindearbeiten: CPI books, Leck
ISBN 978-3-89425-340-0
1. 2. 3. 4. 5. / 2009 2008 2007

Andreas Hoppert

Menschenraub

Kriminalroman

grafit

Der Autor

Andreas Hoppert wurde 1963 in Bielefeld geboren. Nach dem Jurastudium war er zunächst wissenschaftlicher Mitarbeiter an der Uni/GHS Siegen, seit 1990 ist er Richter am Sozialgericht in Detmold.

Mit dem Politthriller *Der Fall Helms* debütierte Hoppert im Jahr 2002 als Schriftsteller. Es folgten *Erbfall, Die Medwedew-Variante* und *Zug um Zug*.

Der Ablauf einer Entführung hat nach der Analyse aktenkundiger Fälle durch Kriminalexperten ein System und beinhaltet in der Regel folgende klassische Phasen:

Die Auswahl des Opfers
Die Observation des Opfers
Das Einrichten des Verstecks
Der Überfall
Der Transport des Opfers in das Versteck
Der erste Kontakt, bei dem die Entführer ihre Forderungen stellen
Die Bekanntgabe der Modalitäten der Geldübergabe
Die Lösegeldübergabe
Die Freilassung des Opfers

Unsere Erwartungen beeinflussen, was wir wahrnehmen und wie wir etwas wahrnehmen. Müssen sich widersprechende Informationen verarbeitet werden, bevorzugt das Gehirn die wahrscheinlichste Interpretation durch Vergleich mit bereits abgespeicherten (erlernten) Erfahrungen.

Unsere Wahrnehmung funktioniert in aller Regel erstaunlich präzise und wir täuschen uns nur selten. Wenn man allerdings die Gesetzmäßigkeiten des Wahrnehmungssystems kennt, dann ist es möglich, einige verblüffende Illusionen herzustellen.

Eine Illusion findet statt, wenn etwas anders erscheint, als es ist.

1

Der Mercedes schlingerte und drohte für einen kurzen Moment auszubrechen. Dann kam er aber doch mit quietschenden Reifen knapp hinter einem Audi zum Stehen.

Der Mann auf dem Rücksitz, den alle nur Gonzo nannten, wurde nach vorn geschleudert und prallte mit dem Gesicht gegen die Kopfstütze des Fahrersitzes.

»Was ist passiert, Freddy?«, fragte Gonzo und hielt sich die schmerzende Nase.

Der Fahrer fuhr herum. »Keine Namen, du Idiot!«, herrschte er den anderen an.

Gonzo hob die Wolldecke neben sich an und betrachtete das darunter liegende Mädchen. »Kannst ganz beruhigt sein«, sagte er. »Die Kleine schläft tief und fest. Aber was ist eigentlich los? Ein Stau um diese Uhrzeit?«

Der Mann auf dem Beifahrersitz, er hieß Jochen und war ein grobschlächtiger Kerl mit Vokuhila-Frisur und so stark tätowiert, dass die Zeichnungen sogar den Hals und einen Teil seines Gesichts überzogen, zeigte durch die Windschutzscheibe nach vorn. »Bullen!«, sagte er nur.

Und jetzt sah auch Gonzo die beiden Streifenwagen mit den zuckenden Blaulichtern auf dem Dach, die vor den etwa zwanzig wartenden Autos auf der Straße standen. Polizisten in reflektierenden Jacken und mit roten Kellen liefen hin und her und winkten alle Fahrer an die Seite.

»Scheiße!«, entfuhr es Gonzo. »Verfluchte Scheiße! Glaubt ihr, die sind wegen uns hier?«

Freddy gab ein höhnisches Schnauben von sich. »Was hast du denn gedacht? Meinst du, die Bullen veranstalten ausgerechnet in der Nacht eine Terroristenfahndung, in der wir unser Ding durchziehen?«

Gonzo spürte, wie sich kalter Schweiß auf seinem Rücken

und unter seinen Achseln ausbreitete. »Aber wie haben die so schnell etwas spitzkriegen können?«, fragte er.

Freddy hob die Schultern. »Was weiß ich? Vielleicht musste irgendein seniler alter Sack aus der Nachbarschaft pinkeln und hat zufällig aus dem Fenster geschaut.«

»Wir müssen irgendwas tun!«, jammerte Gonzo. »Was sollen wir jetzt nur tun?«

Freddys Gesicht war knallrot. Gonzo war sich nicht sicher, ob aus Wut oder aus Verzweiflung. Vielleicht ist es aber auch nur der Widerschein der Bremsleuchten des Audi vor uns, versuchte er, sich zu beruhigen. Freddy konnte so leicht nichts aus der Fassung bringen. Gonzo war eigentlich fest davon überzeugt, dass der Mann am Steuer jedes Problem lösen konnte. Aber jetzt saß Freddy schon seit fast einer Minute einfach nur da und kaute auf seiner Unterlippe, während sie Meter für Meter weiter auf die Kontrollstelle zurollten.

»Freddy?«, fragte Gonzo zaghaft.

Der Fahrer drehte sich wieder zu ihm um. »Halt endlich dein Maul!«, brüllte er Gonzo an. »Du siehst doch, dass ich nachdenke.«

Plötzlich war ein leises Wimmern zu hören.

»Ich glaube, die Kleine kommt zu sich«, meinte Gonzo.

»Dann bring sie zum Schweigen«, fauchte Freddy. »Aber pass auf, dass du ihr nicht zu viel gibst. Wir brauchen sie noch.«

Gonzo drehte eine Flasche mit durchsichtiger Flüssigkeit auf und schüttete etwas davon auf einen Waschlappen. Sofort erfüllte der süßliche Geruch des Chloroforms das Wageninnere. Behutsam hielt Gonzo dem Mädchen den Lappen vor Mund und Nase.

Freddy wandte sich seinem Beifahrer zu. »Hast du eine Idee?«, fragte er.

Jochen wackelte unschlüssig mit dem Kopf. »Wenn sie diese Straße gesperrt haben, werden wir auch auf einer anderen Ausfallstraße nicht durchkommen. Aber ich kenne mich hier in der Gegend ganz gut aus und glaube, es gibt noch eine Möglichkeit über einen Wirtschaftsweg. Dazu müssten wir aber umkehren.«

»Okay.« Freddys Entschluss stand fest.

Ein Blick in den Rückspiegel verriet ihm, dass sich hinter ihnen noch kein Auto eingereiht hatte. Freddy knallte den Rückwärtsgang rein, setzte ein paar Meter zurück und riss das Steuer scharf nach links. Dann hielt er auf den Bürgersteig zu, wendete und trat das Gaspedal bis zum Anschlag durch. Der Mercedes schoss davon, einen Hagel aus Splitt und Dreck hinter sich zurücklassend. Jetzt kam es auf jede Sekunde an.

2

Helen Baum stürmte die Stufen des Bielefelder Polizeipräsidiums hoch. Mit der rechten Hand balancierte die Kriminaldirektorin eine Tasse Kaffee, mit der linken umklammerte sie ihre Aktentasche.

Vor einer halben Stunde hatte sie die Nachricht von der Entführung erhalten. Helen Baum hatte bereits geschlafen, war aber trotzdem innerhalb weniger Minuten gewaschen und angezogen gewesen. Zum Schminken war sie allerdings nicht mehr gekommen, aber jetzt war auch nicht die Zeit für Eitelkeiten. Immerhin hatte sie noch Kaffee aufsetzen können, ohne das Koffein wäre sie nicht lange wach geblieben.

Als die Kriminaldirektorin den Besprechungsraum erreichte, fand sie dort den Leiter des 11. Kommissariats, Kriminalhauptkommissar Peter Remmert, seinen Stellvertreter Kriminaloberkommissar Gerd Weigelt und weitere Beamte des Kommissariats vor, dessen Zuständigkeit unter anderem Entführungen umfasste.

Helen Baum stellte Kaffee und Tasche auf einem Tisch ab, dann schüttelte sie dem Hauptkommissar die Hand.

Remmert war zwei Jahre älter als sie – fünfundvierzig. Eigentlich ein gut aussehender Mann, dachte Helen Baum. Fast einen Meter neunzig groß, schlank, durchtrainiert, braune Augen, volles dunkles Haar, das an den Schläfen silbrig wurde. Wenn da nur nicht dieser Polizistenschnauzer gewesen wäre, den nach ihrer Schätzung mindestens die Hälfte der männlichen Mitarbeiter der Bielefelder Polizei trug. Freud hatte einst gelehrt, Oberlippenbärte seien Ausdruck eines Minderwertigkeitskomplexes. Helen Baum war seit über zwanzig Jahren Polizistin und fest davon überzeugt, dass der berühmte Nervenarzt recht gehabt hatte.

»Wie ist die Lage?«, fragte sie und nippte an dem heißen Kaffee.

Der Hauptkommissar zog seine Notizen zurate. »Um genau 1.37 Uhr kam die Meldung in der Leitstelle rein. Ein …«, ein weiterer kurzer Blick auf seine Aufzeichnungen, »… Alexander Neumann hat angegeben, eine Entführung beobachtet zu haben. Zwei maskierte Männer hätten auf der Rosenstraße in Hoberge-Uerentrup vor dem Haus mit der Nummer 13 ein junges Mädchen gekidnappt und in ein Auto geschleppt, das sich dann schnell in Richtung Dornberger Straße entfernt habe.«

»Um 1.40 Uhr hat die Einsatzleitstelle ›Ring 20‹ ausgelöst«, übernahm Weigelt und tippte mit einem Teleskopstab gegen die Wand, an der eine große Karte von Bielefeld und Umgebung hing. Weigelt war ein blasser Mann Mitte dreißig mit schütteren sandfarbenen Haaren und norddeutschem Akzent. Im Allgemeinen sprach er eher wenig, aber wenn er den Mund aufmachte, hatte er auch etwas zu sagen.

»Wir haben in einem Radius von zwanzig Kilometern um den Tatort Kontrollstellen eingerichtet.« Weigelt deutete mit seinem Stock nacheinander auf die entsprechenden Punkte auf der Karte. »Außerdem haben wir ein Mitfahndungsersuchen an den Personennahverkehr, an die Taxizentrale und die Bahnpolizei gerichtet. Bisher alles ohne Erfolg.«

»Weiß man schon, wer das Opfer ist?«, fragte die Kriminaldirektorin.

»Höchstwahrscheinlich eine Daniela Schwalenberg, sechzehn Jahre alt«, berichtete Weigelt. »Die Entführung hat vor dem Haus ihrer Eltern stattgefunden. Frau und Herr Schwalenberg haben angegeben, ihre Tochter habe in die Disko gewollt und sei bisher nicht zurückgekehrt. Außerdem passt die Beschreibung des Zeugen genau auf Daniela.«

»Schwalenberg?«, überlegte Helen Baum laut. »Doch nicht *die* Schwalenbergs?«

»Genau die«, bestätigte Remmert. »*Schwalenberg Autoteile.* Zweitausend Beschäftigte, vierhundertfünfzig Millionen Euro Umsatz. Danielas Vater ist der Alleineigentümer. Ich denke, es ist klar, worauf diese Entführung hinausläuft.«

Die Kriminaldirektorin nickte bedächtig. Wenn das Opfer tatsächlich Daniela Schwalenberg war, würde das für die Eltern nicht billig werden. Und für einen Riesenmedienzirkus sorgen. »Haben die Entführer sich schon gemeldet?«, wollte sie wissen.

Remmert schüttelte den Kopf. »Dazu ist es zu früh. Die Täter sind wahrscheinlich noch voll und ganz damit beschäftigt, unserer Fahndung zu entkommen. Ihr großes Pech war, dass es diesen Augenzeugen gibt, der die Entführung sofort gemeldet hat. Sonst hätten die Schwalenbergs ihre Tochter wahrscheinlich erst in einigen Stunden als vermisst gemeldet.«

»Okay«, meinte Helen Baum abschließend. »Dann würde ich gerne den Zeugen, diesen Alexander Neumann, befragen. Wo kann ich ihn finden?«

»Im Verhörraum 2. Er sitzt da und trinkt eine Cola nach der anderen.«

»Was wissen wir über Neumann?«

»Alexander Neumann ist neunzehn Jahre alt«, las Remmert von einem Zettel ab, »arbeitslos, lebt von Hartz IV und wohnt noch bei seinen Eltern, genauer gesagt bei seiner Mutter. Neumann hat zwei kleinere Jugendstrafen wegen

Verstoßes gegen das Betäubungsmittelgesetz, Ecstasy und Marihuana. Sonst keine Auffälligkeiten.«

Begleitet von Remmert und Weigelt verließ Helen Baum das Besprechungszimmer. Nach ein paar Schritten über den Flur öffnete Weigelt eine Tür mit der Aufschrift *Verhörraum 2*. Als die Kriminaldirektorin eintrat, erblickte sie einen dünnen, peckligen Mann mit hängenden Schultern und nach hinten gedrehter Baseballkappe auf dem Kopf. Er trug ein übergroßes weißes T-Shirt, eine blaue Jeans, die den Eindruck hervorrief, als würde ihm der Hintern in den Kniekehlen hängen, und klobige weiße Turnschuhe.

»Herr Neumann?«, fragte die Kriminaldirektorin. »Mein Name ist Helen Baum. Nett, dass Sie auf mich gewartet haben. Bitte, setzen Sie sich.« Sie zeigte auf einen Stuhl an der Breitseite des länglichen Tisches, der den Raum beherrschte.

Alexander Neumann ließ sich widerwillig auf die Sitzfläche fallen. Die Beamten nahmen ihm gegenüber Platz.

»Würden Sie mir bitte berichten, was Sie beobachtet haben?«, eröffnete Helen Baum die Befragung.

»Das hab ich doch jetzt alles schon tausendmal erzählt«, maulte Neumann. »Ich bin hundemüde und will endlich ins Bett.«

»Ein letztes Mal noch«, versprach Helen Baum. »Sie sind momentan unser einziger Zeuge und vielleicht hängt ein Menschenleben von Ihrer Aussage ab.«

Der junge Mann nickte ergeben. »Also gut«, sagte er. »Wo soll ich anfangen?«

»Fangen Sie bei dem Zeitpunkt an, an dem Sie Ihre Wohnung verlassen haben. Sie wohnen noch bei Ihren Eltern?«

»Bei meiner Mutter in Großdornberg. Ich bin so gegen zehn von zu Hause los und mit meinem Fahrrad zum *Aladin* gefahren.«

»Das ist eine Diskothek in Brackwede«, warf Weigelt ein.

Helen Baum bedankte sich für die Information mit einem Kopfnicken. »Bitte weiter«, forderte sie Neumann auf.

»Ich bin so bis gegen halb, Viertel vor eins im *Aladin* geblieben, aber da war nich viel los. Also bin ich wieder nach Hause gefahren. Auf dem Rückweg bin ich mit dem Fahrrad durch die Rosenstraße gekommen. Da habe ich ein junges Mädchen gesehen, das die Straße runtergegangen ist. Ich hab sie überholt und bin etwa hundert Meter weiter in einen Fußgängerweg abgebogen. Ein paar Sekunden später ist mir die Kette abgesprungen. Ich bin abgestiegen und wollte sie wieder draufmachen. Und da habe ich etwas gesehen: Das Mädchen, das ich vorher überholt hatte, wollte gerade in einer Einfahrt verschwinden, als wie aus dem Nichts zwei Männer aufgetaucht sind und sie sich geschnappt haben.«

»Haben die Männer Sie nicht bemerkt?«

»Nein, ich war ja auf diesem Fußgängerweg. Der ist nicht beleuchtet, außerdem stehen da rechts und links Bäume und Büsche. Von der Rosenstraße aus ist der Weg nicht einsehbar.«

Die Kriminaldirektorin runzelte die Stirn. »Aber die Kidnapper müssen Sie doch wahrgenommen haben, als Sie die Straße entlanggeradelt sind.«

Neumann zuckte die Achseln. »Wahrscheinlich. Aber die konnten ja nicht ahnen, dass mir die Kette abspringt, und dachten vielleicht, ich sei schon lange weg.«

»Hm«, meinte Helen Baum. »Können Sie die Männer beschreiben?«

»Die Männer waren ganz in Schwarz gekleidet und sie trugen so Sturmhauben mit Sehschlitzen.«

»Ist Ihnen an Gangbild oder Haltung der Männer etwas aufgefallen?«, fragte Helen Baum.

Neumann kniff die Augen zusammen. »Das verstehe ich nicht.«

»Hat einer der Männer gehinkt?«, präzisierte die Kriminaldirektorin. »Hatten die Männer eine aufrechte Haltung, eine vorgestreckte Haltung, eine zurückgelegte Haltung, eine zusammengesunkene Haltung, eine vornübergebeugte Haltung? Alles kann wichtig sein!«

»Mir ist nichts aufgefallen. Das ging alles viel zu schnell.«

»Größe, Alter?«

»Beide Männer waren ziemlich groß. Über das Alter kann ich nichts Genaues sagen, weil sie ja diese Skimasken aufhatten. Aber sie schienen ziemlich stark zu sein. Ja, das müssen junge Männer gewesen sein. Die haben das Mädchen hochgehoben und weggetragen, als wenn sie nichts wiegen würde.«

»Hat das Mädchen um Hilfe gerufen? Oder hat es sich gewehrt?«

»Sie hat es versucht. Sie hat mit Händen und Füßen um sich geschlagen und getreten. Ich glaube, sie wollte auch schreien, aber einer der Männer hat ihr sofort den Mund zugehalten. Sie hat sich dann noch ein paar Sekunden bewegt, aber dann wurde ihr etwas auf den Mund gedrückt, vielleicht ein Taschentuch, und kurz darauf wurde sie schlaff. Wie eine Puppe hing sie in den Armen des Mannes. Ich war wie gelähmt und wusste nicht, was ich tun sollte. Also habe ich erst mal gar nichts gemacht.«

»Wie ging es dann weiter?«, fragte die Kriminaldirektorin.

»Die Männer haben das Mädchen zu einem Auto getragen, das ein paar Meter weiter an der Rosenstraße geparkt war.«

»Was war das für ein Auto? Fahrzeugtyp? Kennzeichen? Farbe?«

»Keine Ahnung, es ging alles so schnell und es war ja auch dunkel. Ich hab ja schon gesagt, dass der Fußgängerweg, auf dem ich stand, von der Rosenstraße aus nicht einsehbar ist. Das gilt natürlich auch umgekehrt für die Rosenstraße. Deshalb konnte ich nur Teile des Autos erkennen. Es war aber ein relativ großer Wagen. Und er hatte eine dunkle Farbe. Schwarz vielleicht. Oder dunkelblau. Es tut mir leid, ich fürchte, ich bin Ihnen keine große Hilfe.«

»Sie machen das ganz hervorragend, Herr Neumann«, beruhigte ihn Remmert. »Erzählen Sie der Frau Kriminaldirektorin, was dann passiert ist.«

»Der eine Mann hat das Mädchen in den Wagen gelegt und ist hinten eingestiegen, der andere Mann hat sich nach vorn gesetzt.«

»Konnten Sie erkennen, wie viele Männer sich in dem Wagen befunden haben?«

»Nein, aber es muss mindestens ein weiterer Mann am Steuer gewartet haben, denn die beiden anderen Männer und das Mädchen waren kaum drin, da ist der Wagen schon in Richtung Dornberger Straße losgerast.«

»Kennen Sie das Mädchen, das entführt worden ist?«, fragte Helen Baum.

»Nein, ich habe sie vorher noch nie gesehen. Sie ist mir nur aufgefallen, weil sie mitten in der Nacht ganz allein die Straße langgegangen ist.«

»Können Sie das Mädchen genauer beschreiben?«

»Klar. Sie war sehr hübsch. Ungefähr ein Meter fünfundsechzig groß, lange dunkle Haare, gute Figur, vielleicht sechzehn oder siebzehn Jahre alt. Sie hatte eine Jeans, weiße Stiefel und eine weiße Jacke an. Mehr konnte ich im Vorbeifahren nicht erkennen.«

Die Kriminaldirektorin warf Weigelt einen fragenden Blick zu. Der nickte kurz: Die Beschreibung passte exakt auf Daniela Schwalenberg.

Helen Baum erhob sich von ihrem Platz. »Danke, Herr Neumann, Sie haben uns sehr geholfen.«

»Kann ich dann gehen?«

»Einen Moment noch. Wir würden gerne ein Foto von Ihnen machen.«

»Wieso das denn?«

»Routine«, fertigte die Kriminaldirektorin den jungen Mann kurz ab. »Warten Sie bitte einen Moment draußen. Sie werden gleich abgeholt.«

»Und noch einmal vielen Dank für Ihren Mut und Ihre Umsicht«, ergänzte Remmert. »Andere wären in der Situation wahrscheinlich abgehauen, ohne sich bei uns zu melden.«

Nachdem Alexander Neumann den Raum verlassen hatte, sah Helen Baum in die Gesichter ihrer beiden Mitarbeiter. »Was halten Sie davon?«, fragte sie.

»Hört sich plausibel an«, meinte Remmert. »Wir haben Neumanns Geschichte überprüft, soweit das in der kurzen Zeit möglich war. Der Weg durch die Rosenstraße ist mit dem Fahrrad der kürzeste und schnellste Weg vom *Aladin* zu Neumanns Wohnung in Dornberg.« Er zeigte auf dem Stadtplan auf einen Punkt im Bielefelder Süden und zog bis Dornberg eine gerade Linie, die genau durch den Bielefelder Stadtteil Hoberge-Uerentrup verlief.

»Aber das sind doch bestimmt fünfzehn Kilometer«, schätzte Helen Baum.

Remmert zuckte die Achseln. »Wenn man kein Auto hat.«

Die Kriminaldirektorin kniff die Augen zusammen. »Ich finde es etwas komisch, dass ein Neunzehnjähriger ganz zufällig mitten in der Nacht die Entführung eines fast gleichaltrigen Mädchens beobachtet haben will.«

»Vielleicht war es gar kein Zufall«, mutmaßte Weigelt. »Als ich jung war, war ich mal in ein Mädchen verliebt. Ich war zu feige, sie anzusprechen, wusste aber, wo sie wohnte. Abends bin ich manchmal bei ihr vorbeigefahren, nur um ihr Fenster zu beobachten und sie vielleicht zu sehen. Vielleicht war es bei Neumann ähnlich und es ist ihm zu peinlich, uns das zu erzählen.«

Remmert bedachte seinen Kollegen mit einem mitleidigen Kopfschütteln. »Weißt du was, Gerd, du bist echt krank.«

»Auf jeden Fall muss überprüft werden, ob Neumann im *Aladin* war«, beendete Helen Baum das Thema. »Sobald Sie sein Foto haben, schicken Sie jemanden damit in die Diskothek und lassen es herumzeigen. Am besten noch heute. Die haben doch bestimmt bis fünf Uhr morgens auf. Vielleicht kann sich jemand an Neumann erinnern. Was sagen die Schwalenbergs?«

»Wir haben eine erste Befragung durchgeführt«, berichtete

Weigelt. »Frau Schwalenberg hat bestätigt, dass ihre Tochter samstagabends regelmäßig in die Disko geht und anschließend mit dem Nachtbus nach Hause fährt.«

»Was ist das für eine Diskothek?«, fragte die Kriminaldirektorin. »Zufällig auch das *Aladin*?«

»Nein, Daniela Schwalenberg geht immer in das *Meddox* in der Bielefelder Altstadt.«

Helen Baum gähnte herzhaft. »Ist jemand bei den Schwalenbergs?«

Remmert nickte. »Ist alles organisiert.«

»Wie alt ist Daniela noch mal? Siebzehn?«

»Sechzehn. Sie wird in zwei Monaten siebzehn.«

»Würden Sie eine Sechzehnjährige nachts allein in die Disko gehen lassen?«, erkundigte sich Helen Baum.

»Die Frage kann ich Ihnen genau beantworten«, antwortete Remmert, obwohl die Frage an Weigelt gerichtet war. »Meine Tochter *ist* sechzehn und ich lasse sie um diese Uhrzeit bestimmt nicht mehr aus dem Haus.«

Das Telefon in dem Verhörraum schellte. Die Kriminaldirektorin nahm ab, hörte einige Sekunden schweigend zu, dann sagte sie: »Geben Sie mir nur eine grobe Zusammenfassung.«

Sie lauschte erneut, fragte einmal: »Wirklich *nichts?*«, und dann noch einmal: »*Gar* nichts?«, bevor sie auflegte.

»Das war die Spurensicherung«, erklärte sie. »Sie haben den Tatort vor dem Haus der Schwalenbergs untersucht, aber nichts gefunden.«

»Das scheint Sie zu wundern«, bemerkte Remmert.

»Das wundert mich allerdings«, erwiderte Helen Baum. »Alle Täter hinterlassen Spuren. Blut, Haare, Haut, Zigarettenkippen, einen abgerissenen Knopf, einen abgebrochenen Fingernagel, Fasern, Reifenspuren, Schuhspuren. Sie haben Neumann doch gehört: Das Mädchen hat sich gewehrt, gekratzt, gebissen, gespuckt, was weiß ich. Da kann es nicht sein, dass wir nichts finden.«

»Das sehe ich etwas anders«, widersprach Remmert. »Wenn sich zwei starke Männer ein vielleicht fünfzig Kilogramm schweres Mädchen schnappen, müssen keine Kampfspuren zurückbleiben. Und auf trockenen und sauberen Asphaltstraßen sind Fahr- und Schuhspuren nicht zu finden. Aber ich werde die Kollegen von der Spurensicherung bitten, noch einmal genau nachzuschauen.«

»Tun Sie das.« Helen Baum sah auf die Uhr und stellte fest, dass es kurz nach drei Uhr morgens war. »Ich schlage vor, wir versuchen alle, noch ein paar Stunden zu schlafen. Wir haben einen langen Tag vor uns.«

3

Rrrrriiiiiingädingding.

Das Geräusch wirkte wie ein Hammerschlag auf den Kopf und katapultierte Marc Hagen aus dem Tiefschlaf in eine aufrechte Sitzposition. Der Crazy Frog aus dem Jamba Spar-Abo war zum Leben erwacht und düste jetzt auf Marcs Nervenbahnen herum.

Er tastete in dem stockdunklen Raum die Umgebung des Bettes ab, bis er sein Handy zu fassen bekam. Er drückte die grüne Taste und der Frosch verstummte.

»Ja?«, murmelte er.

»Herr Hagen?«, fragte eine atemlose weibliche Stimme. »Hier ist Irene von Kleist.«

»Frau Dr. von Kleist?«, Marc warf einen Blick auf die Digitalanzeige seines Weckers. »Es ist kurz vor vier Uhr morgens. Und es ist Sonntag. Wenn ich mich recht an meinen Arbeitsvertrag erinnere, habe ich am Wochenende frei.«

»Ich weiß. Und ich hätte Sie bestimmt nicht gestört, wenn es nicht wichtig wäre. Daniela ist entführt worden!«

Marc war mit einem Schlag hellwach. Daniela war entführt worden! Aber ... wer um Himmels willen war Daniela?

»Daniela Schwalenberg ist meine Nichte«, fuhr Irene von Kleist fort, als habe sie Marcs Gedanken gelesen. »Sie wurde vor nicht einmal drei Stunden auf offener Straße gekidnappt. Meine Schwester hat mich gerade informiert. Ich muss sofort zu ihr, um ihr beizustehen.«

»Klar, natürlich. Äh … also, wenn ich irgendwie helfen kann …«

»Das können Sie tatsächlich. Gestern hat mich ein Peter Schlüter angerufen, der Sohn eines ehemaligen Mandanten. Sein Vater, Walter Schlüter, ist vor drei Wochen verstorben und hat Peter Schlüter ein Haus vererbt. Und irgendetwas stimmt mit diesem Haus nicht.«

»Wie ›stimmt nicht‹? Spukt es?«

»Herr Schlüter hat mir keine Einzelheiten genannt. Er hat es aber so dringend gemacht, dass ich ihm versprochen habe, noch heute vorbeizukommen.«

»Seit wann machen Rechtsanwälte Hausbesuche?«

»Ich weiß, ich weiß. Aber Herr Schlüter meinte, er müsse mir unbedingt etwas zeigen. Und das könne er nur an Ort und Stelle.«

»Muss das unbedingt an einem Sonntag sein?«

»Wie gesagt, die Sache scheint Schlüter ziemlich am Herzen zu liegen. Und sein Vater war ein wirklich sehr alter und guter Mandant von mir.«

»Ich bin leider schon verabredet«, log Marc. »Ich werde Schlüter aber gleich am Montagmorgen besuchen.«

»Ist okay«, hörte er die enttäuschte Stimme seiner Chefin. »Ich kann Sie selbstverständlich zu nichts zwingen. Dann mache ich es eben selbst. Ich muss nur noch meine Schwester anrufen und ihr sagen, dass sie mit der Entführung ihrer Tochter allein klarkommen …«

»Ich habe verstanden«, unterbrach Marc sie. Er seufzte theatralisch. »Wann und wo?«

4

Hauptkommissar Remmert bog in die Auffahrt seines Reihenhauses ein, stellte den Passat in der Garage ab und schloss die Haustür auf. Im Flur sah er auf die Uhr. Halb fünf Uhr morgens. Vielleicht fand er noch ein paar Stunden Schlaf. Er zog die Schuhe aus und schlich auf Zehenspitzen in den ersten Stock, wo sich das Schlafzimmer seiner Tochter befand. Kim war eigentlich ein Unfall gewesen, damals vor siebzehn Jahren. Doch natürlich liebte er seine Tochter über alles und konnte sich ein Leben ohne sie nicht mehr vorstellen. Er durfte gar nicht daran denken, dass sie bald volljährig sein und dann unter Umständen von zu Hause ausziehen würde. Zu seinem Glück hatte seine Tochter am anderen Geschlecht noch kein rechtes Interesse gezeigt und so war Remmert bisher von männlicher Konkurrenz verschont geblieben.

Er öffnete leise die Tür und der schwache Lichtstrahl aus dem Flur erhellte Kims friedliches Gesicht. Der Hauptkommissar hörte ein paar Sekunden ihren ruhigen und gleichmäßigen Atemzügen zu. Alles in Ordnung, dachte er. Gott sei Dank.

Er ging hinunter in die Küche, öffnete den Kühlschrank und nahm sich eine Dose Bier heraus, die er aufriss und mit einem langen Schluck halb austrank.

»Peter, bist du das?«

Remmert drehte sich um und sah seine Frau im Bademantel in der Tür stehen. Er warf ihr einen liebevollen Blick zu. Remmert hatte seine Frau kurz vor Kims Geburt geheiratet, *heiraten müssen*, wie es damals geheißen hatte, und war sich beileibe nicht sicher gewesen, ob diese Ehe halten würde. Aber heute wusste er, dass er einen Glücksgriff getan hatte. Er liebte seine Frau wie am ersten Tag, vielleicht sogar noch mehr. Ursula war alles für ihn: seine Frau, sein bester Freund und seine Geliebte.

»Seit wann trinkst du am frühen Morgen Alkohol?«, wollte Ursula Remmert wissen.

»Für mich ist es späte Nacht«, antwortete Remmert. »Und ich brauche jetzt was zur Beruhigung.«

Er setzte sich an den Küchentisch und seine Frau nahm neben ihm Platz.

»So schlimm?«, fragte sie.

»Wie man's nimmt«, erwiderte er und erzählte ihr von der Entführung Daniela Schwalenbergs.

»Ich weiß nicht, was ich mit solchen Schweinen machen würde, wenn sie sich Kim greifen würden«, schloss er seinen Bericht.

»Bei deinem Einkommen dürfte eine Entführung eher unwahrscheinlich sein«, versuchte seine Frau, ihn aufzuheitern.

Remmert trank einen weiteren Schluck. »Wahrscheinlich hast du recht«, meinte er dann. »Wenn es bei dieser Sache tatsächlich um Geld geht.«

»Hast du daran Zweifel?«

Remmert schüttelte nach kurzem Nachdenken den Kopf. »Nein, nach allem, was wir wissen, hat die Entführung keinen sexuellen Hintergrund. Das war die generalstabsmäßig geplante Aktion einer Bande. Ich bin mir sicher, dass den Schwalenbergs bald eine Lösegeldforderung ins Haus flattern wird.«

Ursula Remmert seufzte. »Das heißt, ich werde dich in den nächsten Tagen kaum zu Gesicht bekommen, oder?«

Der Hauptkommissar nickte müde. Er wusste, dass er seiner Frau und seiner Tochter viel zu wenig Zeit widmete. »Bei derartigen Entführungen wird automatisch eine Sonderkommission gebildet«, erklärte er. »Und ich bin davon überzeugt, dass unsere sehr verehrte Frau Helen Baum die Soko leiten wird, schließlich hat sie den richtigen Titel. Die Sache wird in den Medien ein mittleres Erdbeben auslösen. Da wird es der Polizeipräsident nicht unter einer Kriminaldirektorin machen können, auch wenn sie von Tuten und Blasen keine Ahnung hat. Ich habe in fünfundzwanzig Jahren bei der Polizei noch nie einen Beamten des höheren Dienstes erlebt, der dermaßen unfähig ist. Wenn nicht ein Menschenleben auf dem Spiel stehen würde, würde ich mich totlachen.«

Ursula Remmert lächelte milde. »Bist du dir sicher, dass deine Abneigung gegen Frau Baum nichts damit zu tun hat, dass sie eine Frau ist?«, fragte sie.

»Ja, da bin ich mir ganz sicher«, erwiderte Remmert vehement. »Ich habe nichts gegen Frauen bei der Polizei. Im Gegenteil. Ich bin sogar davon überzeugt, dass sie bestimmte Aufgaben besser lösen können als ein Mann.«

»Ja, natürlich«, sagte Ursula Remmert ironisch. »Insbesondere, wenn es darum geht, Todesnachrichten zu übermitteln, Familienstreitigkeiten zu schlichten oder gewaltgeschädigte Frauen und Kinder zu vernehmen. Aber wenn es um die wirklich wichtigen Ermittlungen geht, muss natürlich ein Mann ran.«

»O nein. Ich hätte noch nicht einmal etwas gegen einen weiblichen Vorgesetzten. Allerdings habe ich etwas gegen Inkompetenz und darüber verfügt Frau Baum leider in hohem Maße. Inzwischen kennt jeder im Präsidium ihre Lebensgeschichte. Bis zu ihrem achtundzwanzigsten Lebensjahr war Helen Baum eine ganz normale Kriminalkommissarin, nicht besser oder schlechter als jeder von uns. Dann hat sie auf einer Tagung Joachim Kühnert kennengelernt und er hat sich in sie verliebt. Na ja, kein Wunder bei ihrem Aussehen. Die Frau ist ohne Zweifel äußerst attraktiv. Kurz darauf wurde Kühnert Staatssekretär im Innenministerium und ein halbes Jahr später hat er die Baum zu sich nach Düsseldorf geholt. Da hat sie dann unter Kühnerts Protektion Karriere gemacht bis hin zur Kriminaldirektorin.«

»Vielleicht war sie einfach nur gut«, warf Ursula Remmert ein.

Remmert machte ein zweifelndes Gesicht. »Vielleicht hat sie im Ministerium wirklich gute Arbeit geleistet«, sagte er dann. »Das kann ich nicht beurteilen. Wie man hört, war sie die letzten Jahre für die Auswertung von allen möglichen Kriminalstatistiken zuständig. ›Bielefeld, die sicherste Stadt Deutschlands‹, und so ein Scheiß. Dann kam der Regierungswechsel in Düsseldorf und Kühnert musste gehen. Kurz danach kam auch für die Baum das Ende und sie wurde nach Bielefeld abgeschoben.«

»Das beweist alles nicht, dass sie unfähig ist.«

»Nein, aber um das herauszufinden, hatten wir ja schon drei Monate Zeit. Kriminalistik ist nun einmal ein Handwerk, das man lernen kann. Und das man auch wieder *ver*lernen kann. Man kann nicht fünfzehn Jahre mit der praktischen Polizeiarbeit aussetzen und dann wieder einsteigen, als sei nichts geschehen. Auch Polizeiarbeit entwickelt sich weiter. Die Baum weiß das übrigens, sie ist schließlich nicht dumm. Und weil sie nicht dumm ist, weiß sie, dass sie mit uns nicht mithalten kann. Sie versucht, ihre Unsicherheit zu überspielen, indem sie uns jeden Tag die Dinge um die Ohren haut, von denen sie etwas versteht, und das sind ihre Statistiken. Ich kann ihr das nicht mal verdenken, aber mithilfe von Statistiken ist noch nie ein praktischer Fall gelöst worden. Und man kann auf diese Weise erst recht kein Entführungsopfer finden.«

Remmert trank den Rest seines Bieres aus, dann zerdrückte er die Dose und beförderte sie in den Müll. »Ich habe bei dieser Sache ein sehr ungutes Gefühl«, sagte er. »Ich glaube, die Geschichte wird für Daniela Schwalenberg nicht gut ausgehen.«

5

Um Punkt zehn Uhr stand Marc vor der Fassade eines grauen, zweigeschossigen Wohnhauses mit Spitzdach. Nach Marcs Schätzung stammte das Gebäude in der Menzelstraße aus den Fünfzigerjahren des letzten Jahrhunderts. Laut der Klingelknöpfe am Eingang war das Haus in sechs Wohnungen unterteilt. Marc fand den Namen Schlüter ganz unten und drückte den daneben angebrachten Knopf. Sekunden später ertönte ein Summer und die Tür sprang auf. Marc betrat einen gelb gefliesten Hausflur, im gleichen Augenblick öffnete sich zu seiner Linken eine Tür.

Ein hagerer Mann mit Stirnglatze und Nickelbrille, der Mitte vierzig sein mochte, trat halb in den Flur und musterte Marc erstaunt.

»Herr Schlüter?«, fragte Marc, bevor der Mann etwas sagen konnte. »Mein Name ist Marc Hagen. Ich bin ein Mitarbeiter von Frau Dr. von Kleist. Frau Dr. von Kleist ist leider kurzfristig verhindert und hat mich gebeten, den Termin wahrzunehmen.«

»Sind Sie auch Rechtsanwalt?«, wollte Schlüter wissen.

»Momentan nicht«, versuchte Marc, das peinliche Thema schnell abzuhandeln. »Aber da es sich nur um ein erstes Informationsgespräch handelt, kann ich Ihnen vielleicht trotzdem helfen. Es steht Ihnen natürlich frei zu warten, bis Frau Dr. von Kleist wieder Zeit hat, aber wie es momentan aussieht, kann das dauern.«

Schlüter dachte einen Moment nach, dann nickte er fast unmerklich und reichte Marc seine rechte Hand. »Peter Schlüter«, stellte er sich vor. »Kommen Sie bitte herein.«

Er trat zur Seite und wies auf das letzte Zimmer, das rechts von dem Flur abging. »Wenn Sie mir ins Wohnzimmer folgen wollen.«

Dort angekommen, machte Schlüter eine Handbewegung zu einem schwarzen Ledersofa hin. »Bitte, nehmen Sie Platz.« Marc setzte sich und sah sich neugierig um. Eine Wand des Raumes wurde fast vollständig von einem leeren Regal eingenommen, die Schubladen der beiden Kommoden waren halb herausgezogen, die Türen des großen Schrankes standen weit offen. Die Umzugskartons, die sich neben dem Sofa stapelten, waren bis zum Rand mit Büchern vollgepackt.

»Mein Vater ist vor drei Wochen verstorben«, erklärte Schlüter, dem Marcs Blicke nicht entgangen waren. »Das hier ist seine Wohnung und ich bin gerade dabei, den Haushalt aufzulösen.«

»Mein Beileid«, sagte Marc und suchte nach Worten. »Ihr Vater war offenbar sehr belesen.«

»O ja. Er war Oberstudienrat am Max-Planck-Gymnasium und hat bis zu seiner Pensionierung Deutsch und Geschichte unterrichtet.«

»Ihr Vater ist *der* Schlüter?«, erkundigte sich Marc erstaunt. »Der schöne Walter? So wurde er zumindest von uns Schülern genannt.«

»Sie waren auch auf dem MPG?«, fragte Schlüter.

»Von 1981 bis 1990«, bestätigte Marc. »Ich selbst hatte allerdings bei Ihrem Vater nie Unterricht.«

»Ja, er ist auch schon 1985 pensioniert worden.«

»Dann sind Sie doch bestimmt ebenfalls ein Ehemaliger des Max-Plancks?«

»Nein, ich war auf dem Ratsgymnasium. Das Max-Planck hatte zumindest in den Siebziger- und Achtzigerjahren den Ruf einer linken Kaderschmiede. Ich weiß nicht, ob das heute noch der Fall ist, aber mein Vater wollte damals unbedingt, dass ich auf eine ›anständige‹ Schule ging. Er meinte, ein Abi auf dem Rats sei viel mehr wert, außerdem bekomme man da eine ordentliche humanistische Bildung. Zu seinem großen Leidwesen habe ich dann doch etwas Naturwissenschaftliches studiert. Na ja, auf jeden Fall hatte ich nichts dagegen, auf ein anderes Gymnasium zu gehen. Ich stelle es mir nicht sehr lustig vor, Schüler an einer Schule zu sein, an der der eigene Vater Lehrer ist.«

»Ihr Vater hatte aber offenbar keine Bedenken, an der ›linken Kaderschmiede‹ zu unterrichten.«

»Ich glaube, er hat sich als eine Art Speerspitze gegen den Sozialismus gesehen. Außerdem konnte er so zu Fuß zur Arbeit gehen.« Schlüter hielt inne. »Möchten Sie vielleicht etwas zu trinken?«, fragte er.

Marc spürte den Nachdurst der letzten Pokernacht in seiner Kehle und räusperte sich. »Ein Glas Wasser wäre nett.«

Schlüter verschwand in einem Nebenraum und kehrte kurz darauf mit einem Glas und einer Flasche Volvic in das Wohnzimmer zurück. Er stellte beides vor Marc auf den niedrigen Couchtisch und setzte sich auf einen der beiden Sessel gegenüber. Dann beobachtete er, wie Marc den Deckel der Flasche aufdrehte und sich das Mineralwasser eingoss.

»Was heißt eigentlich ›momentan‹?«, wollte Schlüter unvermittelt wissen.

Marc hätte fast das Wasser verschüttet. »Wie bitte?«

»Sie sagten, Sie hätten ›momentan‹ keine Anwaltszulassung. Ich dachte bis jetzt, entweder man ist Anwalt oder man ist es nicht. Verstehen Sie mich bitte nicht falsch, aber ich muss schließlich wissen, mit wem ich es zu tun habe.«

»Ich bin Jurist, aber meine Anwaltszulassung ruht quasi«, sagte Marc und überlegte, wie er es vermeiden konnte, Schlüter etwas von seiner Vorstrafe wegen Versicherungsbetrugs zu erzählen. »Ich hatte Probleme mit der Anwaltskammer, weil ich einen für einen Anwalt, nun ja, etwas unkonventionellen Stil pflege.« Marc legte eine Pause ein und hoffte, dass Schlüter sich mit dieser Erklärung zufriedengeben würde.

»Ein unkonventioneller Stil«, murmelte der nachdenklich. »Ja, vielleicht ist das genau das, was ich brauche.« Schlüter musterte Marc eindringlich, als wollte er seine Qualifikation für die unbekannte Aufgabe überprüfen. »Aber unser Gespräch unterliegt doch der Geheimhaltung, auch wenn Sie keine Anwaltszulassung haben, oder?«, fragte er dann.

Marc nickte bestätigend. »Voll und ganz.«

»Gut, dann denke ich, dass ich Ihnen mein Problem schildern kann. Ich weiß nicht, wie viel Frau Dr. von Kleist Ihnen schon erzählt hat. Ich fange am besten ganz am Anfang an. Mein Großvater hat dieses Haus 1951 gebaut. 1960 ist er verstorben und hat es an meinen Vater vererbt. Ich habe in dieser Wohnung von meiner Geburt 1962 bis zu meinem zwanzigsten Lebensjahr gelebt. Dann habe ich ein Studium in Aachen begonnen. Jetzt bin ich Ingenieur und lebe seit zehn Jahren mit meiner Frau und meiner Tochter in Enger. Meine Mutter ist vor acht Jahren gestorben, mein Vater hat bis zu seinem Tod hier gewohnt. Ich bin sein Alleinerbe und habe mir zwei Wochen Urlaub genommen, um den Nachlass zu ordnen. Außerdem hatte ich mir vorgenommen, den Dachstuhl zu entrümpeln. Meine Tochter beginnt demnächst hier in Bielefeld ein Biologiestudium und wir überlegen, das Dachgeschoss für sie auszubauen. Und bei dieser Entrümpelung habe ich etwas Entsetzliches entdeckt.« Schlüter holte tief Luft, als müsste er innerlich Anlauf nehmen, bevor er die unerhörte Nachricht verkünden konnte. Schließlich sagte er: »Also, um es kurz zu machen: Ich habe auf dem Dachboden dieses Hauses eine Leiche gefunden.«

Marc konnte kaum glauben, was er da hörte. »Eine Leiche?«, fragte er fassungslos.

Schlüter nickte düster. »Jawohl, eine Leiche. Sie war in einer großen Kiste hinter dem Drempel versteckt. Dazu müssen Sie wissen, dass der Dachboden sehr unübersichtlich ist und von meinem Vater seit Jahrzehnten nur noch als Abstellraum und Rumpelkammer genutzt wurde.«

Marc rieb sich das Kinn »Haben Sie eine Ahnung, wer die Leiche ist und wie sie dorthin gelangt sein könnte?«

»Nein, nicht die geringste.«

»Handelt es sich um einen Mann oder um eine Frau?«

Schlüter hob die Schultern. »Tut mir leid, das kann ich Ihnen nicht sagen.«

»Wie darf ich das verstehen?«, fragte Marc perplex.

»Nun, die Leiche ist in Plastik verpackt. Ich hatte bisher nicht den Mut, die Folie zu öffnen. Außerdem wollte ich keine Spuren zerstören.«

»Woher wollen Sie dann überhaupt wissen, dass es sich um einen Menschen handelt?«

»Das kann man an den Umrissen erkennen. Kopf, Oberkörper, Beine, alles ist deutlich sichtbar.«

»Mhm.« Marc dachte nach. »Kann es sich nicht auch um eine Schaufensterpuppe handeln?«

»Warum sollte jemand eine Schaufensterpuppe in Plastik verpacken und sie auf dem Dachboden deponieren?«

»Vielleicht um sie vor Staub und Nässe zu schützen«, mutmaßte Marc.

Schlüter schüttelte ungeduldig den Kopf. »Mein Vater war Lehrer, meine Mutter Hausfrau. Keiner der beiden hat jemals eine Schaufensterpuppe besessen.«

»Wie auch immer«, meinte Marc. »Mir ist nicht ganz klar, was Frau Dr. von Kleist oder ich für Sie tun können. Rechtsanwälte sind für Leichenfunde nicht zuständig. Warum wenden Sie sich nicht an die Polizei?«

Schlüter zögerte. »Das geht nicht«, sagte er schließlich.

»Warum nicht?«

»Weil ich eben nicht weiß, wer die Leiche ist und wie sie dort hingekommen ist.«

»Das herauszufinden, ist Aufgabe der Polizei.«

»Schon. Aber was ist, wenn mein Vater etwas damit zu tun hat?«

»Ihr Vater?«

»Natürlich. Schließlich liegt die Leiche in *seinem* Haus.«

»Ich verstehe«, gab Marc langsam zurück. »Und was wäre jetzt genau meine Aufgabe?«

»Sie sollen herausfinden, ob mein Vater etwas mit dem Tod dieses Menschen zu tun hat. Falls das nicht der Fall sein sollte, werde ich sofort zur Polizei gehen.«

»Und wenn er doch etwas damit zu tun hat?«

Schlüter starrte ihn an. »Das habe ich mir noch nicht abschließend überlegt. Aber eigentlich will ich nicht, dass das Andenken meines Vaters durch den Schmutz gezogen wird. Er ist tot und kann ohnehin nicht mehr zur Verantwortung gezogen werden. Wer sollte also noch ein Interesse an der Aufklärung des Falles haben?«

»Wie wäre es mit den Angehörigen des oder der Toten?«, sagte Marc. »Offenbar ist ein Mensch verschwunden. Glauben Sie nicht, dass die Verwandten wissen wollen, was geschehen ist?«

Schlüter nickte bedächtig. »Natürlich, Sie haben recht. Aber verstehen Sie jetzt, in welchem Dilemma ich mich befinde? Einerseits möchte ich, dass die Sache aufgeklärt wird, andererseits will ich meinen Vater schützen.«

Marc dachte fieberhaft nach. Dann schlug er vor: »Wir versuchen zuerst einmal herauszufinden, ob es sich wirklich um eine menschliche Leiche handelt. Anschließend sehen wir weiter.«

Schlüter machte ein erfreutes Gesicht. »Gut, gehen wir hoch.«

Marc schluckte hart. »Sie meinen, jetzt sofort?«

»Natürlich, auf wen oder was sollen wir warten?«

6

Ihre Augen öffneten sich flatternd. Ihr war übel und sie spürte leichte Kopf- und Bauchschmerzen.

Was ist geschehen?, dachte sie. Sie lag auf einem Stahlbett mit Matratze, Bettbezug, einem Kopfkissen und einer Wolldecke. Ein Würgreiz stieg in ihrer Speiseröhre auf. Sie wollte sich zur Seite wenden, um sich zu übergeben, wurde aber von irgendetwas festgehalten. Sie drehte den Kopf und sah, dass ihre rechte Hand mit Handschellen an einer der eisernen Bettstangen angekettet war. Schlagartig setzte die Erinnerung ein: Sie war auf dem Weg nach Hause gewesen, als ein Mann sie von hinten gepackt hatte. Dann war ihr ein ekelhaft riechendes Tuch auf den Mund gedrückt worden und dann … Nichts mehr, bis sie in diesem Raum aufgewacht war.

Wo bin ich?, überlegte sie. Sie richtete sich halb auf und stellte fest, dass sie sich in einem niedrigen, etwa vier mal vier Meter großen Raum befand. Die Wände waren weiß verputzt, knapp unterhalb der Decke zog ein dickes Rohr durch den halben Raum. Es gab eine Tür und ein winziges, durch ein Gitter gesichertes Fenster, durch das etwas Tageslicht hereinfiel.

Die Wand neben der Tür war vollständig mit einem Regal bedeckt, in dem sich Werkzeug, Einmachgläser und Flaschen befanden. Auf dem nackten grauen Betonboden standen eine Campingtoilette, ein Plastikstuhl und ein Plastiktisch mit einem großen Wasserkübel darauf, daneben lagen Seife, eine Zahnbürste, Zahnpasta und Klopapier.

Das einzige Geräusch, das zu hören war, war das gleichmäßige, vibrierende Summen einer Neonröhre an der Decke. Es roch nach Schimmel, Heizöl, Lösungsmitteln, Lack und Chemie von der Toilette.

Wahrscheinlich bin ich in einem Keller, dachte sie.

Erschöpft lehnte sie sich zurück und bemerkte ein Spinnennetz über ihrem Kopf. Sie hatte fürchterliche Angst vor Spinnen, aber das war jetzt ihr kleinstes Problem.

Sie war entführt worden, daran konnte es keinen Zweifel geben. Über das Motiv der Verbrecher musste sie nicht lange nachdenken. Mit Sicherheit würden die Kidnapper ein Lösegeld für ihre Freilassung fordern. So etwas las man ja dauernd in der Zeitung. Oder die Gangster wollten sie …

Ihr stockte der Atem, als ihr *diese* Möglichkeit einfiel. Aber dann beruhigte sie sich etwas. Nein, ihre Eltern waren reich, stinkreich sogar. Natürlich ging es um Lösegeld. Es *musste* um Geld gehen, alles andere war undenkbar. Ob Mama und Papa schon wussten, dass ihre einzige Tochter entführt worden war? Hoffentlich hatten die Gangster sich schon bei ihnen gemeldet, umso schneller würde dies hier vorbei sein. Sie war sich sicher, dass ihr Vater »seinen Sonnenschein«, wie er sie immer nannte, nicht im Stich lassen und jede verlangte Summe zahlen würde.

Auf einmal vernahm sie schwere Schritte, die eine Treppe heruntertrampelten. Schlagartig beschleunigte sich ihr Puls. Ein Schlüssel wurde in das Schloss der Tür gesteckt und umgedreht, dann wurden zwei Riegel zurückgeschoben. Jeden Moment würden ihre Peiniger hereinkommen.

In panischer Angst schloss sie die Augen und kniff sie so fest zusammen, dass sie das Gefühl hatte, sie würden ihr aus dem Kopf heraustreten. Sie war sich sicher, dass es ihren Tod bedeutete, wenn sie die Entführer erkannte.

Die Tür schwang auf und sie spürte einen Zug frischer Luft in ihrem Gesicht. Dann näherten sich die Schritte, bis sie direkt vor ihr stoppten.

»Mach die Augen auf!«, sagte eine hohe männliche Stimme.

Sie drückte die Augen noch fester zusammen und schüttelte stumm den Kopf.

»Mach die Augen auf, hab ich gesagt!«, befahl die Stimme wieder. »Keine Angst, dir geschieht nichts.«

Zögernd öffnete sie erst das rechte, dann das linke Auge und sah drei in Trainingsanzügen gekleidete Gestalten vor sich, die über dem Kopf Sturmmasken mit Sehschlitzen trugen.

Der Mann ganz vorn war eher klein und schmächtig, nach ihrer Schätzung keine ein Meter siebzig, die beiden anderen, die sich etwas im Hintergrund hielten, waren wesentlich größer. Der eine maß bestimmt zwei Meter und hatte einen gewaltigen Bauch.

»Ich werde dir jetzt die Spielregeln erklären«, fuhr der kleine Mann fort. »Wie du ja wahrscheinlich schon gemerkt hast, befindest du dich in unserer Gewalt. Wenn deine Eltern dich wiedersehen wollen, müssen sie dafür zahlen. Sobald sie gezahlt haben, werden wir dich freilassen. So lange wirst du in diesem Raum bleiben. Die Dauer deines Aufenthalts hängt also allein von der Kooperationsbereitschaft deiner Eltern ab. Du wirst dich absolut still verhalten und nicht versuchen zu fliehen, sonst werden wir dir sehr wehtun. Abgesehen davon, hätten derartige Versuche auch keinerlei Aussicht auf Erfolg. Hast du das verstanden?«

Sie nickte stumm, schrak aber im gleichen Moment zusammen und versteifte sich, denn der große, dicke Mann trat auf sie zu.

»Hab keine Angst«, flüsterte er ihr beruhigend zu. Er richtete ihren Oberkörper auf und lehnte ihn gegen die Bettstangen. Dann drückte er ihr eine Zeitung in die Hand. »Halt einfach das Titelblatt hoch«, sagte er und zog sich einen Schritt zurück.

Sie tat, wie ihr befohlen, und wurde eine Sekunde später von einem grellen Blitzlicht geblendet.

»Noch ein Bild, zur Sicherheit«, hörte sie die hohe Stimme des kleinen Mannes.

Ein zweiter Blitz flammte auf und stach ihr in die Augen. Dann wurde ihr die Zeitung wieder abgenommen.

»Und was passiert jetzt?«, wagte sie zu fragen.

»Jetzt?« Sie meinte ein gemeines Lächeln in der Stimme des Sprechers zu hören. »Jetzt ist es an der Zeit für einen Anruf bei deinen Eltern.«

7

Helen Baum saß in einem zivilen Opel Vectra und war auf dem Weg vom Präsidium zum Bielefelder Nobelstadtteil Hoberge-Uerentrup.

Vor einer Stunde hatte Polizeipräsident Nordkamp sie zu sich gebeten und ihr mitgeteilt, dass sie die Sonderkommission ›Daniela‹ leiten würde. Helen Baums Freude über diese Nachricht hatte sich in Grenzen gehalten, wusste sie doch genau, warum Nordkamp gerade sie ausgewählt hatte, obwohl sie während ihres ganzen Berufslebens noch nie eine Soko geführt hatte. Nordkamp hatte sich mit Händen und Füßen gegen ihre Versetzung nach Bielefeld gewehrt. Sie galt als weltfremde Expertin für Statistiken, die keine Ahnung von praktischer Polizeiarbeit hatte. Jetzt bot sich Nordkamp eine günstige Gelegenheit, sie wieder loszuwerden. Wenn die Soko scheiterte, würde sie der Sündenbock sein, darüber war sie sich vollkommen klar. Und wenn es der Soko gelang, Daniela Schwalenberg unverletzt freizubekommen und die Täter zu stellen, würde der Polizeipräsident die Lorbeeren ernten. Denn eine besondere Begabung hatte Nordkamp: das Spiel mit den Medien.

Natürlich hatte Nordkamp Helen Baum derlei nicht gesagt. Er hatte vielmehr davon gesprochen, die Soko ›Daniela‹ sei für sie eine Bewährungsmöglichkeit, die ihre Karriere und ihr Ansehen bei der Bielefelder Polizei positiv beeinflussen könne. Gleichzeitig hatte er deutlich gemacht, dass er ihre Aufgabe hauptsächlich in der Repräsentation der Soko »nach außen«, gegenüber der Presse, Staatsanwaltschaft und anderen Behörden sehe. Er habe eine Beamtin des höheren Dienstes mit der Leitung beauftragt, weil die herausragende Bedeutung des Falles dadurch hervorgehoben werde und die Akzeptanz bei der Zusammenarbeit mit anderen Stellen steige. Doch die Fußarbeit solle sie ruhig Kriminalhauptkommissar Remmert, den stellvertretenden Leiter der Soko, machen lassen. Remmert sei ein hervorragender und erfahrener Beamter, Nordkamps »bestes Pferd im Stall«, der werde das Ding schon schaukeln.

Helen Baum seufzte. Wie auch immer diese Sache ausging: Es stand jetzt schon fest, dass Nordkamp am Ende als Gewinner dastehen würde.

Die Kriminaldirektorin passierte den Tierpark Olderdissen, danach wich der Wald allmählich den sanften grünen Hügeln und repräsentativen Häusern Hoberge-Uerentrups.

Kurz darauf erreichte Helen Baum die Rosenstraße. Sie stoppte den Vectra vor der Einfahrt mit der Nummer 13, stieg aus und sah sich um. Alles wirkte vollkommen ruhig und nichts erinnerte an die Ereignisse der letzten Nacht. Am Straßenrand stand ein blauer Volvo Kombi, in dem Helen Baum vage zwei Personen ausmachen konnte. Von Zeit zu Zeit zog weißer Zigarettenrauch aus dem halb geöffneten Beifahrerfenster. Reporter, die auf einen Scoop lauerten, vermutete sie. Die Nachricht von der Entführung war aufgrund der Ringfahndung zur Presse durchgesickert, allerdings war es dem Polizeipräsidenten gelungen, mit den Medien ein Stillhalteabkommen zu schließen, um das Leben der Geisel nicht zu gefährden. Zu Helen Baums Aufgaben würde es gehören, die Presse jeden Tag über den Stand der Dinge zu informieren, verbunden mit der Bitte, nichts zu veröffentlichen. Die Reporter, die hier Stellung vor dem Haus der Schwalenbergs bezogen hatten, wollten wohl trotzdem sicherstellen, dass sie etwaige dramatische Entwicklungen nicht verpassten.

Helen Baum musterte die Örtlichkeit genauer. Tatsächlich befand sich direkt gegenüber dem Grundstück der Schwalenbergs ein kleiner, nur schlecht einsehbarer, von Bäumen und Büschen flankierter Fuß- und Fahrradweg. Neumanns Geschichte konnte also theoretisch stimmen.

Die Kriminaldirektorin ging auf das Grundstück der Schwalenbergs zu. Das Haus war hinter einem schmiedeeisernen, mit Spitzen versehenen Zaun und einer hohen Hecke verborgen. Helen Baum drückte auf den Klingelknopf, neben dem sich kein Namensschild befand. Eine überflüssige Sicherheitsmaßnahme, dachte sie. Weigelt hatte ihr erzählt, dass die meisten Bielefelder wussten, wer auf dem riesigen Anwesen wohnte. Über sich bemerkte sie eine Videokamera, deren Zoom sich in Bewegung setzte. Dann knackte die Gegensprechanlage. Helen Baum sagte ihren Namen und hielt ihren Ausweis in die Kamera. Sekunden später schwang das zweiflügelige Tor auf. Während die Beamtin die lange Auffahrt entlangging, kam ihr der Gedanke, dass sie den Opel besser mitgenommen hätte. Schließlich öffnete sich der Blick auf eine herrschaftliche weiße Villa mit einem mächtigen schiefergedeckten Walmdach, dem Fledermausgauben die Strenge nahmen. An beiden Seiten des Hauses war angebaut worden. Das Wasser eines Hallenbades olympischen Ausmaßes reflektierte an der Decke des rechten Anbaus, der linke Anbau beherbergte die Garage, in der mindestens sechs Autos Platz fanden.

Die Auffahrt mündete auf einem runden, mit weißen Kieseln bedeckten Vorplatz, auf dem mehrere Wagen parkten, die Helen Baum als Dienstfahrzeuge der Bielefelder Polizei identifizierte.

Sie wandte sich der mit Butzenscheiben versehenen Haustür zu, die bereits geöffnet wurde, als sie noch fünf Meter entfernt war. In der Tür stand Remmert, der erstaunlich frisch wirkte, obwohl er kaum mehr als drei oder vier Stunden geschlafen haben konnte.

»Herzlichen Glückwunsch«, begrüßte sie ihn.

Remmert hob erstaunt die Augenbrauen. »Wozu?«

»Zur Ernennung zum stellvertretenden Leiter der Soko ›Daniela‹.«

Der Hauptkommissar machte eine abfällige Handbewegung. »Geschenkt«, sagte er und führte sie in eine etwa zwanzig Quadratmeter große Vorhalle mit einem Boden aus Marmor, der von Punktstrahlern an der Decke zum Leuchten gebracht wurde.

»Haben die Entführer sich schon gemeldet?«, wollte Helen Baum wissen.

»Nein.«

»Können wir denn inzwischen sicher sein, dass Daniela Schwalenberg das Opfer ist?«, fragte sie.

»Ja, sie ist bis jetzt nicht nach Hause gekommen und ihre Beschreibung durch Neumann war eindeutig.«

»Ich habe an der Straße einen Volvo mit zwei Insassen gesehen«, berichtete die Kriminaldirektorin. »Ist der schon kontrolliert? Ich meine, es kann ja immerhin sein, dass die Entführer das Haus beobachten.«

Remmert sah sie beinahe mitleidig an. »Ist alles erledigt. Sind nur Journalisten.«

»Ich habe außerdem festgestellt, dass das Tor mit einer Kamera überwacht wird«, fuhr sie unbeeindruckt fort. »Neumann hat doch behauptet, Daniela sei genau vor dem Eingang entführt worden. Haben wir die Aufnahmen?«

Remmert schüttelte den Kopf. »Die Kamera wird nur aktiviert, wenn jemand schellt. Außerdem werden die Bilder nicht aufgezeichnet.«

»Sonst gibt es hier keine Kameras?«

»Nur Attrappen. Auf dem Grundstück sind Bewegungsmelder angebracht, aber die nützen uns natürlich nichts. Hier geht's lang.«

Helen Baum folgte dem Hauptkommissar über den Marmorboden und dicke Teppiche weiter ins Haus. Neben ihnen öffnete sich eine Tür und eine große, schlanke Frau Mitte dreißig trat aus dem Gäste-WC.

»Das ist Petra Seifert«, stellte Remmert vor. »Frau Seifert ist Diplom-Psychologin und speziell für die Unterstützung der Angehörigen bei einer Entführung geschult.«

Helen Baum begrüßte die Psychologin mit Handschlag. »Sind die Eltern vernehmungsfähig?«, wollte sie wissen.

»Der Vater uneingeschränkt, bei der Mutter müssen Sie sehr behutsam vorgehen«, lautete die Antwort. »Sie hat starke Beruhigungsmittel bekommen. Die Entführung eines Familienmitgliedes bedeutet für alle Beteiligten eine extreme Ausnahmesituation. Die Schwalenbergs haben panische Angst um Danielas Leben und wahrscheinlich eine noch größere Angst, falsche Entscheidungen zu treffen, die das Leben der Tochter noch mehr gefährden.«

Zu dritt erreichten sie das Wohnzimmer. Während die Hausfront zur Straßenseite eine geschlossene Einheit bildete, sorgten in dem bis unters Dach geöffneten, über hundert Quadratmeter großen Wohnbereich bodentiefe Sprossenfenster und Rundbogentüren für viel Licht und rahmten den Blick auf eine Terrasse und einen parkähnlichen Garten.

Obwohl sich in dem Raum viele Menschen aufhielten, herrschte Totenstille wie bei einer Trauerfeier. Zwei Personen kannte Helen Baum bereits: Abhörspezialisten der Bielefelder Polizei, die mit ihren technischen Geräten neben dem Telefon hockten. Die Kriminaldirektorin nickte ihnen kurz zu.

Vor dem offenen, weißen Kamin saßen zwei Frauen auf einer champagnerfarbenen Couchgarnitur. Die beiden sahen sich ähnlich. Die Frau rechts war Ende vierzig oder Anfang fünfzig und starrte mit leerem Blick vor sich hin. Sie war sehr schlank, maximal Kleidergröße 34, schätzte Helen Baum, aber sie musste schließlich auch in Designer-Klamotten passen. Sie trug ein tailliertes Chanel-Kostüm. Das schmale Gesicht der Frau wurde von einer hohen Stirn und elegant geschwungenen Augenbrauen beherrscht, im Augenblick fielen jedoch hauptsächlich ihre rot geweinten Augen mit den dunklen Ringen und das dick aufgetragene Make-up auf. Trotz ihrer derzeitigen Verfassung war die Schönheit der Frau nicht zu leugnen.

»Das ist Renate Schwalenberg«, sagte Remmert. »Danielas Mutter.«

Helen Baum versuchte, Blickkontakt zu der Frau herzustellen, aber es gelang ihr nicht. Das Frauchen eignet sich wahrscheinlich hervorragend zum Repräsentieren, dachte die Kriminaldirektorin und stellte sich vor, wie Renate Schwalenberg eifrig parlierend, mit einem Cocktailglas in der Hand von Grüppchen zu Grüppchen durch ihr Wohnzimmer ging, um die Gäste des Hauses zu begrüßen.

Helen Baum wandte ihre Aufmerksamkeit der zweiten Frau zu, die Renate Schwalenberg die ganze Zeit die Hand hielt. »Frau Dr. von Kleist«, stellte Remmert sie vor. »Frau Dr. von Kleist ist die Schwester von Frau Schwalenberg. Außerdem ist sie Rechtsanwältin.« Das klang wie eine Warnung.

Helen Baum gab der Anwältin die Hand. Die Schwester, das hatte sie sich angesichts der Ähnlichkeit schon gedacht, auch wenn Frau von Kleist einige Jahre älter und bei Weitem nicht so attraktiv wirkte wie die Hausherrin. Was vielleicht an dem etwas altmodischen Bubikopf lag, zu dem sie ihre grau-blonden Haare hatte schneiden lassen. Und Anwältin war sie auch noch! Das ist nicht gut, dachte Helen Baum. Anwälte machten nur Ärger. Das berühmte Shakespeare-Zitat fiel ihr ein: Als Erstes lasst uns alle Anwälte umbringen.

Neben dem Sofa stand ein besorgt dreinblickender, asketisch wirkender Mann in den Fünfzigern mit hohen Geheimratsecken, von dem Helen Baum nur wusste, dass es sich nicht um Dieter Schwalenberg handeln konnte. Dessen Äußeres war ihr aus Presse und Fernsehen bestens bekannt, auch wenn sie noch nicht lange in Bielefeld wohnte.

»Dr. Klausmeier«, stellte sich der Mann vor. »Ich bin der Hausarzt der Familie. Frau Schwalenberg hat mich zu sich gerufen, weil es ihr nicht gut geht.«

Helen Baum nickte auch ihm kurz zu. »Glauben Sie trotzdem, ich kann ihr ein paar Fragen stellen?«, fragte sie. »Es könnte sehr wichtig sein.«

Renate Schwalenberg blickte abrupt auf, als sei sie gerade aus ihrer Lethargie erwacht. »Ich werde es versuchen«, hauchte sie.

»Gut. Dann würde ich Sie zunächst bitten, mir etwas über Daniela zu erzählen. Was ist sie für ein Mensch?«

»Was soll der Quatsch?«

Helen Baum drehte sich um und entdeckte einen Mann mit krebsrotem Kopf. Mit kaum gebremster Wut stürmte er auf sie los. Bluthochdruck, dachte die Kriminaldirektorin. Oder die Aufregung. Oder Alkohol. Oder alles zusammen. Diesen Mann kannte Helen Baum. Dieter Schwalenberg war Anfang fünfzig, groß gewachsen und mit einer Neigung zum Übergewicht. Sein Gesicht dominierte eine Hakennase, auffällig waren außerdem seine sehr dünnen Lippen. Bekleidet war Schwalenberg mit einem blauen Lacoste-Polohemd, das auf seiner Brust spannte, und einer hellen Bundfaltenhose. Schwalenbergs Haar war zu schwarz für sein Alter, die Gesichtshaut zu glatt und zu braun. Sein überproportional großer, kantiger Unterkiefer erinnerte Helen Baum an Oliver Kahn und Michael Schumacher, im Moment musste sie allerdings eher an einen angreifenden Pitbull denken.

»Haben Sie hier das Sagen?«, brüllte Schwalenberg mit sich vor Zorn überschlagender Stimme. Aus seinem Mund spritzten kleine Speichelfetzen.

Die Kriminaldirektorin streckte zur Begrüßung die rechte Hand aus. Als Schwalenberg sie nicht ergriff, ließ sie sie langsam wieder sinken.

»Mein Name ist Helen Baum«, sagte sie. »Ich leite die Sonderkommission ›Daniela‹.«

»So, so.« Schwalenberg musterte sie eingehend. »Eine Frau«, stellte er dann mit einem leicht abschätzigen Unterton in der Stimme fest. »Na ja. Haben Sie schon was erreicht?«

»Es tut mir leid, aber derzeit gibt es nichts Neues«, gab die Kriminaldirektorin zurück. »Wir müssen Geduld haben.«

»Geduld!« Dieter Schwalenberg spie das Wort regelrecht

aus. »Meine Geduld ist am Ende. Da kommen irgendwelche Verbrecher daher und meinen, sich mit mir anlegen zu können. Und die Polizei unternimmt nichts!«

Helen Baum überlegte, dass Schwalenberg die Entführung seiner Tochter wohl vor allem als persönlichen Affront betrachtete.

»Wissen Sie eigentlich, wie viel Steuern ich zahle?«, redete sich Schwalenberg weiter in Rage. »Allein mit meiner Gewerbesteuer finanziere ich wahrscheinlich die gesamte Bielefelder Polizei.«

»Hören Sie, Herr Schwalenberg. Ich kann Ihre Erregung ja verstehen. Unsere Ermittlungen laufen auf Hochtouren, aber im Moment können wir nicht viel mehr tun. Bei einer derartigen Entführung lassen sich generell drei Phasen unterscheiden. In der ersten Phase erfolgt die Kontaktaufnahme durch die Täter. Dieser erste Kontakt findet in achtundneunzig Prozent der Fälle durch anonyme Schreiben oder Telefonanrufe statt. Und auf diesen ersten Kontakt müssen wir jetzt warten. In der zweiten Phase …«

»Was soll dieses Blabla?«, wurde Helen Baum von Schwalenberg unterbrochen. »Ich bin an Statistiken nicht interessiert. Sie sollen meine Tochter finden!«

»Aus diesem Grund bin ich hier«, versicherte Helen Baum. »Die meisten Verbrechen beginnen zu Hause. Deshalb müssen wir uns auch mit Daniela beschäftigen. Irgendwie sind die Kidnapper ausgerechnet auf sie aufmerksam geworden.«

»Sie fragen sich, wie diese Verbrecher gerade auf meine Tochter gekommen sind?«, höhnte Schwalenberg. »Das ist doch wohl offensichtlich. Ein Blick in die Zeitung genügt, um zu wissen, dass ich ein sehr vermögender Mann bin. Diese Verbrecher haben es auf *mein* Geld abgesehen. Das könnte jeder …« Er unterbrach sich, als sei ihm gerade ein Gedanke gekommen.

»Herr Schwalenberg, stimmt etwas nicht?«, fragte die Kriminaldirektorin.

»Warum bin ich da nicht gleich drauf gekommen?«
Schwalenberg tippte sich gegen die Stirn. »Kevin! Kevin …«
Er schnippte zweimal mit den Fingern und warf seiner Frau
einen hektischen Blick zu. »Herrgott, hilf mir doch mal. Wie
heißt dieser Mensch noch mit Nachnamen?«

»Schneider«, flüsterte seine Frau.

»Schneider!«, bestätigte Schwalenberg zufrieden. »Kevin
Schneider. Um den sollten Sie sich vorrangig kümmern.«

»Wer ist das?«, wollte Helen Baum wissen.

»Schneider war der Freund meiner Tochter. Bis vor ungefähr einem halben Jahr. Daniela ist eigentlich ein intelligentes Mädchen, aber sie hat leider diesen fatalen Hang zu gescheiterten Existenzen. Muss an ihren Genen liegen.«

»Wie darf ich das verstehen?«, fragte die Kriminaldirektorin.

»Daniela ist nicht unsere leibliche Tochter«, erklärte Renate Schwalenberg vom Sofa her. »Ich kann leider keine
Kinder bekommen. Wir haben Daniela adoptiert, als sie noch
nicht einmal ein Jahr alt war. Ihr leiblicher Vater war dro-
genabhängig, ihre Mutter hatte schwere psychische Probleme. Deshalb ist mein Mann der Überzeugung, etwas stimme
nicht mit Daniela.«

»Nicht dass Sie mich falsch verstehen«, ergänzte Schwalenberg. »Ich liebe Daniela über alles. Sie ist eben nur
manchmal … ja, komisch halt.«

»Wie würden Sie Ihr Verhältnis zu Daniela beschreiben?«,
fragte Helen Baum an Renate Schwalenberg gewandt.

»Hervorragend«, antwortete die sofort. »Wir verstehen
uns glänzend. Wir sind mehr wie Schwestern als wie Mutter
und Tochter.«

»Weiß Daniela, dass Sie nicht ihre leiblichen Eltern sind?«

»Sie hat es wohl durch eine unbedachte Äußerung meiner
Schwester herausgefunden.« Sie blickte zu Irene von Kleist.
»Da war Daniela acht. Eigentlich wollten wir ihr es erst spä-
ter sagen.«

»Ist Daniela Ihr einziges Kind?«

»Ja.«

»Ihre Tochter geht auf das Ratsgymnasium?«, fragte Helen Baum.

»Ja, Daniela ist sehr intelligent«, antwortete Renate Schwalenberg mit hörbarem Stolz. »Sie hat einen IQ von hundertzweiundvierzig. Leider ist sie auch entsetzlich faul und ihre Noten sind bei Weitem nicht so, wie sie sein könnten.«

»Hat Daniela viele Freundinnen?«

»Ja, durchaus. Ihre beste Freundin ist eine Viktoria Gelen. Ein nettes Mädchen. Sie ist ab und zu hier. Sie geht auch aufs Rats, in die gleiche Klasse wie Daniela.«

»Hatte Daniela nach Kevin Schneider noch einen Freund?«

»Nein, das wüsste ich. Daniela erzählt mir alles. Ich sagte ja schon, dass wir ein sehr freundschaftliches Verhältnis haben.«

»Gut, dann zurück zu diesem Kevin Schneider. Können Sie uns mehr über den Jungen erzählen?«

Renate Schwalenberg seufzte vernehmlich. »Daniela hat ihn uns vor ungefähr einem Jahr vorgestellt. Das war kurz vor ihrem sechzehnten Geburtstag. Mein Mann übertreibt zwar manchmal, aber Kevin war wirklich nicht der Richtige für sie.«

»Ein Gebäudereiniger!«, rief Dieter Schwalenberg laut aus. »Ohne Schulabschluss. Wie soll so ein Mensch einmal ein Unternehmen mit zweitausend Beschäftigten leiten? Außerdem ist er über zwanzig und für Daniela viel zu alt. Ich … wir haben Daniela erklärt, dass so ein Mensch der falsche Umgang für sie ist. Das waren harte Kämpfe, das können Sie mir glauben, aber irgendwann hat sie es dann eingesehen und sich von ihm getrennt. Dieser Schneider war einige Male bei uns, bis wir ihm das Haus verboten haben. Auf jeden Fall kennt er sich hier aus. Und Geld hatte er auch nie.«

»Wissen Sie, wo Kevin Schneider wohnt?«, fragte Helen Baum.

»Keine Ahnung. Aber die Polizei dürfte wohl keine Schwierigkeiten haben, das herauszufinden.«

Die Kriminaldirektorin gab Remmert ein kurzes Zeichen, der machte sich eine entsprechende Notiz. »Weitere mögliche Verdächtige?«, wandte sie sich dann erneut an Schwalenberg. Der schüttelte gereizt den Kopf. »Nein. Wir verkehren nicht mit Verbrechern, müssen Sie wissen.«

»Ich habe vor Kurzem in der Zeitung gelesen, dass Sie vor einigen Wochen dreihundert Ihrer Arbeitnehmer entlassen haben.«

»Ja, und? Sie wollen doch wohl nicht behaupten, einer meiner Leute habe etwas mit Danielas Entführung zu tun.«

»Ich will gar nichts behaupten«, erwiderte Helen Baum. »Aber wir müssen allem nachgehen. Wir wissen aus Untersuchungen über Erpressungen von Wirtschaftsunternehmen, dass ein nicht geringer Prozentsatz der Täter ehemalige Mitarbeiter des Unternehmens waren. Ein Racheakt ist doch zumindest denkbar. Soweit ich weiß, liefen Ihre Entlassungen nicht ganz friedlich ab. In der Zeitung hieß es, Sie hätten die Leute nur auf die Straße gesetzt, weil Sie einen Teil der Produktion nach Rumänien verlagert haben.«

»Was heißt denn hier ›nur‹?« Schwalenbergs eindrucksvolle Kiefermuskeln traten deutlich hervor. »Das war eine wirtschaftliche Notwendigkeit! Wenn ich nicht einen Teil ausgegliedert hätte, wäre der ganze Betrieb draufgegangen.«

»Das hat die Gewerkschaft anders gesehen.«

»Die Gewerkschaft! Natürlich sieht die das anders. Wenn es nach der ginge, müsste ich hinter jeden Arbeiter einen zweiten stellen, der dem ersten mit einem Palmwedel Luft zufächert. Das sind doch alles Sozialromantiker!«

»Sie sehen da also kein Motiv?«

»Nein! Das Motiv dieser Verbrecher lautet Geld, nichts anderes. Da bin ich mir hundertprozentig sicher.«

Die Kriminaldirektorin nickte bedächtig. »Dann zu gestern Abend. Wussten Sie, dass Daniela in eine Diskothek geht?«

»Ja, das wussten wir. Daniela ist jeden Samstagabend in dieses *Meddox* gegangen.«

45

Helen Baum nickte. »Statistisch gesehen, finden die wenigsten Entführungen an Wochenenden statt, weil das Opferverhalten da weniger gut eingeschätzt werden kann«, sagte sie. »Bevorzugte Tage sind Donnerstag, Freitag und Montag. Aber wenn Daniela jeden Samstag in dieser Diskothek war, konnten sich die Entführer natürlich darauf einstellen.«

»Es gab lange Diskussionen, dass Daniela abends so lange wegbleibt«, sagte Renate Schwalenberg, »aber schließlich haben wir ihr einen Diskobesuch pro Woche erlaubt. Es war verabredet, dass Daniela die Diskothek um Punkt zwölf verlässt und um kurz nach halb eins wieder hier ist.«

»Aber gestern war sie gut eine Stunde zu spät«, erinnerte die Kriminaldirektorin.

Renate Schwalenberg seufzte erneut. »Ja, das kam leider häufiger vor. Ich habe dann die ganze Zeit auf sie gewartet. Auch gestern Nacht habe ich wach im Bett gelegen und gelauscht, ob sie die Tür aufschließt. Aber sie ist nicht gekommen.« Renate Schwalenberg brach in Tränen aus und Irene von Kleist reichte ihr ein Taschentuch.

Helen Baum wartete, bis die Hausherrin sich einigermaßen beruhigt hatte, dann erkundigte sie sich: »Haben Sie in der Nacht nichts gesehen oder gehört? Die Entführung muss genau vor dem Haus stattgefunden haben.«

Renate Schwalenberg schüttelte betrübt den Kopf. »Nein, gar nichts. Aber das Haus steht ja auch fast hundert Meter von der Straße entfernt und es sind zudem Bäume dazwischen. Da sieht und hört man nichts.«

»Und wie sieht es bei Ihnen aus?«, fragte Helen Baum in Richtung Dieter Schwalenbergs.

»Ich habe fest geschlafen. Ich bin erst wach geworden, als die Polizei bei uns geschellt hat.«

»Wir wissen von vergleichbaren Fällen, dass Entführer zunächst die Lebensgewohnheiten des Opfers auskundschaften, um herauszufinden, wann und wie sie am besten zugreifen können«, dozierte Helen Baum. »Ist Ihnen in den letzten Tagen oder Wochen etwas aufgefallen? Personen, die das Haus beobachtet haben? Oder ein unbekanntes Auto, das häufig am Haus vorbeigefahren ist oder davor geparkt hat?«

»Nein, aber ich bin auch selten hier«, antwortete Schwalenberg. Er blickte zu seiner Frau. »Hast du was bemerkt?«

Renate Schwalenberg schüttelte den Kopf. »Nein. Alles war wie immer.«

Helen Baum wollte ihre nächste Frage stellen, da schellte das Telefon. Renate Schwalenberg schreckte zusammen, als wäre direkt neben ihr eine Bombe explodiert.

8

Marc und Peter Schlüter gingen die Treppe hoch, die im Dachgeschoss vor einer braunen Holztür endete. Schlüter atmete noch einmal tief durch, dann drückte er die Klinke und öffnete die Tür.

»Warum haben Sie nicht abgeschlossen?«, wunderte sich Marc. »Wenn ich hier eine Leiche gefunden hätte, hätte ich das sofort getan.«

»Diese Tür ist nie abgeschlossen«, erklärte Schlüter. »Der Schlüssel ist schon vor Jahrzehnten verloren gegangen.«

Gemeinsam betraten sie den Dachboden, dessen Holzdielen bei jedem Schritt knarrten und ächzten. Schlüter drückte einen Lichtschalter und zwei wattstarke Glühbirnen an der Decke sprangen an und erhellten unzählige Spinnweben und Myriaden von Staubkörnern, die in der Luft tanzten. Marc musste mehrmals niesen, bevor er sich umsehen konnte. Der Raum nahm die gesamte Grundfläche des Hauses ein, war aber aufgrund der starken Dachschräge nicht bis in den letzten Winkel nutzbar. Jeder Zentimeter war vollgestellt mit Kisten, uralten Koffern, Umzugskartons, muffiger Kleidung und ausrangierten Möbeln. In der Mitte des Raumes war

47

schon ein schmaler Pfad freigelegt worden, der durch das Gerümpel führte.

»Ich habe erst vor drei Tagen mit den Aufräumarbeiten begonnen«, entschuldigte sich Schlüter. »Wie Sie sehen, bin ich noch nicht allzu weit gekommen. Ich wollte mir zuerst einmal einen Überblick verschaffen und habe sämtliche Koffer und Kisten geöffnet. Ich dachte, vielleicht finde ich etwas Wertvolles oder zumindest ein paar Erinnerungsstücke an meine Eltern oder an meine Kindheit. Kommen Sie mit.«

Marc folgte ihm, bis sie in den hintersten Teil des Dachbodens gelangten, wo ein normal großer Mann nur noch stark gekrümmt stehen konnte.

»Hier ist es«, sagte Schlüter und räumte einige auf dem Boden liegende Decken zur Seite. Zum Vorschein kam ein etwa ein Meter sechzig langes, mit gelben Klebestreifen umwickeltes Paket, das Marc an eine ägyptische Mumie erinnerte.

Schlüter zog ein Schweizer Offiziersmesser aus seiner Hosentasche, öffnete die größte Klinge und sah Marc fragend an. »Sind Sie bereit?«

Marc nickte gespannt. Schlüter entfernte mithilfe des Messers die gelben Klebestreifen, darunter tauchten dicht gelagerte Schichten aus Plastik auf. Als Schlüter begann, auch diese Schicht aufzuschneiden, erfüllte der intensive Gestank ranziger Butter den Dachboden. Marc wich einen Schritt zurück und hatte erhebliche Mühe, gegen den aufkommenden Würgreiz anzukämpfen. Zum Glück war er noch nicht zum Frühstücken gekommen.

Schlüter hielt sich ein Taschentuch vor den Mund, riss das einzige Dachfenster auf und atmete wie befreit durch. »Was ist das für ein fürchterlicher Geruch?«, fragte er.

»Buttersäure. Ich denke, meine Theorie mit der Schaufensterpuppe können wir vergessen«, seufzte Marc.

Zwei Minuten später hatten sie alle Plastikbahnen entfernt und einen menschlichen Körper freigelegt. Bekleidet war die Leiche mit einem giftgrünen Pullover, Bluejeans mit weitem

Schlag und Clogs. Die Konturen des Kopfes waren weitgehend erhalten, allerdings war das Gesicht grotesk aufgedunsen und mit einer schmierigen, weichen Masse überzogen.

»Fettwachs«, dozierte Marc. »Auch Leichenlipid genannt. Das entsteht häufig bei Wasserleichen oder aber auch bei langer Lagerung unter Luftabschluss.«

Schlüter sah Marc beeindruckt an. »Was glauben Sie, wie lange die Leiche hier schon liegt?«, fragte er.

Marc hob die Schultern. »Ich bin kein Rechtsmediziner. Ich würde allerdings schätzen, dass die schon viele Jahre hier oben ist. Wenn Sie es genauer wissen wollen, müssen wir einen Arzt hinzuziehen.«

Schlüter wedelte abwehrend mit den Händen. »Das kommt gar nicht infrage. Ich will vorerst keine weiteren Mitwisser.« Er studierte lange das Gesicht der Leiche. »Was meinen Sie, ist das ein Mann oder eine Frau?«

»Das ist ziemlich eindeutig eine Frau«, antwortete Marc. »Sie hat lange blonde Haare bis auf den Rücken und unter dem Pullover kann man die Konturen eines BH erkennen. Außerdem ist die Person eher klein, maximal ein Meter sechzig. Das Alter ist aufgrund der verzerrten Gesichtszüge allerdings kaum zu bestimmen. Die Frau kann zwischen fünfzehn und fünfzig Jahre alt gewesen sein.«

Schlüter schüttelte den Kopf. »Nach der Kleidung und den Haaren zu schließen, war sie ziemlich jung. Ich würde mal schätzen, maximal fünfundzwanzig.«

Marc deutete auf den Hinterkopf. »Dafür kann man exakt bestimmen, wie sie ums Leben gekommen ist. Schauen Sie, dort befindet sich ein Einschussloch, das heißt, wir haben es eindeutig mit Mord zu tun. Und deshalb sollten wir jetzt sofort die Polizei rufen.«

»Bitte, lassen Sie uns damit noch warten«, widersprach Schlüter schnell. »Lassen Sie uns erst versuchen, selbst herauszubekommen, was hier geschehen ist.«

»Und wie, bitte schön, wollen Sie das anstellen?«

»Zuerst einmal müssen wir herausfinden, wer die Frau ist. Vielleicht hat sie ja einen Ausweis in der Tasche.«

Marc verzog den Mund. »Wenn Sie nachsehen wollen, tun Sie sich keinen Zwang an. Ich werde die Tote auf jeden Fall nicht anfassen.«

Schlüter hatte sich schon gebückt und machte sich daran, die Hosentaschen zu untersuchen. Als er die Tote zur Seite drehte, ertönte ein leises Klingeln.

»Was war das?«, fragte Marc entsetzt.

Schlüter antwortete nicht und tastete stattdessen die Hosenbeine ab. Schließlich atmete er erleichtert auf und zeigte auf ein kleines Glöckchen, das an der Jeans befestigt war. »So etwas habe ich ja schon Ewigkeiten nicht mehr gesehen«, staunte er. »Eine Palomino-Jeans. Die Jeans mit dem Glöckchen. Die waren in den Siebzigerjahren mal mega-in.«

»Das muss vor meiner Zeit gewesen sein«, meinte Marc. »Ich bin erst 1971 geboren worden.«

Schlüter tastete sich weiter vor und zog schließlich aus einer der hinteren Hosentaschen einige zusammengefaltete Blätter.

»Das ist alles, was sie bei sich hat«, stellte er fest und reichte Marc die Blätter.

Marc faltete sie auseinander und las die Überschrift laut vor: »*Die neue Brigitte-Diät. So ist abnehmen gesund und nicht schwierig.*« Unter der Überschrift und auf den nächsten Seiten wurden die Vorzüge einer Ananas-Diät angepriesen, mit der garantiert jede Frau ohne Hungergefühle oder gesundheitliche Nebenwirkungen abspecken könne.

»Ich glaube, wir haben jetzt einen ganz guten Anhaltspunkt, wie lange die Leiche hier schon liegt«, überlegte Marc. »Sehen Sie unten neben der Seitenzahl: *Brigitte 16/1978*. Meine Mutter hatte die *Brigitte* jahrelang abonniert und ich weiß, dass sie alle zwei Wochen erscheint. Das Heft 16 müsste also, warten Sie mal …, im August 1978 herausgekommen sein. Vielleicht hat die Frau die Seiten bei einem

Friseur- oder Arztbesuch aus der Zeitschrift herausgerissen, weil sie an der Diät interessiert war. Wir können also davon ausgehen, dass die Frau im August oder September 1978 ermordet worden ist. Dazu passt ja auch ihre Kleidung. Die Frage ist nur, ob uns das weiterhilft.«

»Natürlich«, meinte Schlüter eifrig. »Wir kennen nun den ungefähren Todeszeitpunkt. Und wir wissen, dass die Frau hier, auf diesem Dachboden, abgelegt worden ist. Ich denke nicht, dass ein Wildfremder einfach in ein Haus spaziert und dort eine Leiche deponiert. Die Tote muss von jemandem versteckt worden sein, der sich hier auskannte. Jemand, der wusste, dass diese unübersichtliche Dachkammer ein ideales Versteck ist.«

»So jemand wie Ihr Vater«, erinnerte Marc.

»Oder ein Mieter«, widersprach Schlüter. »Jeder, der jemals in diesem Haus gewohnt hat, kann gewusst haben, wie es hier aussieht und dass die Tür zum Dachboden immer offen steht.«

»Gut. Gehen wir davon aus, dass Sie mit Ihrer Theorie recht haben. Wir müssten also sämtliche Mieter überprüfen, die 1978 in diesem Haus gewohnt haben. Dazu müssten wir allerdings erst einmal wissen, wer das war.«

»Das dürfte kein Problem sein. Ein paar Mieter bekomme ich noch zusammen, schließlich habe ich damals selbst hier gewohnt. Von März 1978 bis Ende Februar 1979 war ich allerdings für ein Jahr als Austauschschüler in den USA. Aber mein Vater war ein überaus penibler und genauer Mensch. Er hat alles aufgehoben und archiviert, auch sämtliche Mietverträge sind vorhanden. Anhand derer müsste man doch feststellen können, wer bis 1978 in diesem Haus gewohnt hat.«

Marc seufzte. »Selbst wenn das möglich sein sollte, wüsste ich nicht, wie uns das weiterbringen könnte. Das Ganze ist schließlich fast dreißig Jahre her.«

»Wir können es doch wenigstens versuchen«, bettelte Schlüter. Schnell schob er nach: »Geben Sie uns drei Tage

Zeit. Ich verspreche Ihnen, mich an die Polizei zu wenden, wenn wir die Sache bis dahin nicht aufgeklärt haben.«

»Ich weiß nicht«, sagte Marc. »Dazu bräuchte ich das Einverständnis von Frau Dr. von Kleist.«

»Fragen Sie sie«, bot Schlüter an. »Falls sie ablehnt, versuche ich es allein. Ich biete Ihnen dreitausend Euro für drei Tage Arbeit. Das Geld können Sie behalten, egal, was wir herausfinden.«

Marc spürte, dass seine Abwehrkräfte erlahmten. »Also gut«, sagte er. »Drei Tage.«

9

Dieter Schwalenberg ging mit energischen Schritten auf das Telefon zu, wurde aber von Helen Baums Stimme zurückgehalten. »Warten Sie! Bevor Sie mit den Entführern sprechen, denken Sie daran, dass wir unbedingt ein Lebenszeichen Ihrer Tochter brauchen! Und versuchen Sie, Zeit zu gewinnen …«

»Das haben Ihre Kollegen mir schon ein Dutzend Mal erklärt«, fauchte Schwalenberg. »Ich weiß, was ich zu tun habe.«

Die Kriminaldirektorin warf den Abhörspezialisten einen fragenden Blick zu und erhielt ein bestätigendes Nicken: Alles war bereit. Sie wandte sich wieder Dieter Schwalenberg zu. »Dann los.«

Schwalenberg nahm den Hörer von der Station. »Ja?«, bellte er in den Apparat.

Er lauschte mehrere Sekunden, dann brüllte er: »Nein, es gibt nichts Neues. Du blockierst den Apparat, begreifst du das denn nicht?«

Energisch drückte er auf die Taste mit dem roten Symbol und brummte: »Meine Mutter.«

Remmert warf den Abhörspezialisten einen bösen Blick

zu. »Was ist mit dem Lautsprecher? Ihr habt vergessen, den Lautsprecher einzuschalten.«

Der Abhörspezialist senkte beschämt den Kopf und legte einen Schalter um. »Ist erledigt«, verkündete er dann.

Helen Baum konzentrierte sich wieder auf Renate Schwalenberg. »Ich würde Sie bitten, mir genau zu erzählen, was gestern Abend geschehen ist. Wann haben Sie Ihre Tochter das letzte Mal gesehen?«

»So gegen neun Uhr abends. Daniela hat sich von mir verabschiedet und gesagt, sie wolle ins *Meddox.*«

»Wie wollte sie dort hinkommen?«

»Mit dem Bus. Sie ist immer mit dem Bus gefahren.«

»Warum haben Sie Daniela nicht zur Diskothek gebracht? Wäre das nicht sicherer gewesen? Zum einen ist Ihre Tochter sehr jung, zum anderen hat sie vermögende Eltern.«

»Ich weiß, was Sie zum Ausdruck bringen wollen. Natürlich bestand immer das Risiko, dass etwas passiert. Sie ahnen gar nicht, wie oft wir Daniela angefleht haben, sich von meinem Mann oder von mir fahren zu lassen, aber sie hat sich strikt geweigert. Sie meinte, sie würde sich lächerlich machen, wenn sie in Papis Jaguar oder Mamis Mercedes vor der Diskothek abgesetzt wird. Wir hätten darauf bestehen müssen, sie hinzubringen. Dann wäre das alles nicht geschehen.«

»Sie dürfen sich keine Vorwürfe machen«, widersprach Helen Baum. »Schuld sind allein die Entführer.«

Renate Schwalenberg schüttelte verzweifelt den Kopf. »Mein Gott, Daniela ist so hübsch. Diese Menschen werden ihr doch nichts antun?!«

In diesem Moment klingelte das Telefon erneut. Die Kriminaldirektorin wartete auf das Zeichen des Abhörspezialisten, dann nickte sie Dieter Schwalenberg zu, der sofort den Hörer abnahm.

»Schwalenberg.«

Und diesmal funktionierte auch der Raumlautsprecher. Sie lauschten einer Stimme, die von einem Sprachverzerrer so stark verfremdet wurde, dass nicht zu unterscheiden war, ob sie von einem Mann oder von einer Frau stammte: »Wir haben Ihre Tochter. Es geht ihr so weit gut. Wenn Sie tun, was wir verlangen, werden Sie Ihre Tochter zurückbekommen. Besorgen Sie fünf Millionen Euro in gebrauchten, nicht registrierten und nicht durchnummerierten Scheinen.«

»Bitte wiederholen Sie das«, unterbrach Schwalenberg. »Fünf Millionen Euro haben Sie gesagt?«

Helen Baum war sich nicht sicher, ob Schwalenberg ihrer Bitte nachkam, auf Zeit zu spielen, oder ob er den Anrufer wirklich nicht verstanden hatte. Die Stimme am Telefon war dermaßen verzerrt, dass auch sie Schwierigkeiten beim Zuhören hatte.

»Fünf Millionen Euro!«, wiederholte die Stimme ungeduldig. »Wenn Sie nicht zahlen, werden Sie Ihre Tochter nicht lebend wiedersehen.«

»Ich will mit meiner Tochter sprechen.«

»Das geht jetzt nicht.«

»Wer garantiert mir, dass meine Tochter nicht schon tot ist? Ich brauche ein Lebenszeichen!«

»Sie werden ein Lebenszeichen bekommen. Zusammen mit den genauen Übergabemodalitäten.«

»Hören Sie. Ich habe keine fünf Millionen. Ich kann vielleicht zwei Millionen auftreiben. Wenn Sie …«

»Fünf Millionen, sonst stirbt Ihre Tochter! Wir wissen, dass Sie so viel Geld haben. Sie haben bis morgen früh zehn Uhr Zeit, das Geld zu besorgen.«

»Aber heute ist Sonntag. So schnell schaffe ich das auf gar keinen Fall.«

»Sie sind doch ein sehr guter Kunde bei der Deutschen Bank. Die werden das Geld schon für Sie organisieren. Wenn Sie das Geld nicht rechtzeitig beschaffen, wird Ihre Tochter darunter leiden. Ist das klar? Und noch etwas: keine Polizei, keine Presse! Wir melden uns wieder!«

Sekunden später war die Leitung tot.

»Bist du wahnsinnig?«, schrie Renate Schwalenberg ihren Mann an. Sie sprang vom Sofa auf, rannte auf ihn zu und trommelte mit ihren Fäusten auf seiner Brust herum. »Wie kannst du nur versuchen, mit diesen Verbrechern zu verhandeln? Ist dir deine Tochter keine lächerlichen fünf Millionen wert?«

Schwalenberg war unter seiner Sonnenbräune bleich geworden. »Fünf Millionen Euro sind nicht lächerlich«, verteidigte er sich. »So viel Geld hast du in deinem ganzen Leben noch nicht verdient. Außerdem hat sie«, er nickte in Richtung der Kriminaldirektorin, »gesagt, ich solle versuchen, Zeit zu schinden.«

»Sie haben das sehr gut gemacht«, versuchte Helen Baum, die aufgeheizte Stimmung zu beruhigen. Dann schaute sie zu den Abhörspezialisten. »Wie sieht es aus?«

»Geben Sie uns eine Minute«, erhielt sie zur Antwort.

»Können Sie das Geld bis morgen auftreiben?«, wollte die Kriminaldirektorin von Schwalenberg wissen.

»Ja, das klappt. Ich habe mich schon mit meiner Bank in Verbindung gesetzt. Mit so etwas war ja zu rechnen. Aber werden die Entführer Daniela auch wirklich freilassen, nachdem ich gezahlt habe? Sie ist doch immerhin eine Zeugin, die helfen kann, diese Verbrecher zu fassen.«

»Das ist richtig, aber ich kann Sie beruhigen. Neunzig Prozent der Entführungsopfer kommen wieder frei.«

»Ach? Und was ist mit Jakob von Metzler? Und Jakub Fiszmann?«

Helen Baum zögerte. Nach der Statistik kamen zwar neunzig Prozent aller Entführten lebend frei, bei Kindern betrug die Quote jedoch nur fünfzig Prozent. Doch das behielt sie lieber für sich. »Leider ist es so, dass etwa jedes zehnte Entführungsopfer getötet wird«, wiederholte sie. »Aber daran sollten Sie jetzt nicht denken. Neun von zehn kommen wieder frei, das ist wichtig!«

In diesem Moment meldete sich der Abhörspezialist: »Der

Anrufer ist lokalisiert. Eine Telefonzelle in Münster. Die Kollegen sind unterwegs.«

»Die Entführer werden zwar mit ziemlicher Sicherheit nicht mehr dort sein«, erklärte Helen Baum den Schwalenbergs, »aber wenn wir etwas Glück haben, sind sie beobachtet worden. Oder wir können in der Telefonzelle Spuren sichern.«

»Der Anrufer hat ausdrücklich verlangt, die Polizei herauszuhalten«, sagte Renate Schwalenberg. »Vielleicht ist es besser, wenn Sie gehen.«

»Die Forderung, die Polizei herauszuhalten, wird fast von allen Tätern verlangt«, entgegnete die Kriminaldirektorin. »Aber wir wissen aus Untersuchungen, dass die Täter damit rechnen, dass die Polizei eingeschaltet wird, und dass sie das in ihre Überlegungen mit einbeziehen. Vertrauen Sie uns. Ich versichere Ihnen, dass das Wohlergehen Ihrer Tochter für uns absolute Priorität hat. Wir werden nichts tun, was Danielas Leben in irgendeiner Hinsicht gefährden könnte.«

»Danke«, sagte Renate Schwalenberg leise. »Ich glaube Ihnen.«

»Können Sie mir ein Foto Ihrer Tochter geben?«, bat Helen Baum.

Renate Schwalenberg nickte. »Ich habe schon ein paar rausgesucht, weil Ihre Kollegen auch welche haben wollten.«

Sie verschwand in einem Nebenraum und kehrte kurz darauf zurück. In den Händen hatte sie vier Fotos aufgefächert. »Suchen Sie sich das beste aus«, meinte sie. »Aber ich hätte es gerne zurück. Vielleicht ist das alles, was mir von Daniela bleibt.«

Helen Baum befürchtete einen erneuten Tränenausbruch, doch der blieb aus. Sie betrachtete die Aufnahmen. Daniela war ein attraktives, dunkelhaariges Mädchen mit vollen Lippen und einer etwas zu großen Nase, das älter wirkte als sechzehn.

»Hat Ihre Tochter ein Tagebuch geführt?«, fiel der Kriminaldirektorin ein.

»Nein«, antwortete Renate Schwalenberg, »hat sie nicht. Da bin ich mir sicher.«

»Haben Sie etwas dagegen, wenn ich mir Danielas Zimmer einmal ansehe?«

Die Mutter schüttelte den Kopf. »Natürlich nicht. Warten Sie, ich zeige Ihnen den Weg.«

Eine elegant geschwungene Marmortreppe führte über eine Galerie ins Dachgeschoss, in dem sich die Schlafräume und Bäder der Familie befanden. Die beiden Frauen gingen an einer Reihe Zimmer vorbei, bis die Hausherrin vor einer offenen Tür stehen blieb.

»Das ist Danielas Zimmer«, sagte sie. »Ein paar Ihrer Kollegen waren schon drin und haben ihren PC mitgenommen.«

»Das war leider notwendig«, erklärte Helen Baum. »Wir müssen prüfen, ob sich die Täter vor der Entführung an Daniela herangemacht haben. Vielleicht gab es Kontakte in Chatrooms. Erpresser sind nicht selten über eine, wenn auch oft nur lose Beziehung zum Opfer zu identifizieren.«

Renate Schwalenberg nickte verstehend. »Sehen Sie sich ruhig um. Ich ertrage es allerdings im Moment nicht, hier zu sein.«

Mit diesen Worten ließ sie die Kriminaldirektorin allein. Der Raum war mindestens doppelt so groß wie die Kinderzimmer, die Helen Baum sonst kennengelernt hatte. Pastelltöne herrschten vor, außerdem sorgte ein großes Gaubenfenster für eine helle und freundliche Atmosphäre. Allerdings waren alle Wände kahl. Keine Poster von Teenie-Stars oder gerade angesagten Gruppen. Helen Baum konnte auch keine Plüschtiere oder Puppen entdecken, die Daniela Schwalenberg aus nostalgischen oder anderen Gründen aufbewahrt hatte. Vor dem großen Fenster stand ein Schreibtisch mit Blick in den Park, außerdem gab es ein Bücherregal und einen großen Kleiderschrank. Als Helen Baum den Schrank öffnete, entdeckte sie zwar jede Menge T-Shirts, Jeans und Turnschuhe, aber zu ihrem Erstaunen keine Markenklei-

57

dung, die die Eltern bevorzugt zu tragen schienen. Als ob Daniela sich bewusst von ihren Eltern und deren Reichtum abgrenzen will, ging es Helen Baum durch den Kopf. Sie hatte erst kürzlich etwas über dieses Phänomen gelesen: Während die Kinder ärmerer Eltern häufig alles taten, ihren Status durch teure Kleidung und Autos aufzuwerten, galt für Kinder reicher Eltern nicht selten das genaue Gegenteil.

Die Kriminaldirektorin nahm sich das Bücherregal vor. Neben Schulbüchern fand sie Teenagerromane, die meist von jungen Mädchen und Pferden handelten, aber auch einige Klassiker: Don Quichotte, Kafka, Musil. Ein Tagebuch war dagegen weit und breit nicht zu entdecken, auch keine Liebesbriefe, persönliche Notizen oder Fotos.

Dieser Raum hat in etwa so viel Atmosphäre wie ein Hotelzimmer, dachte Helen Baum. Als ob seine Bewohnerin nur auf der Durchreise ist.

»Danke, ich habe alles gesehen«, sagte die Kriminaldirektorin zu Renate Schwalenberg, die auf dem Flur auf sie gewartet hatte. »Haben Sie die Postvollmacht schon unterschrieben?«

»Was für eine Postvollmacht?«

»Sie müssen eine Postvollmacht unterzeichnen, damit eventuelle Erpresserbriefe bereits am Hauptpostamt abgefangen werden können. Die Briefe werden dann erkennungsdienstlich behandelt und per Kurier hierher weitergeleitet.«

Renate Schwalenberg nickte. »Und was passiert jetzt?«, fragte sie.

»Jetzt«, antwortete Helen Baum, »jetzt können wir nur noch abwarten.«

10

Nach der unheimlichen Entdeckung auf dem Dachboden fuhr Marc zu dem Restaurant *Schloßhof.* Sobald ihn die frische Luft den entsetzlichen Leichengestank hatte vergessen lassen, hatte er gemerkt, dass er etwas in den Magen bekommen musste, wenn er den Tag halbwegs überstehen wollte. Marc entschied sich für den Brunch und versuchte zwischen den Gängen immer wieder, Irene von Kleist zu erreichen, um sich nach Neuigkeiten von der Entführung ihrer Nichte zu erkundigen. Außerdem musste er mit ihr abklären, ob er das Mandat in der Sache Schlüter übernehmen sollte, aber das Handy der Rechtsanwältin war und blieb abgestellt. Kein Wunder, dachte Marc. Wahrscheinlich hat sie im Moment andere Sorgen.

Er wischte sich den Mund mit einer Serviette ab und schob den Teller in die Tischmitte. Er hätte sich jetzt gerne noch eine Stunde aufs Ohr gelegt, aber er hatte Schlüter versprochen, ihn am Nachmittag erneut aufzusuchen.

Um kurz nach vier parkte Marc seinen Golf vor dem Haus in der Menzelstraße. Schlüter führte ihn wieder in das ehemalige Wohnzimmer seines Vaters, wo sich jetzt mehrere Leitz-Ordner und unzählige Papiere auf dem Couchtisch stapelten.

»Haben Sie etwas herausbekommen?«, fragte Marc.

Schlüter nickte. »Ich glaube, ich bin auf eine Spur gestoßen.« Er zeigte auf die Ordner. »Ich habe in der Zwischenzeit alle Mietverträge ausgewertet und das Ergebnis hier aufgeschrieben.« Schlüter reichte Marc ein DIN-A4-Blatt, auf dem er die Seitenansicht eines Hauses aufgezeichnet hatte, die sechs Wohneinheiten erkennen ließ. In jedes der sechs Felder hatte Schlüter Namen und Daten geschrieben.

»Das sind alle Bewohner dieses Hauses im Jahr 1978«, erläuterte er Marc. »Unten links habe ich mit meinen Eltern gewohnt, ab März 1978 war ich in den USA. Die Wohnung neben uns hatten die Weihmanns gemietet. Der Mietvertrag ist datiert vom 1.4.1965. 1990 sind sie wieder ausgezogen. Ich kann mich an die Weihmanns noch sehr gut erinnern, weil sie eine Tochter etwa in meinem Alter hatten. Im ersten Stock über uns wohnten die Kasperczaks, die einzigen Mieter aus dem Jahr 1978, die auch heute noch hier leben. In der Wohnung daneben war jahrzehntelang ein altes Ehepaar zu Hause, die Kreiwinkels. Und jetzt komme ich zu den Wohnungen im zweiten Stock, die meiner Meinung nach für uns am interessantesten sind.«

Schlüter legte eine Kunstpause ein. »Zum einen liegen diese beiden Wohnungen am nächsten zum Dachgeschoss, zum anderen hat es da im Jahr 1978 einige Wechsel gegeben. Die Wohnung über den Kreiwinkels ist viele Jahre von einer alten Frau, Frau Güttmann, bewohnt worden. Im April 1978 ist sie verstorben, danach stand die Wohnung bis zum 1. November 1978 leer. Dann ist ein älterer Mann, ein Herr Gossen, in die Wohnung gezogen und hat bis 1995 dort gelebt. Und in der Wohnung daneben hat unser heißester Kandidat gehaust.« Schlüter drückte seinen Zeigefinger auf den Namen. »Ein Hans-Werner Ebersbach, geboren am 11. März 1953. Ebersbach hatte die Wohnung zum 1. August 1978 gemietet, davor lebte dort ein Ehepaar, die Frohnerts.«

»Was ist an diesem Ebersbach so interessant?«, wollte Marc wissen.

Schlüters Augen glühten vor Eifer. »Das Datum seines Auszugs: der 31. Dezember 1978. Ebersbach hat nur fünf Monate hier gewohnt. Er ist kurz vor dem Tod der Frau auf dem Dachboden in dieses Haus gezogen und wenige Wochen nach ihrem Tod hat er die Wohnung wieder aufgegeben und ist nach Siegen gezogen.«

»Was schließen Sie daraus?«

»Das kann natürlich ein Zufall sein, aber vielleicht war die junge Frau auf dem Dachboden Ebersbachs Freundin, es gab ein Eifersuchtsdrama und er hat sie erschossen. Weil er nicht wusste, wohin mit der Leiche, hat er sie auf unserem Dachboden versteckt und ist kurz darauf abgehauen. Mein Vater hat sogar eine Nachsendeadresse notiert: Bismarckstraße 27a in Siegen.«

Marc wiegte den Kopf langsam hin und her. »Sie haben

recht, um diesen Ebersbach müssen wir uns kümmern. Können Sie sich an den Mann erinnern?«

Schlüter schüttelte den Kopf. »Nein. Ich war doch in den USA.«

»Und was ist mit diesem Mädchen? Die Tochter Ihrer Nachbarn im Erdgeschoss. Wissen Sie, was aus ihr geworden ist?«

»Sie ist mit Sicherheit nicht die Tote auf dem Dachboden, wenn Sie das meinen«, entgegnete Schlüter. »Das Alter würde vielleicht hinkommen und Eva Weihmann hatte auch lange blonde Haare, aber sie hat noch in den Achtzigerjahren hier gelebt. Dann ist sie bei ihren Eltern ausgezogen. Im Moment dürfte also Ebersbach die vielversprechendste Spur sein.«

»Vielleicht können sich die Mieter im ersten Stock, die heute noch hier wohnen, an ihn erinnern.« Marc warf einen Blick auf Schlüters Notizen. »Diese Kasperczaks. Wissen Sie, ob die zu Hause sind?«

»Mit ziemlicher Sicherheit. Frau Kasperczak hat Schwierigkeiten mit dem Gehen und verlässt die Wohnung nur noch zu Arztbesuchen.«

»Also.« Marc schlug sich mit den Händen auf die Oberschenkel und erhob sich von seinem Platz. »Lassen Sie uns keine Zeit verlieren.«

11

Freddy saß in dem Wohnzimmer des Ferienhauses, das er schon vor sechs Monaten angemietet hatte. Er rauchte eine Zigarette und war mit sich und der Welt zufrieden. Bis jetzt lief fast alles exakt nach Plan. Was auch kein Wunder war, schließlich war er für die Organisation verantwortlich. Vor einer halben Stunde hatte sich Jochen bei den Eltern ihres Opfers gemeldet. Diese schienen kooperativ zu sein, auch

wenn sie – dessen war sich Freddy sicher – die Polizei eingeschaltet hatten. Wahrscheinlich hatten sie gar keine Wahl
gehabt, weil die Polizei bereits vorher informiert worden
war. Auch wenn Fernsehen und Radio bisher nichts über die
Entführung der Millionärstochter berichtet hatten, war
Freddy davon überzeugt, dass die Großfahndung ihm und
seinen Männern gegolten hatte. Doch zum Glück hatte sie ja
Jochens Ortskenntnis gerettet.

Im Moment war Freddy allein im Haus. Jochen erwartete
er erst in einigen Stunden zurück, Gonzo hatte den Auftrag,
an einer möglichst weit entfernt liegenden Tankstelle etwas
zu trinken zu besorgen.

Freddy nahm einen tiefen Zug von seiner Zigarette und
atmete genüsslich aus. Wenn das so weiterging, würde er den
Rest seines Lebens in Reichtum verbringen können. Darauf
hatte er lange genug gewartet.

Freddy konnte sich an den Beginn seines Niedergangs
noch sehr genau erinnern. Er hatte gerade mit seinem Jurastudium begonnen, als ein Freund ihn das erste Mal mit in
ein Spielkasino genommen hatte. Die Atmosphäre hatte
Freddy sofort fasziniert: die dicken Teppiche, die funkeln-
den Kronleuchter, die wirbelnden Roulettekessel und vor
allem die vornehm gekleideten Menschen, die, ohne mit der
Wimper zu zucken, Tausend-Mark-Chips setzten. Er hatte
genau einhundert D-Mark im Portemonnaie gehabt und sich
geschworen, sofort aufzuhören und nie wieder ein Spielkasino zu betreten, wenn er sein Geld verspielt hatte. Sein Pech
war gewesen, dass er an diesem ersten Tag gewonnen hatte,
fast zweitausendachthundert Mark. Später hatte er von anderen Spielern erfahren, dass deren Suchtkarriere auf die
gleiche Weise angefangen hatte – da schien ein ungeschrie-
benes Gesetz in Spielkasinos zu gelten: Beim ersten Mal
gewann man immer!

Am nächsten Tag fuhr Freddy wieder zum Kasino. Zweitausendachthundert Mark! So leicht hatte er noch nie so viel

Geld verdient und dabei hatte er auch noch Spaß gehabt. An diesem zweiten Tag lief es allerdings schon nicht mehr ganz so gut. Er gewann zwar ab und zu, am Ende hatte er aber einen Verlust von dreihundert Mark gemacht. Scheiß drauf!, hatte er damals gedacht. Noch bist du zweitausendfünfhundert Mark im Plus. Also begab er sich zum dritten Mal ins Kasino, um das verlorene Geld zurückzugewinnen. Nach weiteren drei Tagen war sein gesamter Gewinn des ersten Tages weg. Aber irgendwann musste die Pechsträhne ja mal ein Ende haben! Nach einer Woche waren seine gesamten Ersparnisse aufgebraucht, dann musste der Wagen dran glauben, den seine Eltern ihm zum Abitur geschenkt hatten. Es folgten seine Stereoanlage und sein Fernseher. Nachdem er seinen Reisepass für fünfzig Mark an einen Türken verkauft hatte, war Freddy dann endgültig pleite gewesen. Er hatte noch genau ein Hemd, einen Anzug und eine Krawatte besessen. Utensilien, die er dringend benötigte, weil er sonst nicht in das Kasino eingelassen worden wäre.

Er lieh sich Geld bei seinen Eltern, bei Verwandten und bei Freunden. Als die ihm nichts mehr geben wollten, wandte er sich an einen Kredithai. Dann war auch dieses Geld verloren.

Seine Freunde und Verwandten wollten nichts mehr mit ihm zu tun haben, der Kredithai drohte, ihm jeden Knochen einzeln zu brechen, wenn er sein Geld nicht zurückbekam.

Schließlich war Freddy so verzweifelt gewesen, dass er sich von seinem letzten Geld eine Bahnfahrkarte nach Nizza gekauft hatte. Er wollte noch einmal das Mittelmeer sehen und sich dann umbringen. Doch als er auf dem Bahnsteig stand und auf den Zug nach Frankreich wartete, war sein Blick auf die Bahnhofsuhr gefallen. Fünf nach halb drei. In fünfundzwanzig Minuten würde das Kasino öffnen.

Freddy tauschte seine Fahrkarte um und nahm den nächsten Zug in Richtung Spielkasino. Um kurz nach vier Uhr war alles vorbei gewesen, er hatte noch nicht mal mehr einen

Groschen gehabt, um sich einen würdigen Abgang zu verpassen.

Trotzdem lief es danach eine Zeit lang besser. Freddy machte eine Therapie und er lernte Martina, seine große Liebe, kennen, die als Erzieherin in einem Kindergarten arbeitete. Sie zogen zusammen und bekamen einen Sohn. Freddy fand einen Job als Nachtportier in einem Hotel und Martina sorgte dafür, dass Freddy in allen Kasinos gesperrt wurde.

Doch nach einem glücklichen Jahr wurde der Dämon in ihm wieder stärker. Da Freddy nicht mehr in Kasinos eingelassen wurde, begann er, in einem illegalen Club zu pokern. Pokern hat nichts mit Glück zu tun, sagte er sich immer wieder. Das ist reine Wahrscheinlichkeitsrechnung und in Mathe war er immer schon ein Ass gewesen. Allerdings gab es bedauerlicherweise Menschen, die noch besser rechnen konnten als er. Martina hatte schnell gemerkt, dass Geld aus ihrem Portemonnaie und von ihrem Konto fehlte. Sie stellte Freddy zur Rede und drohte, ihn gemeinsam mit ihrem Sohn zu verlassen. Freddy war vollkommen verzweifelt. Er schwor, er habe das Geld nicht verspielt, sondern in eine »todsichere Sache« investiert. In einer Woche würde Martina ihr Geld plus Zinsen zurückbekommen.

Wie auch immer, es hatte Geld hergemusst, und das schnell. Und so hatte Freddys kriminelle Karriere begonnen.

Er überfiel die erste Bank und erbeutete zwanzigtausend Mark, obwohl sie ihn beinahe geschnappt hätten. Wahrscheinlich ist es mit dem Verbrechen wie mit dem Spiel, dachte er später. Wenn man Glück hat, scheitert man beim ersten Mal, wenn man Pech hat, hat man Erfolg und rutscht so immer weiter in die Abwärtsspirale.

Er überfiel weitere Banken und lernte schnell dazu. Durch das illegale Pokern war er in Kontakt mit dubiosen Gestalten gekommen: Zuhälter, entlassene Sträflinge, gescheiterte Existenzen. Aus diesen Kreisen rekrutierte Freddy die Helfer für seine nächsten, größeren Coups: drei Banken, zwei

Supermärkte. In den einschlägigen Kreisen erwarb er sich bald einen hervorragenden Ruf als Planer und Organisator.

Und dann war es an der Zeit für »das ganz große Ding«: ein Geldtransporter, der, wie Freddy erfahren hatte, über drei Millionen Mark mit sich führte.

Aber jetzt ging alles schief. Einer von Freddys Komplizen erschoss einen Wachmann und sie wurden geschnappt. Freddy bekam zwölf Jahre, Martina verließ ihn mit ihrem Sohn, die beiden zogen nach Köln. Kein einziges Mal hatte sie ihn im Knast besucht, keinen Brief hatte er von ihr bekommen. Aber Freddy liebte sie immer noch.

Als Freddy nach acht Jahren vorzeitig aus der Haft entlassen worden war, hatte er sehr schnell erkannt, dass er sich im normalen Leben nicht mehr zurechtfand und nie die Chance haben würde, mit normaler Arbeit auf einen grünen Zweig zu kommen. Was er brauchte, war ein wirklich letzter großer Coup, um endlich ein sorgenfreies Leben führen zu können. Und vielleicht würde dann auch Martina mit ihrem gemeinsamen Sohn zu ihm zurückkehren.

Freddy drückte die Zigarette im Aschenbecher aus. Dann stand er auf und ging zum Fenster, um frische Luft hereinzulassen. Er hatte seine Hand gerade an den Hebel gelegt, als er das Gefühl hatte, der Atem würde ihm aus der Brust gezogen: Ein Streifenwagen der Polizei fuhr langsam die Auffahrt herauf und hielt genau auf das Ferienhaus zu.

12

»Mensch, Peter, was für ein seltener Gast.« Hermann Kasperczak, ein untersetzter Mann mit weißem Haarkranz, war sichtlich begeistert, als er den Sohn seines ehemaligen Vermieters erkannte. Dann wandte er sich Marc zu. »Ich kenne Peter schon, seit er so groß ist.« Kasperczak hielt die flache Hand etwa dreißig Zentimeter über den Fußboden.

Mit einem verlegenen Gesichtsausdruck sah er wieder auf. »Ich darf doch noch Du sagen?«, fragte er.

»Natürlich, Herr Kasperczak«, antwortete Schlüter. »Das ist Herr Hagen, er ist Anwalt. Entschuldigen Sie bitte, dass wir Sie an einem Sonntagnachmittag überfallen, aber wir haben einige wichtige Fragen an Sie. Ich hoffe, wir stören nicht.«

»Aber woher denn? Du weißt doch genau, dass du uns immer besuchen kannst.« Kasperczak richtete seine Augen erneut auf Marc. »Wir haben früher häufig auf Peter aufgepasst, wenn seine Eltern nicht zu Hause waren. Ich möchte sagen, dass wir sogar fast so etwas wie seine Ersatzeltern waren. Was, Peter?«

Der alte Mann stand offenbar kurz davor, Schlüter vor lauter Freude in die Backe zu kneifen. Dem war die Begeisterung des alten Mannes sichtlich unangenehm. »Sicher, Herr Kasperczak«, sagte er mit einem verkniffenen Lächeln. »Ist Ihre Frau auch da?«

»Maria? Aber natürlich. Wo sollte sie sonst sein?« Der alte Herr lachte übertrieben laut, als sei der Gedanke, seine Frau könne etwas ohne ihn unternehmen, absurd. »So, jetzt kommt aber erst mal rein.«

Er führte Marc und Schlüter in das Innere der Wohnung. Marc blickte im Vorbeigehen in die nach rechts und links abgehenden Räume und registrierte, dass der Grundriss der Wohnung dem der Schlüters ein Stockwerk tiefer entsprach. Im überheizten Wohnzimmer saß eine Frau, deren weißes Haar in Form und Konsistenz an Zuckerwatte erinnerte. Frau Kasperczak war wie ihr Mann wohl knapp über siebzig Jahre alt und mit einer grauen Strickjacke bekleidet. Auf dem Tisch vor ihr standen eine Kanne, zwei Tassen, zwei Teller und ein Pappkarton mit Kuchenteilchen. Es roch nach Kaffee, Old Spice und Möbelpolitur. Die Einrichtung des Wohnzimmers entsprach dem Alter seiner Bewohner: eine rustikale Eichenschrankwand mit Hummelfiguren und ver-

zierten Bierseideln hinter Glas, eine Stehlampe mit fransen-
besetztem Schirm, eine Sofagarnitur im altdeutschen Stil, in
einer Ecke flackerte ein elektrisches Kaminfeuer.

»Hallo, Peter«, wurde Schlüter auch von Frau Kasperczak
begrüßt. »Mein herzliches Beileid zum Tod deines Vaters.
Leider konnte ich nicht zur Beerdigung kommen, aber du
siehst ja selbst.« Sie machte eine unbestimmte Handbewegung in Richtung ihrer Beine, über denen eine dicke Wolldecke lag. »Deshalb kann ich dich auch leider nicht im Stehen
begrüßen.«

»Aber das macht doch nichts«, beschwichtigte Schlüter
und deutete auf Marc. »Frau Kasperczak, das ist Herr Hagen. Er ist mein Anwalt.«

Über das Gesicht der alten Frau zog ein Schatten der
Angst. »Ist etwas passiert?«, fragte sie. »Mein Gott, wir
müssen doch nicht aus der Wohnung raus?«

»Nichts dergleichen«, versprach Schlüter. »Selbstverständlich können Sie hier so lange wohnen bleiben, wie Sie möchten.«

Frau Kasperczak entspannte sich sichtlich. »Wollt ihr etwas zu trinken?«, fragte sie. Ohne eine Antwort abzuwarten,
bat sie ihren Mann: »Hermann, setz doch mal eine neue
Kanne Kaffee auf. Und bring zwei frische Teller und Gabeln
mit.«

»Wir wollen keine Umstände machen«, versuchte Schlüter
zu protestieren.

»Papperlapapp. Setzt euch endlich.«

Während Kasperczak in der Küche verschwand, nahmen
Marc und Schlüter auf dem Sofa Platz. Frau Kasperczak
schob ihnen den Teller mit dem Kuchen zu. »Bedienen Sie
sich«, forderte sie Marc auf.

Der klopfte sich mit der flachen Hand auf den Bauch.
»Vielen Dank, aber ich habe gerade erst gegessen.«

»Peter?« Sie warf Schlüter einen fragenden Blick zu. Der
griff tapfer zu. Wahrscheinlich ist es genauso schwer, Er-

satzmütter nicht zu beleidigen wie richtige Mütter, dachte Marc.

Kasperczak kehrte aus der Küche zurück und stellte zwei Teller auf den Tisch. Schlüter hatte derweil die Skizze des Hauses aus der Tasche gezogen und auf dem marmorgefliesten Wohnzimmertisch ausgebreitet.

»Wir würden Ihnen gerne einige Fragen zu den ehemaligen Mietern dieses Hauses stellen«, erläuterte er. »Herr Hagen benötigt die Auskünfte für ein Verfahren.«

Frau Kasperczak musterte Marc neugierig. Der sah der alten Frau an, dass sie gerne mehr gewusst hätte, sich aber nicht traute zu fragen. »Was habt ihr denn da?«, fragte sie stattdessen und rückte mit ihrem Sessel näher an den Tisch heran.

»Das sind alle Bewohner dieses Hauses im Jahr 1978«, erklärte Schlüter. »Vielleicht können Sie uns ein bisschen mehr über die erzählen.«

»Schauen wir mal«, meinte Hermann Kasperczak und nahm neben seiner Frau Platz. »Ach ja, damals haben die Weihmanns noch in der Wohnung neben euch gewohnt. Die sind aber schon 1989 ... nein ... 1990 ausgezogen, weil er nach Nürnberg versetzt worden ist. Eine hübsche Tochter hatten die. Schade, ich hatte gehofft, aus euch würde was werden.«

Er warf Schlüter einen neckenden Blick zu, auf den dieser zu Marcs Erstaunen mit einem leichten Erröten reagierte.

»Dann haben wir da noch die Kreiwinkels. Genau, die haben damals viele Jahre neben uns gewohnt, sind dann aber Anfang der Neunziger, Moment mal, das muss 1993 gewesen sein, als unser Sohn die Meisterprüfung abgelegt hat, zusammen ins Altersheim gegangen. Er ist schon seit einigen Jahren tot, sie lebt, glaube ich, immer noch da. Ach ja, und die alte Frau Güttmann oben rechts. Die ist 1978 gestorben.«

»Hast du die nicht sogar gefunden?«, warf Frau Kasperczak ein.

»Ja, das war im April 1978«, bestätigte ihr Mann. »Mir war aufgefallen, dass Frau Güttmanns Briefkasten einige Tage nicht geleert worden war. Ich bin dann zu deinem Vater gegangen und wir haben mit seinem Zweitschlüssel nachgesehen. Sie saß tot in ihrem Sessel, der Fernseher lief noch.« Kasperczak richtete seinen Blick in die Ferne. »Eigentlich ein schöner Tod«, sinnierte er.

Marc trommelte ungeduldig mit einer Hand auf dem Tisch. Er wartete darauf, dass Kasperczak endlich über Ebersbach sprach.

»Und was ist mit der Wohnung oben links?«, fragte Schlüter, der ebenfalls zur Sache kommen wollte.

»Ach ja, unsere Problemwohnung«, meinte Kasperczak. Er bemerkte Schlüters und Marcs fragende Blicke. »Da ging es immer zu wie in einem Taubenschlag«, erläuterte er. »Die anderen Wohnungen waren meist jahre- oder sogar jahrzehntelang an dieselben Personen vermietet, aber oben links haben die Mieter so schnell gewechselt, dass man gar nicht mehr mitbekam, wer da nun gerade wohnt. Irgendwie war da der Wurm drin. Ich glaube, dein Vater hätte die Wohnung am liebsten zugemauert.«

Marc beobachtete aus den Augenwinkeln, dass Schlüter bei dem Wort ›zugemauert‹ leicht zusammenzuckte.

»Können Sie sich noch an Hans-Werner Ebersbach erinnern, der in der Wohnung ab August 1978 bis Ende 1978 gewohnt hat?«, fragte Schlüter.

Kasperczak bleckte die Zähne und starrte auf einen imaginären Punkt an der Decke. »Dunkel«, meinte er dann. »Ganz dunkel. War, glaube ich, ein recht junger Mann, stimmt's?«

»Herr Ebersbach ist im März 1953 geboren«, versuchte Marc, ihm auf die Sprünge zu helfen. »1978 war er also Mitte zwanzig.«

»War das nicht der junge Mann, der mit unserem Sebastian manchmal was unternommen hat?«, erinnerte sich Frau Kasperczak.

»Stimmt«, bestätigte Hermann Kasperczak und zeigte mit dem Zeigefinger anerkennend auf seine Frau. »Ich glaube, die beiden sind damals ab und zu einen trinken gegangen. Ins *Römereck*, wenn ich mich recht entsinne.«

»Sebastian besucht uns am Mittwoch«, übernahm Frau Kasperczak das Wort. »Er ist so ein guter Junge. Sebastian ist Elektromeister und hat sich vor einigen Jahren in Düren selbstständig gemacht. Er muss sehr viel arbeiten, aber seine alten Eltern hat er nicht vergessen. Er besucht uns regelmäßig. Was man von seiner Frau nicht behaupten kann. Die haben wir schon seit über einem Jahr nicht mehr zu Gesicht bekommen. Ich weiß noch, wie ich Sebastian vor dieser Frau …«

»Können Sie sich daran erinnern, ob Hans-Werner Ebersbach eine Freundin hatte, als er in diesem Haus gewohnt hat?«, unterbrauch Marc den Redeschwall. »Oder – anders gefragt – haben Sie ihn 1978 mal in Begleitung einer blonden Frau gesehen?«

Die Kasperczaks schüttelten synchron den Kopf. »Wir haben Ebersbach kaum gekannt«, antwortete Herr Kasperczak für seine Frau mit. »Vielleicht kann Ihnen unser Sohn weiterhelfen.«

»Ja, vielleicht«, meinte Marc. »Ist Ihnen im Jahr 1978 irgendwo sonst eine junge blonde Frau in diesem Haus aufgefallen?«

Marc hatte seine Frage ohne große Hoffnung gestellt, musste aber zu seinem Erstaunen erkennen, dass er offenbar mitten ins Schwarze getroffen hatte. Herr und Frau Kasperczak warfen sich nervöse Blicke zu, dann sah Hermann Kasperczak verstohlen zu Peter Schlüter hinüber.

»Nein«, antwortete Kasperczak schließlich knapp. »Darüber wissen wir nichts.« Er fuhr sich mit der Hand über den Mund, als wollte er ihn reinwaschen.

Auch Peter Schlüter schien der abrupte Stimmungswechsel nicht verborgen geblieben zu sein.

»Es ist wirklich sehr wichtig«, sagte er. »Bitte, versuchen Sie doch, sich zu erinnern.«

Hermann Kasperczak suchte erneut den Blickkontakt zu seiner Frau und schien um ihr stummes Einverständnis zu bitten. Doch die hatte die Augen starr auf den Boden gerichtet und reagierte nicht.

»Bitte, Herr Kasperczak«, hakte Schlüter nach. »Sie müssen uns alles sagen, was Sie wissen.«

Schließlich rang sich Kasperczak zu einer Entscheidung durch.

»Also gut«, seufzte er. »Auch wenn man über Tote nichts Schlechtes reden soll.«

Marc hielt unwillkürlich die Luft an. »Welche Tote meinen Sie?«, fragte er atemlos.

»Ich meine deinen Vater«, sagte Kasperczak mit Blick auf Peter Schlüter. »Ich fürchte, er war nicht der Mann, für den du und deine Mutter ihn gehalten habt.«

Schlüter war aschfahl geworden. »Wie darf ich das verstehen?«, hauchte er.

»Nun, dein Vater war Lehrer. Und als solcher hatte er natürlich Kontakt zu vielen jungen Menschen. Auch zu vielen jungen weiblichen Menschen. Muss ich deutlicher werden?«

Schlüter nickte stumm und Kasperczak seufzte erneut. »Dein Vater hatte Affären mit einigen seiner Schülerinnen.«

»Das glaube ich nicht«, protestierte Schlüter schwach.

»Glaub es ruhig«, sagte Kasperczak gelassen. »Das ganze Haus wusste Bescheid, nur du und deine Mutter offenbar nicht.«

Marc war klar, dass Schlüter diese Nachricht erst einmal verdauen musste. Deshalb stellte er die nächste Frage. »Was hat das mit der jungen blonden Frau zu tun?«

»Die hat hier 1978 mal kurz gewohnt«, gab Kasperczak zurück. »Die Wohnung von Frau Güttmann stand nach ihrem Tod einige Zeit leer – bis eine blonde Frau um die zwanzig dort eingezogen ist.«

71

»Das kann nicht sein«, widersprach Schlüter energisch. »Ich habe alle Verträge durchgesehen. Es gab 1978 keinen Mietvertrag mit einer jungen Frau. Die Wohnung von Frau Güttmann hat bis November 1978 leer gestanden, dann ist ein Herr Gossen dort eingezogen.«

»Es kann gut sein, dass dein Vater keinen schriftlichen Mietvertrag mit der Frau abgeschlossen hatte«, meinte Kasperczak. »Und vielleicht hat er auch keine Miete von ihr verlangt. Aber er hat sie hier wohnen lassen, daran gibt es nicht den geringsten Zweifel.«

Er sah seine Frau zustimmungsheischend an und Frau Kasperczak bestätigte seine Aussage mit einem knappen Kopfnicken.

»Gut«, mischte Marc sich ein. »Aber die Tatsache, dass die Frau hier gewohnt hat, beweist noch nicht, dass Herr Schlüter senior ein Verhältnis mit ihr hatte.«

Auf Kasperczaks Gesicht erschien ein feines Lächeln. »Nein, das ist kein Beweis. Der Beweis ist die Tatsache, dass ich die beiden Händchen haltend und küssend in der Stadt überrascht habe.«

Schlüter starrte den alten Mann wütend an. »Das kann nicht mein Vater gewesen sein!«, sagte er erregt.

»O doch«, erwiderte Kasperczak ruhig. »Du wolltest die Wahrheit wissen, Peter. Jetzt geh in dich und denk nach. Hattest du früher wirklich nie den Verdacht, dass dein Vater es mit der ehelichen Treue nicht so ganz genau genommen hat?«

Peter Schlüter verstummte. Schließlich nickte er. »Doch«, gab er zu. »Manchmal kamen mir Zweifel.«

»Dein Vater war ein sehr attraktiver Mann«, fuhr Kasperczak fort. »Der ›schöne Walter‹, so haben ihn alle genannt. Solche Männer sind selten treu.«

»Und Sie sind sich sicher, dass es das Jahr 1978 war, als die blonde Frau hier gewohnt hat?«, vergewisserte sich Marc.

»Im Sommer 1978«, präzisierte Kasperczak. »Wir hatten damals deine Mutter zur Pflege, weißt du noch?« Er schaute zu seiner Frau herüber, die wiederum mit einem Nicken antwortete. »Ich weiß noch genau, dass das zur selben Zeit war.«

»Können Sie die junge Frau näher beschreiben«, bat Marc.

»Ja, das war so ein richtiges Hippie-Mädchen«, sagte Kasperczak. »Wie die jungen Mädchen damals eben so rumgelaufen sind. Miniröcke und hohe Stiefel.« Er hielt inne und schaute versonnen an die Decke. Dann fuhr er begeistert fort: »Sie hatte lange blonde Haare, tolle Beine und eine sehr gute Figur. Das Mädchen war überaus hübsch, das muss man sagen.«

Frau Kasperczak musterte ihren Mann erstaunt, als wundere sie sich darüber, dass ihr Hermann zu solchen Wahrnehmungen fähig war.

»Können Sie sich an den Namen der Frau erinnern?«, lautete Marcs nächste Frage.

»Bestimmt nicht«, antwortete Frau Kasperczak resolut.

»Aber natürlich«, sagte Herr Kasperczak fast gleichzeitig. »Binder, hieß sie. Susanne Binder.«

Marc holte tief Luft. Jetzt kam die entscheidende Frage. »Wissen Sie, was aus dieser Susanne Binder geworden ist?«

»Nein«, erwiderte Kasperczak und Marc meinte, einen deutlichen Unterton der Enttäuschung in seiner Stimme zu hören. »Eines Tages war sie nicht mehr da und wir haben von ihr niemals wieder etwas gesehen oder gehört.«

13

Mit angehaltenem Atem beobachtete Freddy den Streifenwagen, der fünf Meter vor der Eingangstür des Ferienhauses ausrollte. Der Polizist auf dem Beifahrersitz stieg aus, setzte sich umständlich seine Dienstmütze auf und sah sich dann gemächlich im Garten um. Der Fahrer machte dagegen keine Anstalten, den Wagen zu verlassen. Langsam beruhigte sich Freddys Puls wieder. Wenn die Bullen wussten, wer hier versteckt wurde, hätten sie doch mit Sicherheit ein Spezialeinsatzkommando vorbeigeschickt und nicht diese beiden Dorfpolizisten, oder?

Aber sicher war sicher. Freddy ging zu der Anrichte im Wohnzimmer, nahm seine Beretta 92 aus einer Schublade, spannte sie vor und sicherte sie. Anschließend steckte er sie hinten in seinen Hosenbund und zog den Pullover darüber.

Eine Sekunde später schellte es. Freddy atmete noch einmal tief durch, dann ging er zur Tür und öffnete. Vor ihm stand der Polizist, der eben aus dem Wagen ausgestiegen war.

»Ah, hoher Besuch«, begrüßte Freddy den Mann übertrieben freundlich. »Was verschafft mir die Ehre?«

»Ich bin Polizeiobermeister Dorn«, sagte der Beamte. »Wir gehen einer Anzeige aus der Nachbarschaft nach.«

»Nachbarschaft?«, fragte Freddy erstaunt zurück und umschrieb mit dem rechten Arm einen weiten Halbkreis über die Landschaft. »Aber hier gibt es doch weit und breit keine Nachbarn.«

»Es gibt sie«, versicherte Dorn, »auch wenn Sie sie vielleicht nicht sehen können, Herr …?«

»Kornblum. Friedrich Kornblum«, ergänzte Freddy.

»Darf ich Ihren Personalausweis sehen, Herr Kornblum?«, fragte Dorn höflich.

»Selbstverständlich«, erwiderte Freddy. »Einen Moment, bitte.« Er ging ins Haus zurück, fischte den Ausweis aus seiner Jacke und reichte Dorn das Dokument.

»Um was für eine Beschwerde geht es denn?«, wollte Freddy wissen, während Dorn die Angaben in dem Ausweis studierte.

»Ein paar Kinder aus der Nachbarschaft haben Schüsse gehört«, erklärte der Polizist und gab den Ausweis zurück. »Die sollen von diesem Grundstück gekommen sein.«

»Von diesem Grundstück?«, echote Freddy erstaunt und ballte vor Wut die Faust in der Tasche. Dieser verfluchte Jochen! Freddy hatte ihn hundertmal gewarnt, seine Schieß-übungen nicht ausgerechnet im Garten zu veranstalten, aber Jochen hatte gemeint, das Ferienhaus liege so abgelegen, dass unmöglich jemand etwas mitbekommen könne. Und jetzt hatten sie den Salat!

»Das kann nicht sein!«, widersprach Freddy heftig und spürte, wie ihm der Schweiß auf die Stirn trat. »Ich besitze überhaupt keine Waffe.« Unwillkürlich fuhr seine linke Hand zu der Beretta.

»Hm.« Der Polizist wirkte nicht sonderlich überzeugt. »Haben Sie etwas dagegen, wenn ich mich im Haus einmal umsehe?«, fragte er.

»Im … im Haus?«, stotterte Freddy. Er war kurz davor, die Fassung zu verlieren. »Haben Sie einen Durchsuchungs-befehl?«

»Nein«, erwiderte Dorn misstrauisch. »Brauche ich denn einen?«

Freddy dachte fieberhaft nach. Wenn er jetzt auf einen richterlichen Beschluss bestand, würden die Bullen nicht lockerlassen. Wahrscheinlich war es am besten, diesen Dorn hereinzubitten und ein wenig herumschnüffeln zu lassen. Es war äußerst unwahrscheinlich, dass er verlangen würde, auch den Keller zu sehen. Und wenn doch, hatte der Bulle eben Pech gehabt. Freddy spürte das beruhigende Gefühl kalten Stahls an seinem Rücken.

»Nein, nein. Kommen Sie nur rein«, sagte er also. »Ich habe nichts zu verbergen.«

Der Polizist nickte, als habe er nichts anderes erwartet, und ging durch die kleine Diele ins Wohnzimmer, wo er sich prüfend umsah. »Sie wohnen hier allein?«, wollte er wissen.

»Ganz allein«, bestätigte Freddy. »Ich habe das Ferienhaus schon vor einigen Monaten gemietet, weil ich meine Ruhe haben will.«

»Warum stehen dann drei Teller auf dem Esstisch?«, erkundigte sich der Polizist.

»Drei …? Oh, ich habe übers Wochenende ein paar Freunde eingeladen und bin noch nicht zum Aufräumen gekommen.« Freddy sog scharf die Luft ein. Gonzo musste jeden Moment zurückkommen. Hoffentlich war er clever genug, sich von dem Haus fernzuhalten, wenn er den Streifenwagen sah.

»Und von Ihren Freunden besitzt auch niemand eine Waffe?«

»Niemand! Wir haben gegessen, getrunken und ein wenig gefeiert. Alles ganz harmlos.«

»So, so. Da hinten geht es zur Küche?«

»Zur Küche, genau. Sie können gerne …« Freddy zuckte zusammen, als ihm die Sturmhaube einfiel, die Gonzo immer mitten auf dem Küchentisch abzulegen pflegte. »Aber vielleicht wollen Sie zuerst das Bad sehen?«, fragte er hastig.

»Nein, ich würde gern zuerst einen Blick in die Küche werfen. Oder gibt es da ein Problem?«

»Überhaupt nicht«, versicherte Freddy mit zitternder Stimme. »Bitte, nach Ihnen.«

Er ließ den Polizisten vorgehen und tastete mit der rechten Hand nach seiner Beretta. Er fand den kleinen Hebel am Griffstück und entsicherte die Waffe. Dorn hatte inzwischen die Küche erreicht. Freddy hielt den Atem an. Jetzt kam es darauf an.

»Nichts Auffälliges«, sagte Dorn, als er zwanzig Sekunden später die Küche verließ.

»Sag ich doch«, sagte Freddy gepresst. Er warf einen kurzen Blick in den Raum, die Sturmhaube war nicht zu sehen. Offenbar hatte Gonzo ausnahmsweise mal aufgeräumt.

»Gibt es hier noch weitere Räume?«, fragte der Polizist.

»Nur noch das Bad und zwei Schlafzimmer. Bitte sehr.«

Mit einer einladenden Handbewegung führte Freddy den Beamten in die Räume. Nach wenigen Sekunden hatte Dorn seine oberflächliche Inspektion beendet.

»Scheint alles in Ordnung zu sein«, sagte er.

»Es *ist* alles in Ordnung«, bestätigte Freddy. »Sind Sie wirklich sicher, dass an dieser Anzeige etwas dran ist? Ich meine, das waren doch Kinder, oder? Wer weiß, was die sich zusammenfantasiert haben.«

»Wir müssen jeder Anzeige nachgehen«, erwiderte Dorn förmlich. »Auch wenn sie von Kindern stammt.«

»Selbstverständlich«, sagte Freddy schnell. »Sie tun nur Ihre Pflicht. Wenn ich sonst noch etwas für Sie tun kann?«

»Nein, ich denke, das war's.« Sie hatten inzwischen die Diele erreicht. Freddy öffnete dienstbeflissen die Haustür und reichte dem Beamten die Hand. »Ich wünsche Ihnen noch einen guten Tag«, sagte er.

Der Polizist ergriff die Hand und drückte sie leicht. »Danke, gleichfalls«, sagte Dorn. Er wandte sich der Tür zu, stutzte dann aber. »Wo führt denn diese Treppe hin?«, fragte er.

»Treppe?«, wiederholte Freddy, als habe er das Wort noch nie zuvor gehört. »Ach, *die* Treppe. Die geht nur in den Keller, aber da gibt es nichts zu sehen.«

»Ich hatte Sie eben ausdrücklich gefragt, ob es hier weitere Räume gibt«, erklärte der Polizist streng. »Einen Keller haben Sie nicht erwähnt.«

»Nun, ich dachte, Sie meinen Wohnräume. Im Keller wird nur Gerümpel aufbewahrt. Gartenstühle, Rasenmäher, der Grill. So Sachen halt.«

»Haben Sie etwas dagegen, wenn ich trotzdem mal nachsehe?«, fragte Dorn nun wieder freundlich.

»Ich … natürlich nicht. Aber Sie können sich die Mühe wirklich sparen.«

Der Polizist sagte nichts und drückte den Lichtschalter neben der Treppe. Dann stieg er vorsichtig die Stufen hinunter.

Okay, dachte Freddy. Du hast es so gewollt. Er ging hinter dem Polizisten her und zog dabei die Beretta, die er aber weiter hinter seinem Rücken versteckt hielt. Im Magazin befanden sich fünfzehn Patronen vom Kaliber 9 mm Parabellum. Mehr als genug für die beiden Bullen. Erst würde er diesen hier kaltmachen, dann seinen Kollegen. Mit etwas Glück würde der Polizist im Auto nichts von dem Schuss hören. Er könnte ihn ins Haus locken und ihm gleich im Wohnzimmer eine Kugel in den Kopf jagen. Freddy hasste Gewalt, aber noch mehr hasste er den Knast. Freiwillig würde er nicht mehr dorthin zurückgehen, und wenn er dafür zehn Bullen abknallen musste.

Dorn hatte den Keller inzwischen erreicht. »Was ist denn hinter der Tür da?«

»Welche Tür?«, fragte Freddy unschuldig zurück.

»Die da, mit den beiden Riegeln. Wenn Sie die bitte öffnen würden.«

»Kein Problem.« Freddy wollte die Beretta hervorholen und auf den Polizisten richten, als er eine laute Stimme hörte.

»Robert, bist du da unten?« Freddy hielt in der Bewegung inne und steckte die Waffe zurück in seinen Hosenbund. »Ich glaube, Ihr Kollege sucht Sie«, sagte er zu Dorn.

»Ich bin hier«, rief der die Kellertreppe hoch. »Was ist denn?«

»Wir haben einen Einsatz. Beeil dich!«

»Ich komme!« Dorn warf einen letzten Blick auf die Tür, dann drehte er sich seufzend um und nickte Freddy zu.

»Sie haben es gehört, Herr Kornblum. Die Pflicht ruft. Vielen Dank für Ihre Kooperation.«

»Nicht der Rede wert«, versicherte Freddy. »Unsere Freunde und Helfer unterstütze ich immer gerne.«

Dorn lief die Treppe nach oben und ließ einen schweißgebadeten Freddy zurück. Erschöpft lehnte er sich mit dem Hinterkopf gegen die Wand und blies die Backen auf. Das war knapp, dachte er.

14

Peter Schlüter betrat das ehemalige Wohnzimmer seines Vaters und steuerte auf die Schrankwand zu. Im Barfach fand er eine Flasche Whisky, genehmigte sich einen doppelten und füllte gleich das nächste Glas, mit dem er sich Marc gegenüber auf einen Sessel setzte. Schlüter trank einen weiteren langen Schluck, nur langsam beruhigte er sich wieder.

»Entschuldigung«, sagte er. »Ich habe gar nicht gefragt, ob Sie auch etwas trinken möchten.«

»Das ist schon in Ordnung«, winkte Marc ab. »Ich habe keinen Durst.«

Schlüter nickte abwesend und trank seinen Whisky aus. Dann atmete er tief durch und lehnte sich in seinem Sessel zurück.

»Denken Sie das Gleiche wie ich?«, fragte er schließlich. »Glauben Sie auch, dass die Tote auf dem Dachboden Susanne Binder ist?«

»Ich würde es für verfrüht halten, diese Theorie jetzt schon als erwiesen anzusehen«, antwortete Marc vorsichtig.

Schlüter musste wider Willen lachen. »Man merkt, dass Sie Jurist sind.«

»Nein, im Ernst«, sagte Marc. »Wir wissen doch nicht einmal sicher, ob es zwischen Ihrem Vater und Susanne Binder tatsächlich eine Verbindung gab. Bis jetzt haben wir nur die Aussage eines alten Mannes, der die beiden in der Stadt gesehen haben will. Wir sollten erst einmal prüfen, ob die Frau wirklich eine Schülerin Ihres Vaters war.«

»Das dürfte sich leicht feststellen lassen.«

Schlüter stand auf und kehrte fünf Minuten später mit einem schmalen Heft zurück, das er an Marc weitergab. »Die Festschrift zum fünfundzwanzigjährigen Bestehen des Max-Planck-Gymnasiums im Jahr 1977«, erklärte Schlüter, während Marc die Seiten durchblätterte. »Darin sind alle damaligen Schüler aufgeführt. Und in der Jahrgangsstufe 12 finden Sie eine Susanne Binder.«

»Könnte hinkommen«, meinte Marc, der den Namen ebenfalls entdeckt hatte. »Wenn Susanne Binder 1977 in der zwölften Jahrgangsstufe war, kann sie im Frühjahr 1978 Abitur gemacht haben. Also kurz bevor sie im Sommer einige Monate in diesem Haus gewohnt hat.«

»Damit wissen wir, dass Susanne Binder Schülerin des Max-Planck-Gymnasiums war«, stellte Schlüter fest. »Aus der Festschrift geht allerdings nicht hervor, dass sie bei meinem Vater Unterricht hatte.«

»Und erst recht geht nicht daraus hervor, dass Ihr Vater sie ermordet hat«, sagte Marc beruhigend. »Warum sollte er das auch getan haben?«

»Vielleicht, weil sie meinem Vater gedroht hat, ihre Affäre auffliegen zu lassen. Bei der Schulleitung und bei meiner Mutter. Und da musste er reagieren. Mein Vater war jahrzehntelang Jäger und Sportschütze und hatte immer Zugang zu Waffen.«

»Vor dem Besuch bei den Kasperczaks waren Sie noch davon überzeugt, dass Ebersbach der Mörder ist«, gab Marc zu bedenken. »Jetzt glauben Sie, Ihr Vater habe Susanne Binder umgebracht. Dabei wissen wir noch nicht einmal, ob Susanne Binder tot ist. Dass die Kasperczaks sie eines Tages nicht mehr gesehen haben, muss nichts bedeuten. Vielleicht lebt sie ganz friedlich irgendwo in Bielefeld oder einer anderen Stadt und ahnt nichts Böses.«

»Aber wie sollen wir das herausbekommen?«

»Ganz einfach. Wir wenden uns an das Einwohnermeldeamt.«

»Die geben doch Privatpersonen keine Auskunft!«

»Das ist ein weit verbreiteter Irrtum«, klärte Marc Schlüter auf. »Eine einfache Melderegisterauskunft über Namen und Anschrift kann jeder bekommen. Sie haben doch Urlaub. Am besten, Sie fragen morgen früh gleich mal nach. Vielleicht klärt sich dann schon alles auf.«

15

Um sieben Uhr abends fand die erste Lagebesprechung der Sonderkommission ›Daniela‹ statt.

Helen Baum betrat in Begleitung von Staatsanwalt Brandt den großen Konferenzraum, in dem sich schon viele der sechzig Beamten versammelt hatten, die für die Soko ausgewählt worden waren. Die Kriminaldirektorin legte ihre Tasche auf den Tisch und sah sich unter den Anwesenden um. Abgesehen von der Polizeipsychologin Petra Seifert, die noch bei den Schwalenbergs war, war sie das einzige weibliche Mitglied der Soko. Sie fühlte sich, als sei sie mitten in ein Haifischbecken geraten.

»Darf ich um Ruhe bitten.« Helen Baum hob die Hände und das allgemeine Gemurmel verstummte.

»Meine Da...« Sie hielt inne und korrigierte sich. »Meine Herren. Wie Sie ja bereits wissen, hat Herr Polizeipräsident Nordkamp mich mit der Leitung der Sonderkommission ›Daniela‹ betraut. Mein Stellvertreter wird Herr Kriminalhauptkommissar Remmert sein.« Sie nickte dem Beamten, der rechts neben ihr saß, kurz zu. »Soweit ich weiß, hat Herr Remmert Ihnen bereits Ihre Aufgaben zugewiesen. Außerdem darf ich Ihnen Herrn Staatsanwalt Brandt vorstellen.« Sie blickte zu dem Staatsanwalt hinüber, der kurz in die Runde grüßte.

»Ich muss nicht betonen«, fuhr Helen Baum fort, »dass wir es hier mit einem bedeutenden Fall zu tun haben, der wahrscheinlich ein überragendes Medienecho zur Folge haben wird. Ich muss auch nicht besonders darauf hinweisen, dass jeder Einzelne von Ihnen seine ganzen Kenntnisse und Fähigkeiten einsetzen muss, um die Arbeit dieser Soko zu einem erfolgreichen Ende zu führen. Aber vorweg vielleicht noch ein paar Worte zu mir. Ich bin jetzt seit drei Monaten in Bielefeld und habe die meisten von Ihnen zumindest schon einmal gesehen. Denjenigen von Ihnen, die mich noch nicht kennen, möchte ich sagen, dass ich eine Anhängerin des kooperativen Führungsstils bin. Besonders wichtig für die Arbeit in einer Sonderkommission ist der permanente Austausch untereinander. Wie Sie ja wissen, besteht kriminalistische Arbeit zum größten Teil aus systematischer Sammlung, Auswertung, Aufbereitung und dem Abgleich von Informationen.«

Jemand gähnte laut und die Kriminaldirektorin ließ sich für einen Moment aus dem Konzept bringen. Dann warf sie einen kurzen Blick auf ihren Spickzettel und setzte ihren Vortrag, den sie in den letzten beiden Stunden mithilfe eines Handbuchs für polizeiliche Führungskräfte eingeübt hatte, fort: »Bei der Arbeitsteilung, wie sie in einer Sonderkommission üblich ist, kann Wissen verloren gehen, wenn es nicht durch einen möglichst intensiven Informationsaustausch jedem Mitglied der Soko zugänglich gemacht wird. Deshalb werden in regelmäßigen Abständen gemeinsame Besprechungen aller Soko-Mitarbeiter stattfinden. Mir liegt sehr an einer direkten Kommunikation innerhalb der Soko. Ich kann Ihnen daher versichern, dass meine Tür immer offen steht, für jeden von Ihnen.«

An dieser Stelle hatte Helen Baum eine kurze Pause für Beifall oder zumindest zustimmendes Gemurmel eingeplant, aber im Raum blieb es totenstill.

»Äh … gut, ja, dann will ich es bei diesen einführenden Worten bewenden lassen, schließlich möchte ich Ihre Geduld nicht über Gebühr strapazieren.« Sie lachte nervös, aber niemand stimmte darin ein. »Also, wie ist die Lage? Herr Kriminaloberkommissar Weigelt, wenn Sie beginnen wollen.« Mit diesen Worten wandte sie sich dem frisch ernannten Abschnittsleiter ›Ermittlungen‹ der Sonderkommission zu.

»Zunächst zum Ergebnis der Ringalarmfahndung«, setzte Weigelt an. »Wir haben vier betrunkene Autofahrer erwischt, drei ohne gültige Fahrerlaubnis, ungefähr ein Dutzend Gurtmuffel und einen Fahrer, der mit Haftbefehl gesucht wurde, weil er die eidesstattliche Versicherung nicht abgegeben hatte. Allerdings gab es nicht die geringste Spur im Zusammenhang mit der Entführung Daniela Schwalenbergs.«

»Ich halte Ringalarmfahndungen sowieso für Blödsinn«, meldete sich Remmert zu Wort. »Die gibt es jetzt seit Mitte der Siebzigerjahre, aber ich habe noch nie gehört, dass ein ›Ring‹ jemals zu einem erfolgreichen Abschluss geführt hat.«

Helen Baum nickte zustimmend. »Ich kenne eine BKA-Untersuchung, wonach im Schnitt 26,7 Minuten vergehen, ehe ein ›Ring‹ steht. Die meisten Täter haben die Kontrollstellen also schon vor der Besetzung passiert.«

»Oder die Täter haben den Ring gar nicht verlassen«, überlegte Weigelt. »Oder sie kennen irgendwelche Schleichwege. Aber solche Überlegungen bringen uns im Moment nicht weiter. Kommen wir zum nächsten Punkt: Daniela Schwalenberg hat sich nach Zeugenaussagen in der Nacht von Samstag auf Sonntag bis etwa ein Uhr im *Meddox* aufgehalten. Sie ist allein gekommen, hat sich mit verschiedenen Leuten unterhalten und ist allein wieder gegangen. Den Befragten in der Diskothek ist nichts Besonderes aufgefallen. Der Nachtbusfahrer der Linie N18 konnte sich erinnern, dass Daniela Schwalenberg in seinem Bus mitgefahren und an der Nachtbushaltestelle in Hoberge-Uerentrup ausgestiegen ist. Danach hat er sie nicht mehr gesehen und auch nichts Auffälliges bemerkt. Die Nachtbushaltestelle befindet sich hier.« Weigelt tippte mit einem Stock auf den Stadtplan an der Wand. »Etwa zweihundert Meter von der Villa der Schwalenbergs entfernt. Das passt zu Neumanns Geschichte. Wir waren noch letzte Nacht mit seinem Foto im *Aladin*. Er war bis gegen halb eins da und ist dann ebenfalls allein abgehauen. Auch hier keine Auffälligkeiten.«

»Ist die Anwohnerbefragung in der Rosenstraße schon abgeschlossen?«, erkundigte sich Helen Baum.

Weigelt nickte. »Außer Alexander Neumann hat niemand etwas von der Entführung gesehen oder gehört. Lauter brave Bürger, die nachts um halb zwei den Schlaf der Gerechten geschlafen haben. Niemandem ist in letzter Zeit jemand aufgefallen, der das Haus der Schwalenbergs ausspioniert hat. Wir haben außerdem die Passanten und Anwohner um die Telefonzelle in Münster herum, von der der Erpresseranruf kam, befragt, denen ist ebenfalls nichts aufgefallen.«

»Und was ist mit diesem Kevin Schneider, dem Exfreund von Daniela?«, fragte Remmert dazwischen.

»Auch der ist überprüft«, berichtete Weigelt. »Schneider ist vorbestraft. Er hat anderthalb Jahre abgesessen wegen schwerer Körperverletzung. Seit einer Woche weilt er allerdings mit seiner neuen Freundin auf Mallorca. Das ist vom Reiseveranstalter und vom Hotelpersonal bestätigt worden.«

»Was natürlich nur bedeutet, dass er an der unmittelbaren Entführung nicht beteiligt sein kann«, überlegte die Kriminaldirektorin laut. »Vielleicht hat er den Entführern vorher Tipps gegeben. Die Täter scheinen einiges über die Familie zu wissen. Zum Beispiel, dass Herr Schwalenberg seine Konten bei der Deutschen Bank hat. Ich möchte, dass Schneiders Zellengenossen überprüft werden. Vielleicht sind die Haupttäter so in Kontakt zu ihm gekommen. Außerdem müssen wir Schneiders Telefon überwachen, sobald er wieder im Lande ist.« Sie wandte sich dem Staatsanwalt zu. »Ich denke, es macht mehr Eindruck, wenn Sie die Telefonüberwachung bei Gericht beantragen.«

Staatsanwalt Brandt nickte knapp. »Wird erledigt.«

Die Kriminaldirektorin sah in die Runde. »Dann zu Ihnen, Herr Kriminalhauptkommissar Lohrmann.«

Sie richtete ihre Aufmerksamkeit auf den Abschnittsleiter der kriminaltechnischen Gruppe, der sich anschickte, eine Lesebrille aufzusetzen.

Lohrmann kramte eine Weile in den vor ihm liegenden Unterlagen herum. »Ja, womit soll ich anfangen?«, murmelte er. »Ah, ja. Die phonetische Auswertung des Erpresseranrufs liegt bereits vor. Leider hat sie nicht viel gebracht. Bisher konnten wir die verfremdete Stimme nicht elektronisch entzerren. Eine zuverlässige Angabe des Geschlechts des Anrufers ist daher nicht möglich. Auch zum Alter können wir nichts Konkretes sagen. Es gibt keine sprachlichen Besonderheiten, die uns eine Bestimmung der regionalen Herkunft des Anrufers ermöglichen würden, allerdings handelt es sich mit hoher Wahrscheinlichkeit um einen muttersprachlichen Deutschen. Wir konnten auch keine individualtypischen Merkmale wie Lispeln, Nase hochziehen oder Schmatzen beim Trennen der Lippen feststellen.«

»Würde es weiterhelfen, wenn wir die Stimmprobe eines Verdächtigen hätten?«, wollte Remmert von Lohrmann wissen.

Dessen Gesicht drückte Skepsis aus. »Käme auf einen Versuch an. Allerdings haben die Techniker bei dem Ausmaß der Sprachverzerrung keine allzu große Hoffnung, dass etwas Brauchbares herauskommen könnte.« Er wandte sich wieder seinen Unterlagen zu. »Wir haben die Telefonzelle in Münster untersucht, aus der der Erpresseranruf kam. Wir sind noch dabei, die Spuren auszuwerten, aber wie es aussieht, wird uns auch das nicht weiterbringen.«

»Was ist mit Daniela Schwalenbergs PC?«, fragte die Kriminaldirektorin.

»Hat ebenfalls nichts gebracht«, gab Lohrmann zurück. »Es gibt keinerlei Anhaltspunkte dafür, dass die Täter auf diese Weise vor der Entführung Kontakt zu ihr aufgenommen haben.«

»Und Danielas Telefon?«

»Daniela Schwalenberg besitzt ein eigenes Handy. Wir werten gerade ihre Telefondaten aus. Daniela hatte das Handy bei der Entführung bei sich und es ist bisher nicht gefunden worden. Wir haben mehrfach versucht, auf dem Handy anzurufen, aber es ist nicht eingeschaltet. Deshalb können wir das Handy auch nicht orten.«

»Wäre ja auch zu einfach gewesen«, meinte Helen Baum ironisch. »Haben Sie den Tatort vor dem Grundstück der Schwalenbergs noch einmal untersucht?«

Lohrmann nickte. »Wir sind mit Lupe und Kamm durchgegangen, aber wir haben absolut nichts gefunden.«

Helen Baum runzelte die Stirn. »Wie kann das sein?«, fragte sie. »Ich nehme an, das locardsche Prinzip der Forensik ist Ihnen bekannt: Bei jedem Verbrechen findet ein Spurenaustausch zwischen Täter und Tatort statt.«

»Das ist die Theorie«, widersprach Lohrmann. »Manchmal haben wir einen Tatort nach dem anderen, ohne brauchbare Spuren zu finden.«

»Es geht nicht um *brauchbare* Spuren«, erklärte die Kriminaldirektorin, »es geht um *irgendwelche* Spuren. Die müssen da sein, auch wenn man sie vielleicht nur schwer finden kann.«

»Was soll das heißen?«, brauste Lohrmann auf. »Zweifeln Sie an der Kompetenz meiner Männer?«

»Im Gegenteil«, versicherte Helen Baum. »Aber wo nichts zu finden ist, hat vielleicht gar nichts stattgefunden.«

Im Raum machte sich aufgeregtes Gemurmel breit. »Was wollen Sie damit andeuten?«, fragte Remmert. »Glauben Sie, Daniela Schwalenberg habe ihre Entführung nur vorgetäuscht?«

»Wäre schließlich nicht das erste Mal«, gab Helen Baum zurück.

»Sie vergessen etwas: Wir haben einen Zeugen für die Entführung.«

»Vielleicht war genau das Neumanns Aufgabe«, meinte die Kriminaldirektorin. »Er sollte das Ganze dramatischer gestalten, weil Daniela gedacht hat, ihre Eltern würden die Geschichte mit der Entführung sonst nicht ernst nehmen.

Ich gebe zu bedenken, dass außer diesem Neumann niemand etwas gesehen oder gehört hat.«

Remmert schüttelte fassungslos den Kopf. »Aber es gibt nicht den geringsten Hinweis, dass sich Alexander Neumann und Daniela Schwalenberg kennen.«

»Dann schlage ich vor, dass Sie nach derartigen Hinweisen suchen. Ich habe da so ein Gefühl.«

Remmert wandte sich seinem Tischnachbarn Weigelt zu und imitierte flüsternd die deutsche Stimme von Columbo: »Sir, da ist diese Kleinigkeit, die mir immer noch zu schaffen macht.«

»Herr Kollege Remmert«, sprach Helen Baum ihn im Tonfall einer genervten Lehrerin an. »Sie befinden sich in einer Lagebesprechung, die dem allgemeinen Informationsaustausch dient. Vielleicht wären Sie so freundlich, alle Kollegen an Ihren Gedanken teilhaben zu lassen.«

Remmert winkte ab. »Ich bin nur der Meinung, dass wir mit ›Gefühlen‹ nicht weiterkommen.«

»Dann nennen Sie es von mir aus Intuition«, sagte Helen Baum. »Ich denke, Sie stimmen mit mir darin überein, dass ein guter Kriminalist über so etwas verfügen sollte.«

Remmert merkte, wie Wut in ihm hochstieg. Was wusste diese Frau darüber, was einen guten Kriminalisten ausmachte? Eigentlich hatte er sich ja geschworen, ruhig zu bleiben, aber jetzt brach der gesamte Frust der letzten Monate aus ihm heraus. »Ah, jetzt kommt die berühmte weibliche Intuition«, höhnte er. »Sie sollten jedoch eines bedenken: Intuition beruht in erster Linie auf Erfahrung. Und mit Verlaub, Frau Baum: Ich bin mir nicht sicher, ob Sie darüber in ausreichendem Maße verfügen.«

Im Raum machte sich gespanntes Schweigen breit. Alle Blicke waren auf die Soko-Leiterin gerichtet, jeder wartete auf ihre Reaktion.

Die Kriminaldirektorin funkelte ihren Stellvertreter mit hochrotem Kopf an. Sie war so aufgebracht, dass sie kein

Wort herausbrachte. Helen Baum atmete schwer und spürte, wie sich ihre Gesichtshaut um die Augen zusammenzog. Jetzt nur nicht weinen, dachte sie. Nicht vor dieser Meute. Langsam zählte sie bis zehn, dann sagte sie mit zitternder Stimme: »Ich denke, wir können die Lagebesprechung jetzt beenden. Ich würde mich gern mit Herrn Kriminalhauptkommissar Remmert unter vier Augen unterhalten.«

Allgemeines Stühlescharren ertönte. Die Mitarbeiter der Soko standen auf und verließen bis auf Remmert den Konferenzraum.

»Herr Remmert«, setzte Helen Baum an, als sie allein waren. »Was fällt Ihnen eigentlich ein, mich vor der gesamten Soko derart anzugreifen? Ich weiß, dass Sie mich nicht mögen. Ich mag Sie übrigens auch nicht, falls es Sie interessiert. Jetzt sind wir ganz unter uns und Sie haben die Gelegenheit, mir mal richtig die Meinung zu sagen.«

Remmert schüttelte den Kopf. »Ich bitte um Entschuldigung«, sagte er. »Diese Entführung nimmt mich ziemlich mit. Sie wissen ja, dass ich auch eine sechzehnjährige Tochter habe.«

»Nein, nein.« Helen Baum bewegte den Zeigefinger langsam hin und her. »So einfach ist das nicht. Ich weiß, dass Sie seit meinem Dienstantritt in Bielefeld gegen mich arbeiten und versuchen, mir Steine in den Weg zu legen.«

»Das ist nicht wahr«, widersprach Remmert heftig.

»Da habe ich etwas anderes gehört. Also, nur Mut. Sie können mir alles an den Kopf knallen, was Sie mir schon immer mal sagen wollten.« Sie versuchte, ein aufmunterndes Lächeln hinzubekommen.

Der Kriminalhauptkommissar schnaubte müde. »Ich bin doch nicht verrückt. Und morgen habe ich ein Disziplinarverfahren am Hals.«

»Ich verspreche Ihnen, dass nichts dergleichen geschehen wird. Kommen Sie schon, raus damit: Was passt Ihnen nicht an mir?«

Remmert holte tief Luft. »Bitte, Sie haben es so gewollt. Mir passt nicht, dass ich eine Vorgesetzte habe, die sich jahrelang im Innenministerium den Hintern platt gesessen und von praktischer Polizeiarbeit keine Ahnung hat. Und mir passt nicht, dass ich eine Vorgesetzte bekommen habe, obwohl es für diese Position zahlreiche fähigere Bewerber gegeben hätte. Männer *und* Frauen. Und mir passt nicht, dass diese Vorgesetzte mir und meinen Kollegen, die sich jahrelang an der Front den Arsch aufgerissen haben, ihre Arbeit erklären will.« Remmert redete sich weiter in Rage. »Und mir passt insbesondere nicht, dass diese Vorgesetzte wilde Verschwörungstheorien aufstellt, für die es nicht den Hauch eines Beweises gibt.«

»War's das?«, fragte die Kriminaldirektorin mit mühsam beherrschter Stimme.

»Ja, das war's.« Remmert amtete durch. Er merkte, dass es ihm besser ging, nachdem er sich den Frust von der Seele geredet hatte. »Sie wollten meine Meinung hören, jetzt kennen Sie sie.«

»Ja«, bestätigte Helen Baum. »Jetzt kenne ich sie. Und ich danke Ihnen für Ihre Offenheit. Nun werde ich Sie als meinen Stellvertreter offiziell über meine weiteren Schritte in Kenntnis setzen. Ich werde morgen früh als Erstes Viktoria Gelen befragen, Danielas beste Freundin. Meiner Meinung nach liegt der Schlüssel zur Lösung dieses Falles bei Daniela.«

Remmert lehnte sich erschöpft in seinem Stuhl zurück. »Sie glauben im Ernst, dass Daniela Schwalenberg ihre Entführung nur vorgetäuscht hat?«, vergewisserte er sich ungläubig.

»Ich bin zumindest nicht davon überzeugt, dass es überhaupt eine Entführung gegeben hat«, antwortete die Kriminaldirektorin vorsichtig.

»Ich fürchte, ich kann Sie nicht von Ihrer Meinung abbringen. Aber warum wollen Sie Viktoria Gelen selbst befragen? Die Vernehmung von Zeugen ist nicht Aufgabe der

Soko-Leitung, sondern Aufgabe der Ermittlungsgruppe. Das sind hoch motivierte und erfahrene Beamte.«

»Daran habe ich keinen Zweifel. Ich bin mir allerdings nicht sicher, ob Weigelts Leute die richtigen Fragen stellen werden.«

»Sie meinen, weil Sie die Einzige sind, die glaubt, an dieser Entführung sei etwas faul?«

»Zum Beispiel«, gab Helen Baum zurück.

»Frau Baum«, hob Remmert an, »es liegt mir fern, Ihnen Ihre Arbeit erklären zu wollen, aber ich habe schon einige Sonderkommissionen geführt und meine, von mir behaupten zu dürfen, dass ich dabei ein hohes Maß an Erfahrung gesammelt habe. Die Aufgabe des Soko-Leiters ist die *permanente* Führung, Koordination und Organisation der Arbeit der Sonderkommission. Wenn Sie alles selbst machen wollen, werden Sie bei der personellen Stärke dieser Soko und dem Druck, der insbesondere auf Ihnen liegt, sehr schnell an die Grenze Ihrer physischen und psychischen Leistungsfähigkeit gelangen.«

»Ihre Anteilnahme rührt mich, aber was meine Aufgabe innerhalb dieser Soko ist, bestimme ich als deren Leiterin selbstständig und eigenverantwortlich. Und deshalb behalte ich mir das Recht vor, wesentliche Vernehmungen und Ermittlungen selbst durchzuführen. Außerdem bin ich allen anderen Mitarbeitern dieser Soko gegenüber weisungsbefugt. Und von diesem Recht werde ich Gebrauch machen. Sie werden mich morgen zu Viktoria Gelens Befragung begleiten.«

Remmert schnaubte verächtlich. »So sieht also Ihre Retourkutsche aus. Finden Sie das nicht ein bisschen billig?«

»Herr Remmert, Sie vergessen, dass der private Teil dieses Gesprächs beendet ist.«

»Dann werde ich eben dienstlich. Ich bin der stellvertretende Leiter dieser Sonderkommission. Als solcher bin ich derjenige, der in Ihrer Abwesenheit eigenverantwortlich Ihre

Aufgaben wahrnimmt. Wenn wir beide nicht anwesend sind, ist die Soko kopflos. Das kann nicht gut gehen.«

»Ich glaube, das sehen Sie zu schwarz«, meinte Helen Baum leichthin. »Selbstverständlich wird die meiste Zeit einer von uns beiden hier im Präsidium sein. Aber ich denke nicht, dass es schaden kann, wenn wir die Kollegen ein paar Stunden am Tag allein lassen. Wie Sie schon sagten: Das sind alles hoch motivierte und erfahrene Beamte. Und mir ist einfach wohler, wenn ich weiß, wo Sie sich gerade befinden und was Sie tun.«

Remmert schüttelte den Kopf. »Sie trauen mir nicht.«

Da hast du verdammt recht, dachte Helen Baum. Dir traue ich ungefähr so viel wie das Schwein dem Metzger.

»Frau Baum«, beschwor der Hauptkommissar die Kriminaldirektorin. »Bitte, lassen Sie uns vernünftig sein und wenigstens für die Dauer dieser Sonderkommission zusammen- und nicht gegeneinander arbeiten. Es geht um Danielas Leben. Da sollten persönliche Animositäten in den Hintergrund treten.«

Helen Baum nickte bestätigend. »Glauben Sie mir, es geht mir ebenfalls ausschließlich darum, diesen Fall aufzuklären. Und deshalb werden Sie mich morgen begleiten. Ende der Diskussion!«

16

Um kurz nach acht Uhr abends traf Marc zu Hause ein. Als Erstes versuchte er, Irene von Kleist zu erreichen, aber ihr Handy war nicht empfangsbereit. Dann schaltete er den Plasmafernseher ein, der eigentlich viel zu groß für seine winzige Einzimmerwohnung war. Der Fernseher hatte während der Fußball-WM 2006 in einer Kneipe gehangen und Marc hatte ihn dem Wirt anschließend für den halben Preis abkaufen können.

Marc legte sich auf sein Bett und aktivierte den Videotext. Von einer Entführung wurde nichts berichtet. Wahrscheinlich haben Polizei und Medien sich auf ein Stillhalteabkommen geeinigt, dachte Marc und erinnerte sich an die Entführung des Hamburger Millionenerben Jan Philipp Reemtsma. Die Presse hatte seinerzeit von Anfang an Kenntnis von dem Menschenraub gehabt, aber bis Reemtsmas Freilassung nichts gemeldet. Marc las die anderen Nachrichten auf der Videotextseite. Die Top-Meldung des Tages handelte von einem Besuch des französischen Staatspräsidenten in Berlin, ein Radfahrprofi war des Dopings überführt worden. Also nichts Neues auf der Welt. Auf der Videotextseite 136 wurde eine Umfrage veranstaltet: Todesstrafe für Kinderschänder? Marc tippte die Zahlen ein, gelangte auf die angegebene Seite und war von dem Ergebnis nicht sonderlich überrascht: Ja 75,3%, Nein 23,1%, Weiß nicht 1,6%. Marc runzelte die Stirn und dachte darüber nach, was für Menschen wohl für 24 Cent bei einem Fernsehsender anriefen, nur um mitzuteilen, dass sie zu einem Thema *keine* Meinung hatten.

Er zappte einmal durch die Programme, dann schaltete er den Fernseher wieder aus und griff zu dem Buch, das seit einigen Wochen neben seinem Bett lag: Sunzi, *Die Kunst des Krieges*. Marc schlug das Buch an der mit einem Lesezeichen markierten Stelle auf und vertiefte sich in die Erkenntnisse des chinesischen Philosophen und Generals Sunzi von vor mehr als zweitausendfünfhundert Jahren: *Wenn du den Feind und dich selbst kennst, brauchst du den Ausgang von hundert Schlachten nicht zu fürchten. Wenn du dich selbst kennst, doch nicht den Feind, wirst du für jeden Sieg, den du erringst, eine Niederlage erleiden. Wenn du weder den Feind noch dich selbst kennst, wirst du in jeder Schlacht unterliegen.*

Marc dachte nach: Kannte er sich selbst?

Sein Handy schellte. Marc legte das Buch zur Seite und drückte den grünen Knopf. »Hagen«, meldete er sich.

»Hallo, Herr Hagen. Irene von Kleist hier.«

Sie hört sich erschöpft an, dachte Marc. Laut sagte er: »Frau Dr. von Kleist. Ich habe gerade an Sie gedacht. Wie geht es Ihrer Nichte? Gibt es etwas Neues?«

»Die Entführer haben sich gemeldet«, berichtete die Rechtsanwältin. »Sie verlangen ein hohes Lösegeld. Ich bitte Sie noch einmal: Tragen Sie nichts weiter. Danielas Leben könnte davon abhängen.«

Marc nickte, bis ihm bewusst wurde, dass Irene von Kleist ihn ja nicht sehen konnte. »Geht klar«, sagte er.

»Weswegen ich anrufe«, fuhr sie fort. »Ich kann hier jetzt nicht weg. Meine Schwester braucht mich. Bitte sagen Sie bis auf Weiteres sämtliche Termine ab. Übernehmen Sie, was Sie übernehmen können, der Rest muss halt warten.«

»Natürlich«, versicherte Marc. »Allerdings werde ich selbst auch nicht allzu viel Zeit haben. Ich war heute den ganzen Tag bei diesem Schlüter. Auf seinem Dachboden liegt eine Leiche und ich wollte mit Ihnen …«

»Sie machen das schon«, sagte Irene von Kleist. Marc hatte nicht den Eindruck, dass sie ihm zugehört hatte. »Herr Hagen, ich muss Schluss machen. Ich melde mich wieder.«

Mit diesen Worten unterbrach sie die Verbindung und Marc widmete sich wieder Sunzi. *Jede Kriegführung gründet auf Täuschung …*

Noch bevor er die Seite zu Ende gelesen hatte, war er eingeschlafen.

17

Helen Baum knallte die Tür zu ihrem Loft hinter sich zu, trat die Pumps von den Füßen und warf sie zusammen mit ihrer Aktentasche in die Ecke. Es folgten ihre Jacke, ihr Rock und ihre verschwitzte Bluse. Als sie nackt war, ging sie ins Badezimmer, wo sie den Hahn am Waschbecken aufdrehte und sich eiskaltes Wasser ins Gesicht spritzte.

Remmert, dieses verdammte Arschloch!, ging es ihr wie ein Mantra pausenlos durch den Kopf. Am liebsten hätte sie ihm bei der Lagebesprechung mit ihren spitzen Schuhen in die Eier getreten, um sich Erleichterung zu verschaffen. Nun musste kaltes Wasser herhalten. Helen Baum holte tief Luft und schaute in den Spiegel. Das harte Badezimmerlicht zeigte jede Falte, die sich um die Augen, den Mund und auf ihrer Stirn eingegraben hatte. Du bist eine alte Frau geworden, sagte die Kriminaldirektorin zu ihrem Spiegelbild. Kein Wunder, dass Joachim dich verlassen hat. Vielleicht sollte ich es doch mal mit Botox versuchen. Oder gleich ein Totallifting machen lassen. In Düsseldorf gab es kaum eine Frau über vierzig, die sich ohne Schönheitsoperation auf die Straße traute. Helen Baum schaute prüfend an sich herunter. Neue Titten könnten auch nichts schaden, dachte sie und musste unwillkürlich lachen. Nein, nicht für diesen Scheißkerl!

Joachim Kühnert hatte sich seit Monaten nicht mehr bei ihr gemeldet und alle ihre Anrufe abgeblockt. Seit seinem Rauswurf als Staatssekretär im Innenministerium arbeitete er in einer renommierten Düsseldorfer Anwaltskanzlei, in der offenbar eine wichtige Besprechung die nächste jagte. Helen Baum stellte sich vor, wie er, wenn das Telefon schellte, neben seiner Sekretärin stand und ihr mit wild fuchtelnden Handbewegungen bedeutete, sich irgendeine Ausrede einfallen zu lassen und auf keinen Fall seine Exfreundin zu ihm durchzustellen. Anrufe bei Joachim zu Hause kamen nicht infrage. Die Kriminaldirektorin hatte gerüchteweise gehört, dass er und seine Frau sich versöhnt hatten und wieder zusammenlebten.

Helen Baum trocknete sich das Gesicht ab, dann zog sie ihren Lieblingsschlafanzug an und machte es sich mit einem Glas Wein auf ihrer roten Designercouch bequem. Sie trank einen langen Schluck und ließ die Flüssigkeit langsam die Kehle hinunterrinnen. Aaaah! Am liebsten hätte sie noch eine Zigarette geraucht, aber sie hatte das Rauchen vor vier Jahren aufgegeben.

Ihr Blick fiel auf das Foto des ehemaligen Staatssekretärs, das immer noch auf der Anrichte stand. Blöde Kuh!, schalt sie sich selbst. Du musst endlich mit dieser Sache abschließen. Ihr Verstand sagte ihr, dass sie mit Joachim nicht mehr leben konnte. Aber ohne ihn ging es irgendwie auch nicht, weder privat noch beruflich. Sie wusste nur zu gut, wem sie ihre steile Karriere zu verdanken hatte.

Bei der Polizei war es nicht anders als in der freien Wirtschaft: Es gab fast keine Frauen in Führungspositionen. Ohne ihre Bekanntschaft zu Joachim Kühnert würde sie ihr Dasein wahrscheinlich als Oberkommissarin in irgendeiner Dienststelle auf dem platten Land fristen und Hühnerdiebe jagen. Natürlich war ihr nie in den Sinn gekommen, die zahlreichen Beförderungsangebote abzulehnen. Hätte ein Mann das getan? Auch bei Männern hatte eine erfolgreiche Karriere schließlich häufig nichts mit der fachlichen Leistung zu tun, sondern wurde über Beziehungen und Seilschaften gesteuert. Alte Kameraden von der Uni, aus der Partei, Saufkumpane. Nur dass das bei Männern eben selbstverständlich war. Erfolgreiche Frauen waren dagegen karrieregeile Schlampen, die sich hochgeschlafen hatten oder die irgendeine Quote erfüllen mussten. Dass sie die Jahrgangsbeste auf der Polizeischule gewesen war, interessierte da niemanden mehr. So war sie nicht sonderlich verwundert gewesen, dass man sie nach dem Weggang von Joachim Kühnert im Innenministerium hatte fallen lassen wie eine heiße Kartoffel.

Die Tatsache, dass sie sich noch einige Monate im Ministerium hatte halten können, hatte sie einzig und allein dem Umstand zu verdanken, dass niemand sie hatte haben wollen. Doch nach einem langen Tauziehen hatte schließlich der Bielefelder Polizeipräsident die Arschkarte gezogen. Helen Baum musste aus ihrer schicken Wohnung in der Düsseldorfer Altstadt ausziehen und war in der tiefsten Provinz gelandet. Was für ein Abstieg, dachte sie: Bielefeld, das Sibirien Nordrhein-Westfalens. Und so fühlte sie sich auch: wie eine in Ungnade gefallene Beamtin am russischen Zarenhof des neunzehnten Jahrhunderts. Immerhin: Die Mieten waren in Bielefeld wesentlich günstiger als die in der Landeshauptstadt und so konnte sie sich eine Einhundertfünfzig-Quadratmeter-Wohnung in einer umgebauten Fabriketage leisten.

Was sie in Bielefeld noch nicht gefunden hatte, waren Freunde. In den letzten drei Monaten hatte sie fast rund um die Uhr arbeiten müssen, um sich in die neue Materie einzufinden und von den Hyänen im Polizeipräsidium nicht aufgefressen zu werden. Natürlich wurde sie zu den privaten Feiern und Saufgelagen der Kollegen nicht eingeladen. Aber sie wäre sowieso nicht dorthin gegangen. Es reichte ihr, dass sie diese Leute tagsüber ertragen musste.

Helen Baum trank ihren Wein aus. Dann stand sie auf, um sich das nächste Glas einzuschenken. Plötzlich hielt sie inne. Nein, sagte sie zu sich selbst. Indem du dich volllaufen lässt, löst du keine Probleme. Was sie brauchte, war ein Mensch, mit dem sie reden konnte.

Helen Baum setzte sich wieder auf ihr Sofa und überlegte, wen sie anrufen sollte. Als Erstes fiel ihr Veronika ein, ihre beste Freundin, mit der sie aber auch schon seit Wochen nicht mehr gesprochen hatte. Sie schaute auf die Uhr: fast neun. Hoffentlich war es noch nicht zu spät.

Die Kriminaldirektorin griff nach dem schnurlosen Telefon und gab die Düsseldorfer Vorwahl und Veronikas Nummer ein. Nach zweimaligem Schellen wurde am anderen Ende abgehoben.

»Neufels.«

Helen Baum durchfuhr ein warmes Glücksgefühl, als sie die vertraute Stimme hörte. »Hallo, Veronika, Helen hier.«

»Helen? Mein Gott, wie lange ist das jetzt her? Drei, vier Wochen?«

»Das ist gut möglich. Ich habe im Moment ziemlich viel zu tun. Wie geht es dir?«

»Oh, ganz gut. Marvin feiert morgen seinen vierten Geburtstag und wir haben eine ganze Horde Kinder eingeladen, für die ich den Pausenclown spielen muss. Jürgen ist natürlich nicht da. In den letzten Monaten habe ich ihn kaum zu Gesicht bekommen. Angeblich ist er dauernd geschäftlich unterwegs, aber manchmal denke ich, seine Arbeit ist für ihn eine Art Flucht vor der Familie. Seit der Geburt von Paula ist es noch schlimmer geworden. Wann besuchst du uns denn mal wieder?«

»Ich würde wirklich gerne nach Düsseldorf kommen, aber im Moment geht es einfach nicht.«

»Ein großer Fall, was?«

»Ja, ziemlich groß. Aber …«

»Aber du darfst nicht drüber reden, ich weiß. Wie geht es dir, Helen?«

Auf dieses Stichwort hatte die Kriminaldirektorin gewartet. »Gar nicht gut«, setzte sie leise an. »Ich habe das Gefühl, mir wächst alles über den Kopf und es gibt nichts, was ich dagegen tun könnte. Meine Kollegen haben natürlich viel mehr praktische Erfahrung als ich, aber ich traue mich einfach nicht, sie um Rat zu fragen. Ich weiß genau, was die dann denken: Erst schläft sie sich hoch und dann weiß sie nicht mehr weiter. Es ist leider immer noch so: Wenn ein Mann schwach wird, zeigt er Emotionen, wenn eine Frau schwach wird, gilt sie als ungeeignet für den Polizeiberuf. Ich ertappe mich immer öfter dabei, dass ich die Vorgesetzte rauskehre und aus purem Trotz Positionen einnehme und verteidige, obwohl ich weiß, dass sie falsch …«

»Marvin, leg das hin! – Leg das hin, hab ich gesagt! – Nein, ganz weit weg … – So. Und jetzt fasst du es nicht mehr an, verstanden? Entschuldige, Helen, was hast du gerade gesagt?«

Helen Baum schloss resigniert die Augen. »Nichts«, flüsterte sie dann. »Es geht mir gut.«

»Das ist schön. Du, Helen, sei mir nicht böse, aber ich muss Schluss machen. Es warten für morgen noch drei Kuchen auf mich. War schön, mal wieder von dir zu hören. Tut gut, mal wieder richtig zu quatschen, oder? Meld dich, Liebes, okay?«

»Okay.« Helen Baum hatte einen Kloß im Hals. »Wir hören voneinander.«

Sie legte auf und ließ den Tränen freien Lauf.

18

»Ich bin entführt worden.«

Marc starrte die potenzielle Mandantin mit großen Augen und herabgesacktem Unterkiefer an. Es war Montagmorgen, 9.45 Uhr. Seine Sekretärin Stefanie Bloes hatte die Frau vor wenigen Sekunden in sein Büro geführt. Sie war Mitte vierzig, hatte blondierte, halblange Haare, trug einen blauen Hosenanzug, war sorgfältig geschminkt und machte auch sonst einen gepflegten Eindruck. Marc hatte sie gebeten, ihm gegenüber an seinem Schreibtisch Platz zu nehmen und ihr Problem zu schildern. Und dann hatte sie mit diesem Satz begonnen.

Marc griff nach seinem Kugelschreiber. »Wann sind Sie entführt worden, Frau ...«, er warf einen Blick auf seinen Notizblock, auf dem bis jetzt nur ein Name stand, »... Frau Kleiber?«

»Das ist jetzt fast genau zwei Jahre her.«

»Zwei Jahre! Hat die Polizei ...«

»Ich habe die Polizei nicht informiert«, schnitt Frau Kleiber Marc das Wort ab. »Ich hatte Angst, dass man mich nicht ernst nimmt.«

»Darf ich fragen, was Sie zu dieser Meinung veranlasst hat?«

»Nun.« Frau Kleiber rutschte unbehaglich auf ihrem Stuhl herum. »Es war keine normale Entführung. Ich bin von

Außerirdischen gekidnappt worden. Kleine Männchen, etwa ein Meter zwanzig groß mit riesigen Köpfen und langen dünnen Armen. Die haben mich in ihr Raumschiff verschleppt und irgendwelche Experimente mit mir veranstaltet. Mir wurden Gewebeproben entnommen und ich habe den Verdacht, dass die mir auch Implantate eingesetzt haben.«

»Ich verstehe.« Marc legte den Kuli wieder zur Seite. »Und was genau erwarten Sie jetzt von mir?«

»Ich habe einen Bericht in der BILD-Zeitung gelesen«, erklärte Frau Kleiber und kramte einen Artikel aus ihrer Handtasche, den sie anschließend über den Tisch reichte. Marc überflog die Zeilen: Der Bericht handelte von einem Dresdener Anwalt, der als Spezialanwalt für Menschen bezeichnet wurde, die von Aliens entführt worden waren. »Seit 1961 geben weltweit Zehntausende an, von Außerirdischen entführt worden zu sein«, wurde der Anwalt zitiert. »Viele leiden auch Jahrzehnte später noch. Deutschen Opfern stehen nach dem Opferentschädigungsgesetz Leistungen wie Heilbehandlungen, Kuren und lebenslange Renten zu.« Marc las weiter und erfuhr, das *Centrale Erforschungsnetz außergewöhnlicher Himmelsphänomene (CENAP)* habe in Deutschland Hunderte Opfer ermittelt, die bisher keinen Antrag auf Sozialleistungen gestellt hätten.

»Und Sie möchten diese Leistungen jetzt beantragen«, schloss Marc, während er der Frau den Artikel zurückgab.

»Genau. Und Sie sollen mir dabei helfen.«

»Warum wenden Sie sich nicht an den Dresdener Kollegen?«, fragte Marc. »Der scheint doch auf solche Fälle spezialisiert zu sein.«

»Dresden ist sehr weit weg«, erklärte Frau Kleiber. »Ich hatte gehofft, dass Sie mir auch helfen können.«

»Ich bin mit derartigen Fällen leider nicht vertraut«, bedauerte Marc und ging im Kopf die Liste der Bielefelder Anwälte durch, die er am wenigsten ausstehen konnte. »Aber mir ist bekannt, dass ein Dr. Benz, Kanzlei Recke, Benz und

Co, sich derartiger Probleme annimmt. Vielleicht sollten Sie sich mit ihm in Verbindung setzen.«

»Und dieser Dr. Benz kann mir helfen?«, vergewisserte sich Frau Kleiber.

»Herr Dr. Benz kann alles und weiß alles«, bestätigte Marc. »Aber tun Sie mir einen Gefallen, wenn Sie ihn aufsuchen: Sagen Sie ihm nicht, dass Sie den Tipp von mir haben. Herr Dr. Benz ist so bescheiden, dass er das Mandat dann ablehnen könnte.«

Frau Kleiber hatte sich gerade bedankt und das Büro verlassen, als das Telefon schellte.

»Ich habe die Auskunft vom Einwohnermeldeamt«, verkündete Peter Schlüter triumphierend, nachdem Marc abgenommen hatte. »Hat zwar ein paar Euro gekostet, war aber sonst ganz einfach.«

»Wenn ich Ihren Tonfall richtig deute, haben Sie gute Nachrichten«, sagte Marc.

»Allerdings. Susanne Binder lebt! Sie ist im Holunderweg 12 hier in Bielefeld gemeldet.«

»Haben Sie auch ihr genaues Geburtsdatum?«

»Nein. Die Frau im Einwohnermeldeamt hat mir gesagt, sie könne Privatpersonen grundsätzlich nur Auskunft über Vor- und Familiennamen, Doktorgrad und Anschriften geben, für alles Weitere müsste ich ein ›berechtigtes Interesse‹ glaubhaft machen. Ich habe darauf verzichtet, weil wir jetzt ja wissen, dass Susanne Binder nicht die Tote auf dem Dachboden sein kann.«

»Vorsicht«, mahnte Marc. »Die Einwohnermeldeämter sind darauf angewiesen, dass die Leute sich ordnungsgemäß an- und wieder abmelden. Wenn das nicht geschieht, kann es sein, dass eine Person jahrelang unter einer falschen Adresse gemeldet ist. Wir müssen also erst überprüfen, ob die Eintragung im Melderegister stimmt.« Marc warf einen Blick in seinen Terminkalender. »Ich hätte Zeit«, sagte er dann. »Können wir uns in einer halben Stunde im Holunderweg treffen?«

Am anderen Ende der Leitung blieb es einen Moment still. »Einverstanden«, hörte Marc dann Schlüters Stimme wieder. »In einer halben Stunde.«

19

Helen Baum und Peter Remmert warteten vor dem Klassenraum der 10a auf die nächste Pause. Zwischen den Beamten herrschte angespanntes Schweigen. Die Kriminaldirektorin hatte wegen des gestrigen Angriffs des Hauptkommissars die ganze Nacht kein Auge zugemacht und Remmert spielte die beleidigte Leberwurst, weil er gegen seinen Willen hier war.

Helen Baum sah auf die Uhr an ihrem Handgelenk, dann schaute sie an Remmert vorbei aus dem Fenster auf die Bielefelder Kunsthalle, mit der das Ratsgymnasium sich den Park teilte. Als Helen Baum das Gebäude betreten hatte, hatte sie sich an ihre eigene Schulzeit erinnert gefühlt. Sie hatte zwar ein Gymnasium in Münster besucht, aber diese Lehranstalt sah fast genauso aus: ein Gebäude aus dem sechzehnten Jahrhundert mit Giebeln, Türmchen, einem Kaminkopf, verwitterter Steinfassade und langer Tradition. Hier wurde Latein als erste Fremdsprache unterrichtet, später konnte man Kurse in Altgriechisch und Hebräisch belegen. Das ›Rats‹ war seit jeher die Schule, auf die reiche und wichtige Bielefelder Eltern ihre Sprösslinge schickten. Kein Wunder, dass das Gymnasium zahlreiche erfolgreiche Absolventen aufzuweisen hatte, darunter bekannte Politiker, Ärzte, Rechtsanwälte, einen Olympiateilnehmer, Industrielle wie den Unternehmer Rudolf-August Oetker und den Fernsehstar Ingolf Lück.

Endlich ertönte das durchdringende Schrillen der Pausenglocke. Sekunden danach öffneten sich die zahlreichen Türen des Flurs, ein ohrenbetäubender Lärm setzte ein und

Hunderte Schüler strömten in die Gänge, als habe jemand eine Schleuse geöffnet.

Als der Strom aus der Tür vor ihnen versiegt war, spähte die Kriminaldirektorin in den Klassenraum, in dem eine erschöpft aussehende Frau Mitte fünfzig ihre Sachen in eine Tasche packte. Die Frau hatte fein geschnittene Gesichtszüge und trug ein graues Kostüm sowie eine Brille mit Goldrand an einer Kette um den Hals.

»Frau Dr. Gossel?«, fragte Helen Baum und erhielt als Antwort zunächst einen erstaunten Gesichtsausdruck und dann ein bejahendes Nicken.

»Meine Name ist Baum, Kriminalpolizei Bielefeld. Das ist mein Kollege Remmert. Die Schulsekretärin hat uns gesagt, wo wir Sie finden können.«

Die Lehrerin gab beiden Beamten die Hand. »Freut mich, Sie kennenzulernen. Geht es um Daniela Schwalenberg? Der Direktor hat mich heute Morgen darüber informiert, dass sie entführt worden ist.«

»Das ist korrekt. Allerdings würden wir Sie bitten, diese Information absolut vertraulich zu behandeln. Wir müssen alles tun, um Danielas Leben nicht zu gefährden!«

»Selbstverständlich.« Frau Dr. Gossel schüttelte traurig den Kopf. »Was ist das nur für eine Welt? Wer tut so etwas?«

»Wir stehen mit den Ermittlungen noch ganz am Anfang«, erwiderte Helen Baum. »Vielleicht können Sie uns helfen. Wir würden gern ein wenig mehr über Daniela erfahren. Sie sind doch ihre Klassenlehrerin, nicht wahr?«

»Ja. Ich bin ihre Deutschlehrerin und gleichzeitig ihre Klassenlehrerin.«

»Was können Sie uns über Daniela erzählen?«

»Das ist eine gute Frage. Daniela ist ein hochintelligentes Mädchen, trotzdem schwimmt sie gerade so mit. Das ist auch die Information, die ich von den Kollegen habe. Ich weiß nicht, ob man es Faulheit nennen kann, vielleicht ist Desinteresse das richtige Wort. Daniela liest sehr viel, sogar

Klassiker von Thomas Mann. Aber am Deutschunterricht beteiligt sie sich kaum, als ob ihr alles vollkommen egal wäre. Dabei könnte sie viel besser sein, wahrscheinlich eine der besten Schüler dieses Gymnasiums. Ich habe oft versucht, mit ihr darüber zu sprechen, aber sie hat jedes Mal sofort abgeblockt.«

»Kennen Sie Danielas Eltern?«

»Nur die Mutter. Ich habe sie ein paarmal auf Elternabenden getroffen. Sie hat ihren Mann immer damit entschuldigt, dass er sehr viel arbeiten muss.«

»Wissen Sie, dass die Schwalenbergs nicht Danielas leibliche Eltern sind?«

»Ja, das ist mir bekannt. Frau Schwalenberg hat das mal erwähnt.«

»Wie ist Daniela als Mensch?«

»Daniela ist auf jeden Fall eine sehr starke Persönlichkeit. Wenn jemand so eine Sache durchstehen kann, dann sie. Allerdings …« Sie hielt einen Moment inne.

»Allerdings?«, versuchte Helen Baum, ihr auf die Sprünge zu helfen.

»Ich weiß nicht genau, wie ich es sagen soll«, sagte die Lehrerin bedächtig. »Ehrlich gesagt, werde ich aus Daniela nicht recht schlau. Sie ist ein wenig … sonderbar, ja, ich denke, das ist der richtige Ausdruck.«

Die Kriminaldirektorin erinnerte sich, dass Dieter Schwalenberg fast die gleichen Worte benutzt hatte, als er seine Tochter beschrieb. »Können Sie das näher ausführen?«, hakte sie nach.

»Nun, vielleicht ist das ein gutes Beispiel. In der neunten Klasse hatten wir im Deutschunterricht ein Projekt. Jeder Schüler sollte sein Lieblingsbuch mitbringen und daraus etwas vorlesen. Daniela hat sich für *American Psycho* von Ellis entschieden. Kennen Sie das? Ein schreckliches Buch. In allen Einzelheiten wird darin geschildert, wie Menschen auf bestialische Art und Weise abgeschlachtet werden. Und genau diese Stellen hat Daniela dann auch vorgelesen. Einer Mitschülerin ist so schlecht geworden, dass sie sich übergeben musste. Daniela hörte trotzdem nicht auf zu lesen. Schließlich habe ich ihr das Buch weggenommen. Während andere Schüler dran waren, habe ich ein wenig in dem Buch herumgeblättert. Daniela hatte mit einem Bleistift Anmerkungen an den Rand gekritzelt. *Das wird euch eines Tages auch blühen* hat sie neben eine Szene geschrieben, in der zwei Menschen umgebracht werden. Oder auch so Sachen wie *Ich hasse euch* und *Ich werde euch vernichten.* Als ich Daniela das Buch nach der Stunde wiedergegeben habe, habe ich versucht, mit ihr darüber zu reden. Ich wollte insbesondere wissen, wen sie mit ›euch‹ gemeint hat. Ob damit Lehrer gemeint seien? Man hört ja immer häufiger von diesen Schulmassakern und ich dachte, das wäre vielleicht ein Warnzeichen. Aber Daniela hat mal wieder abgeblockt. Das sei nur so dahingeschrieben und habe nichts zu bedeuten, hat sie gesagt. Ich habe die Sache dann auf sich beruhen lassen und es ist auch nie wieder etwas in dieser Richtung vorgefallen.«

»Könnte Daniela mit ›euch‹ ihre Eltern gemeint haben?«, fragte Helen Baum.

Frau Gossel hob die Schultern. »Wie gesagt, ich weiß es nicht.«

»Wie ist das Verhältnis von Daniela zu ihren Mitschülern?«

»Ganz gut, würde ich sagen. Daniela ist in ihrer Klasse beliebt, auch wenn es manchmal Phasen gab, in denen sie sich von den anderen abgesondert und sich in sich selbst zurückgezogen hat. Sie war dann tagelang kaum ansprechbar. Später war sie wieder wie ausgewechselt und hat alles mitgemacht. Ich glaube, ihre Mitschüler haben sich irgendwann an ihre Launen gewöhnt.«

»War Daniela in letzter Zeit anders als sonst?«, wollte die Kriminaldirektorin wissen. »Hat sie einen besorgten Eindruck gemacht?«

»Mir ist nichts aufgefallen«, antwortete die Lehrerin. »Aber ich glaube auch nicht, dass Daniela zu mir gekommen wäre, wenn sie Probleme gehabt hätte.«

»Hat Daniela in der Klasse so etwas wie eine beste Freundin?«

»Ja, Viktoria«, antwortete die Lehrerin nach kurzem Nachdenken. »Viktoria Gelen.«

»Wir würden gern mit Viktoria sprechen.«

Frau Dr. Gossel sah auf ihre Uhr. »Die Pause ist in zwei Minuten zu Ende«, sagte sie. »Viktoria hat in diesem Raum Unterricht. Wenn Sie noch etwas warten, kann ich sie Ihnen zeigen.«

»Wir wollten Ihnen aber nicht die Pause nehmen.«

»Ich habe eh eine Freistunde. Aber da ist sie ja.« Sie zeigte auf ein etwa sechzehnjähriges Mädchen in tief sitzenden Hüftjeans, Sweatshirt und Turnschuhen, das gerade eine Treppe heraufkam. »Brauchen Sie mich noch?«

»Äh, nein, haben Sie vielen Dank.« Helen Baum war mit ihren Gedanken schon ganz bei Viktoria Gelen.

Viktoria war ein hübsches Mädchen mit schulterlangen braunen Haaren und blonden Strähnen, einer eckigen Stahlbrille und einer Zahnspange. Mit viel Schminke hatte sie versucht, ihre Akne zu überdecken.

»Viktoria Gelen?«, sprach die Kriminaldirektorin sie an. »Wir sind von der Polizei. Mein Name ist Helen Baum, das ist mein Kollege Peter Remmert.« Sie zeigte ihren Dienstausweis und Remmert tat es ihr nach. »Können wir uns einen Moment mit dir unterhalten? Es …«, Helen Baum unterbrach sich. »Darf ich überhaupt noch Du sagen?«, fragte sie dann.

»Du ist in Ordnung.« Viktoria lächelte schüchtern. »Um was geht es denn? Ist was mit meinen Eltern?«

»Deinen Eltern geht es gut«, beruhigte Helen Baum das Mädchen. Sie bemerkte, dass sich um sie herum ein Kreis neugieriger Schüler gebildet hatte. »Vielleicht können wir irgendwo hingehen, wo wir nicht gestört werden.«

Viktoria dachte einen Moment nach. »Drei Türen weiter ist ein Aufenthaltsraum«, sagte sie dann. »Da ist im Moment wahrscheinlich niemand, weil die Pause zu Ende ist.«

»Einverstanden, lass uns dorthin gehen«, stimmte Helen Baum zu. »Wir werden dich hinterher bei deinem Lehrer entschuldigen.«

In dem Aufenthaltsraum nahmen sie an einem der wahllos verteilten Bänke und Tische Platz.

»Es geht um deine Freundin Daniela«, eröffnete die Kriminaldirektorin das Gespräch. »Daniela Schwalenberg.«

Viktoria riss die Augen weit auf. »Daniela? Was ist mit ihr? Ich habe mich schon gewundert, dass sie heute nicht zur Schule gekommen ist.«

»Viktoria, was wir dir jetzt sagen, ist absolut vertraulich.« Helen Baum warf der Schülerin einen strengen Blick zu. »Du darfst mit niemandem, und ich meine *niemandem*, darüber reden. Danielas Leben könnte davon abhängen. Kannst du das versprechen?«

Das Mädchen nickte ernsthaft.

»Gut. Daniela ist gestern entführt worden. Wir wissen derzeit nicht, wo sie ist.«

Viktoria schlug sich vor Schreck und Entsetzen die Hand vor den Mund. »Wer hat das getan?«

»Auch das wissen wir noch nicht. Aber wir müssen die Täter und Daniela so schnell wie möglich finden. Willst du uns dabei helfen?«

»Klar, wenn ich kann.«

»Schön. Also, du bist Danielas beste Freundin?«

»Ja, das bin ich.« Viktoria war sichtlich stolz auf diese Tatsache.

»Ihr sprecht über alles? Auch über Jungs und so?«

»Ich denke schon.«

»Hat Daniela einen Freund?«

»Nein, das wüsste ich.«

»Kennst du diesen Jungen?«

Helen Baum zog das Foto von Alexander Neumann aus ihrer Jackentasche, das bei Viktoria jedoch nur ein Kopfschütteln hervorrief. »Den habe ich noch nie gesehen.«

Die Kriminaldirektorin steckte das Bild wieder ein. »Hat Daniela in den letzten Wochen oder Monaten Andeutungen gemacht, dass etwas anders ist als vorher? Dass sie vor irgendetwas Angst hat, dass sie bedroht wird, belästigt oder dass sie verfolgt wird?«

»Nein, nichts. Sie war wie immer.«

»Bist du vielleicht in letzter Zeit von Fremden angesprochen worden, die sich nach Danielas Lebensgewohnheiten erkundigt haben?«

Das Mädchen schüttelte den Kopf. »Nein.«

»Kennst du einen Kevin Schneider?«

»Nein, wer soll das sein?«

»Kevin war bis vor ungefähr einem halben Jahr Danielas Freund.«

»Echt? Das habe ich nicht gewusst. Aber vor einem halben Jahr habe ich Daniela auch noch nicht so gut gekannt.«

»Mhm.« Die Kriminaldirektorin wurde nachdenklich. »Sag mal, Viktoria, seit wann bist du eigentlich Danielas beste Freundin?«

Viktoria lief ein wenig rot an. »Oh, erst seit zwei Monaten oder so. Vorher war Daniela mit Melanie befreundet. Melanie Bisse. Aber dann haben die beiden sich fürchterlich verkracht.«

»Kannst du uns sagen, wo wir diese Melanie Bisse finden können?«

»Nicht genau. Ich weiß nur, dass sie auf die Gesamtschule Schildesche geht. Ich habe aber keine Ahnung, wo die wohnt.«

»Weißt du, warum Daniela und Melanie sich gestritten haben?«

»Nein. Aber seit dem Krach ist Daniela meine beste Freundin.«

»Habt ihr viel zusammen unternommen, du und Daniela?«

»In der Schule sind wir eigentlich dauernd zusammen. Nachmittags treffen wir uns eher selten.«

»Warst du mal mit Daniela im *Meddox*?«

»Nein, das haben mir meine Eltern verboten. Aber ich weiß, dass Daniela ab und zu da hingeht.«

»Kennst du Danielas Eltern?«

»Ja, die sind total nett. Ich habe sie zwar nur vier- oder fünfmal gesehen, aber die haben ein Superhaus mit Pool. Daniela hat da mal ein Klassentreffen veranstaltet und wir haben alle unsere Badesachen mitgenommen. Das war voll cool.«

»Wie würdest du Danielas Verhältnis zu ihren Eltern beschreiben?«

»Das ist super, besonders das Verhältnis zu ihrer Mutter.«

»Das war's dann schon«, sagte Helen Baum. »Es sei denn, mein Kollege möchte noch etwas von dir wissen.«

Sie warf Remmert, der sein Desinteresse an der Vernehmung durch ostentatives Starren aus dem Fenster zum Ausdruck gebracht hatte, einen fragenden Blick zu.

»Nein, danke«, sagte der Hauptkommissar. »Ihre Fragen waren überaus erschöpfend.«

Helen Baum lächelte und wandte sich wieder der Schülerin zu. »Dann danke ich dir, Viktoria. Du hast uns sehr geholfen. Aber denk bitte daran, auch wenn es vielleicht schwerfällt: Kein Wort zu irgendjemandem über Danielas Entführung. Auch nicht zu deinen Freundinnen. Okay?«

»Okay. Sie werden Daniela doch finden, oder?«

»Wir tun alles, was in unserer Macht steht. Und jetzt sieh zu, dass du in deine Klasse zurückkommst.«

»Das hat ja sehr viel gebracht«, meinte Remmert ironisch, als sie die große Treppe zum Ausgang hinuntergingen. »Können wir dann endlich ins Präsidium zurück?«

Helen Baum schüttelte den Kopf. »Nein, zuerst werden wir uns mit Melanie Bisse unterhalten.«

»Darf ich Sie nochmals fragen, was Sie sich davon versprechen?«, fragte Remmert genervt.

»Wenn du wissen willst, wie alt eine Frau ist, frag ihre Schwägerin«, zitierte Helen Baum. »Das ist von Ed Howe.«

Remmert runzelte die Stirn. »Ich fürchte, ich verstehe nicht.«

»Und wenn du *alles* über eine Frau erfahren willst, frag ihre ehemals beste Freundin.« Helen Baum grinste. »Das ist von mir.«

Inzwischen waren sie auf dem Parkplatz angekommen. Helen Baum schaltete ihr Handy ein und hörte die Mailbox ab. Dann deaktivierte sie die Zentralverriegelung des Vectra mittels eines Knopfdrucks und teilte Remmert mit: »Melanie Bisse muss noch warten. Wir müssen sofort zu den Schwalenbergs. Die Entführer haben sich wieder gemeldet.«

20

Marc und Peter Schlüter trafen fast zeitgleich im Holunderweg ein, einer ruhigen Wohnstraße, die rechts und links von zahlreichen Einfamilienhäusern gesäumt wurde. Die Nummer 12 sah aus, als habe ein Kind das Haus gemalt: Neben der Tür ein einzelnes Fenster, zwei weitere Fenster im ersten Stock und darüber ein spitzes Dach, das Ganze umgeben von einem großen Garten mit Jägerzaun. Vom strahlend blauen Himmel lachte eine gelbe Sonne. Die Vögel zwitscherten fröhlich und es roch nach frisch gemähtem Gras. Eine perfekte Vorstadtidylle, dachte Marc, als er ausstieg und Schlüter zur Begrüßung die Hand schüttelte.

Gemeinsam gingen sie auf das Grundstück zu. Im Garten standen zwei Bäume, mehrere Büsche, eine Kinderschaukel und ein Sandkasten, in dem eine blonde Frau mit einem etwa zweijährigen Kind spielte. Marc schätzte die Frau auf maximal Mitte dreißig. Zu jung für Susanne Binder, dachte er.

Marc stoppte an der niedrigen Gartenpforte und rief die Frau an: »Hallo, eine Frage bitte.«

Die Frau drehte sich zu Marc und Schlüter um, dann nahm sie ihr Kind auf den Arm und ging auf die beiden zu. »Ja, bitte?«, fragte sie im Näherkommen.

»Mein Name ist Hagen«, stellte Marc sich vor. »Das ist Herr Schlüter. Wir suchen eine Susanne Binder.«

»Tut mir leid, aber die wohnt hier nicht.«

»Frau …«, Marc sah auf den Namen neben dem Klingelknopf, »… Hellweg, nehme ich an?«

Die Frau antwortete mit einem kurzen Kopfnicken.

»Frau Hellweg«, fuhr Marc fort, »wir haben von der Stadt Bielefeld die Auskunft erhalten, dass Susanne Binder hier gemeldet ist.«

»Kann sein, dass sie mal hier gewohnt hat«, meinte Frau Hellweg. »Wir haben das Haus 1998 von einer Frau Binder gekauft. Nach meiner Erinnerung hieß die aber nicht Susanne.«

»Können Sie nicht mal nachsehen?«, bat Marc. »Sie haben doch bestimmt noch den Kaufvertrag. Es ist wirklich sehr wichtig.«

Die junge Mutter dachte einen Moment über dieses Ansinnen nach. »In Ordnung«, sagte sie dann.

Marc atmete erleichtert auf. Er machte Anstalten, die Klinke der Gartenpforte hinunterzudrücken, wurde aber von einem scharfen Blick der Hauseigentümerin davon abgehalten.

»*Ich* schaue nach und *Sie* warten hier!«, sagte sie bestimmt.

Marc zuckte zurück und hob die Hände zu einer entschuldigenden Gebärde. Frau Hellweg drehte sich mit einem resoluten Schwung um und verschwand im Inneren des Hauses. Fünf Minuten später kam sie mit einem Ordner wieder heraus. Ihr Kind hatte sie im Haus gelassen.

»Frau Binder hieß Annemarie«, verkündete sie. »Ich fürchte …«

»Können Sie uns sagen, wann Frau Binder geboren worden ist?«, fiel Marc ihr ins Wort.

Frau Hellweg zog scharf die Luft ein, warf dann aber doch

einen Blick in den Kaufvertrag. »15.11.1927«, gab sie Auskunft.

Marc und Schlüter wechselten einen Blick. »Könnte die Mutter von Susanne sein«, meinte der Mandant.

Marc nickte zustimmend und wandte sich wieder Frau Hellweg zu. »Ist Ihnen bekannt, ob Frau Annemarie Binder eine Tochter hat?«, fragte er hoffnungsvoll. »Oder ist Ihnen eine Tochter Frau Binders bei den Kaufverhandlungen vielleicht sogar mal über den Weg gelaufen?«

Die Befragte schüttelte den Kopf. »Kann ich mich heute nicht mehr dran erinnern«, sagte sie. »Ich weiß nur noch, dass Frau Binder Witwe war. Ihr Mann ist ein paar Jahre vorher verstorben. Frau Binder hat das Haus verkauft, weil ihr die Arbeit mit dem großen Garten zu viel geworden war.«

»Kennen Sie die neue Adresse von Frau Binder?«, fragte Marc.

»Nein, und die würde Ihnen auch nicht viel nutzen. Eine Nachbarin hat mir Jahre später mal beiläufig erzählt, dass Frau Binder verstorben ist.«

»Welche Nachbarin?«

»Das war die alte Frau Seitz von gegenüber. Aber die ist jetzt auch schon seit einiger Zeit tot.«

Frau Hellweg klappte den Ordner mit einem lauten Schlag zu. »War's das?«, fragte sie. »Ich kann meine Tochter nicht so lange allein lassen.«

»Danke, Frau Hellweg, Sie haben uns sehr geholfen.« Marc überreichte ihr eine Visitenkarte. »Wenn Ihnen noch etwas einfällt, melden Sie sich doch bitte bei mir.«

»Das war wohl nichts«, sagte Schlüter zu Marc, während sie zu ihren Autos zurückgingen. »Ich hatte so gehofft, dass wir Susanne Binder hier finden.«

»Und ich hatte Sie ausdrücklich gewarnt, dass auf das Melderegister nicht unbedingt Verlass ist.«

Schlüter nickte stumm. »Was jetzt?«, fragte er.

Marc seufzte. »Ich fürchte, jetzt bleibt uns nur noch die Ochsentour.«

21

Das Wohnzimmer der Schwalenbergs hatte sich seit dem letzten Besuch der Kriminaldirektorin merklich verändert. Der Raum war zu einer zweiten Einsatzzentrale mit Konferenztisch, Computermonitoren, Telefonen, Telefax und Kopierer umgewandelt worden. Überall lagen Papiere, Getränkedosen und leere Pappschachteln herum, es stank nach Zigarettenrauch und kalter Pizza. Die Schwalenbergs werden lange lüften müssen, bevor sie hier wieder Gäste empfangen können, dachte Helen Baum.

Außer den Polizisten waren Frau Schwalenberg, ihre Schwester Irene von Kleist und der Arzt Dr. Klausmeier anwesend.

Helen Baum begrüßte die Hausherrin mit Handschlag. »Wie geht es Ihnen heute?«

»Danke, schon etwas besser«, antwortete Renate Schwalenberg leise. »Wir haben ein aktuelles Foto von Daniela bekommen. Jetzt wissen wir zumindest, dass sie noch lebt.«

»Und daran wird sich wahrscheinlich nichts ändern«, sagte die Kriminaldirektorin. »Das Tötungsrisiko ist am Tag der Entführung am höchsten und nimmt mit jedem Tag merklich ab.«

»Da sind Sie ja endlich!« Der Hausherr betrat das Wohnzimmer und polterte sofort los. »Wir warten schon auf Sie. Sind Sie inzwischen weitergekommen?«

Die Kriminaldirektorin nickte Dieter Schwalenberg kurz zu. »Die Ermittlungen laufen auf vollen Touren«, versicherte sie. Dann wandte sie sich dem Abhörspezialisten zu. »Die Entführer haben sich erneut gemeldet?«

»Ja«, bestätigte der Beamte. »Vor einer guten Stunde kam

der Anruf, wieder elektronisch verzerrt. Diesmal allerdings aus einer Telefonzelle in Osnabrück. Es wurde mitgeteilt, hinter einer bestimmten Parkbank im Bielefelder Nordpark sei ein Umschlag mit Anweisungen angebracht. In dem Umschlag war ein Brief der Entführer und ein Foto Danielas mit der *Bild am Sonntag* von gestern. Wir haben hier eine Kopie des Schreibens, das Original befindet sich bei der Spurensicherung, eine weitere Kopie bei der forensischen Textanalyse.«

Die Kriminaldirektorin betrachtete die Aufnahme. Darauf war ein hübsches, dunkelhaariges Mädchen vor einem neutralen Hintergrund zu sehen, das die BILD-Zeitung so vor sich hielt, dass man die Schlagzeile und das Datum erkennen konnte. Helen Baum musste unwillkürlich lächeln. Seit der Erfindung des Polaroidfotos schien es bei fast allen Entführungen zum Ritual zu gehören, als erstes Lebenszeichen ein Foto des Opfers mit einer aktuellen Tageszeitung zu schicken. Daniela Schwalenberg wirkte auf der Aufnahme verwirrt und benommen, war aber dem äußeren Anschein nach unverletzt.

Dann nahm sich die Kriminaldirektorin den Brief vor, der auf einem PC geschrieben und dann ausgedruckt worden war.

Sehr geehrter Herr Schwalenberg,
wir gehen davon aus, dass Sie die fünf Millionen Euro inzwischen besorgt haben. Wie Sie sehen, geht es Daniela gut. Wenn Sie weiterhin genau das tun, was wir Ihnen sagen, wird das auch so bleiben. Wir wollen, dass das Geld durch Sie persönlich und allein übergeben wird. Halten Sie sich ab sofort bereit. Benutzen Sie zur Übergabe Ihren Jaguar. Der Wagen darf nicht mit einem Peilsender versehen sein. Das Geld darf nicht markiert oder mit Farbbomben, Blendgranaten oder Ähnlichem präpariert sein. Wir werden das prüfen. Sollten die Scheine chemisch be-

handelt oder verwanzt sein, werden wir Ihre Tochter tö-
ten. Wir werden Sie bei der Übergabe die ganze Zeit im
Auge behalten. Falls wir feststellen sollten, dass die Polizei
Ihnen folgt oder Sie per Hubschrauber oder auf andere
Weise überwacht, werden wir die Aktion sofort abbrechen.
Unterlassen Sie sämtliche Tricks, wir sind keine Anfänger,
sondern Profis. Falls Sie irgendwelche Mätzchen machen,
werden wir Daniela töten. Wir haben nichts zu verlieren
und machen keine leeren Drohungen. Wenn alle Forde-
rungen erfüllt werden, wird Daniela spätestens vierund-
zwanzig Stunden nach Erhalt des Lösegeldes freigelassen.
Wir melden uns wieder!

PS: Ihr könnt mich durch dieses Schreiben hier nicht auf-
spüren, also lasst es bleiben!

»Was halten Sie davon?«, fragte Dieter Schwalenberg, als
Helen Baum ihre Lektüre beendet hatte.

»Eigentlich nichts Außergewöhnliches«, antwortete die
Kriminaldirektorin. »Die üblichen Phraseologismen, wie sie
in fast allen Erpresserbriefen vorkommen. Nehmen Sie nur
den Anfang: Eine Anredeformel wird in knapp der Hälfte
aller Erpresserbriefe benutzt, davon zu sechzig Prozent die
Anrede ›Sehr geehrte Damen und Herren‹, zu sechsund-
zwanzig Prozent wie hier ›Sehr geehrter Herr‹ und dann der
Name.«

»Aha«, meinte Schwalenberg. »Und was nützt uns diese
Erkenntnis?«

Helen Baum spürte, dass sie knallrot wurde. Aus den Augenwinkeln nahm sie wahr, dass auf Remmerts Gesicht ein
breites Grinsen zu sehen war.

»Das werden wir sehen«, erwiderte Helen Baum vage, ihre
Stimme zitterte nur ganz leicht. »Was mich irritiert, ist der
Schlusssatz. Die ganze Zeit wird der Empfänger mit ›Sie‹
angeredet und die Entführer sprechen von sich selbst als

›wir‹. Und im letzten Satz fängt der Schreiber auf einmal an, den Empfänger zu duzen, und spricht von sich selbst im Singular.«

»Das wird daran liegen, dass der Schlusssatz nicht für mich bestimmt ist, sondern für Sie«, meinte Schwalenberg. »Die Entführer wissen oder ahnen zumindest, dass die Polizei eingeschaltet ist und mitliest.«

Helen Baum nickte zustimmend. »Ich denke auch, dass dieser Satz nicht an Sie, sondern an uns gerichtet ist. Das erklärt allerdings nicht, warum der Schreiber auf einmal vom Plural in den Singular wechselt.«

»Vielleicht handelt es sich um einen Einzeltäter, der die Worte ›wir‹ und ›uns‹ benutzt, um von sich abzulenken und eine ganze Bande vorzutäuschen«, schlug Schwalenberg vor. »Und in seinem Schlusssatz hat er sich verraten.«

»Wir wissen aufgrund der Zeugenaussage von Alexander Neumann, dass es sich um mehrere Täter handelt«, widersprach Hauptkommissar Remmert. »Außerdem glaube ich nicht an einen so dummen Fehler.«

»Da stimme ich Ihnen zu«, sagte Helen Baum. »Das ist kein Fehler, sondern ganz bewusst als Schlusssatz gesetzt worden. Die Formulierung kommt mir bekannt vor. Ich habe das schon mal irgendwo gelesen, kann es aber im Moment nicht einordnen. Na ja, vielleicht können uns die Linguisten mehr sagen.« Sie nickte Remmert zu. »Sorgen Sie bitte dafür, dass sich die forensische Textanalyse insbesondere mit dem Schlusssatz befasst. Ich wüsste gern, was die davon halten.«

Dann wandte sich die Kriminaldirektorin Danielas Vater zu. »Haben Sie das Lösegeld?«

Schwalenberg deutete auf zwei Reisetaschen, die in einer Ecke des Zimmers standen. »Genau fünf Millionen Euro«, bestätigte er.

»Und Sie sind bereit, den Boten zu spielen?«

»Selbstverständlich.«

Dr. Klausmeier, der bisher schweigend zugehört hatte, war einen Schritt vorgetreten. »Als dein Arzt und dein Freund muss ich dir dringend abraten. Du hast schon zwei Herzinfarkte hinter dir. Der nächste könnte der letzte sein.«

Schwalenberg tat den Einwand mit einer knappen Handbewegung ab. »Diese Verbrecher haben ausdrücklich nach mir verlangt«, sagte er.

»Trotzdem«, mischte sich Helen Baum ein, »wenn sich die Entführer das nächste Mal melden, könnten Sie unter Hinweis auf Ihre angegriffene Gesundheit die persönliche Überbringung verweigern und erklären, dass ein Mitarbeiter, Bekannter oder Verwandter von Ihnen die Rolle des Überbringers übernehmen wird. Wir haben Polizeibeamte, die speziell für so etwas ausgebildet sind. Den Tätern geht es in erster Linie um das Geld, deshalb werden sie mit ziemlicher Sicherheit auf den Vorschlag eingehen. Oder wir setzen einen Polizisten ein, der Ihnen nach Größe und Statur ähnlich sieht. Mithilfe eines Maskenbildners werden die Täter höchstwahrscheinlich nichts merken, zumal die Zeiten der Geldübergabe von Erpressern fast ausschließlich in die Nachtzeit gelegt werden.«

Schwalenberg schüttelte entschieden den Kopf. »Nein, nein, ich mache es selbst. Ich habe mein Unternehmen ganz allein von einer kleinen Klitsche zum Marktführer aufgebaut und bin es gewohnt, meine Angelegenheiten selbst zu regeln. Außerdem geht es um das Leben *meiner* Tochter, also keine Experimente. Vielleicht stellen die Entführer auch eine Identifizierungsfrage, die ein Polizist nicht beantworten könnte.«

Helen Baum nickte. »Einverstanden.« Dann nahm sie Remmert zur Seite. »Bereiten Sie trotzdem einen Kollegen als Double vor«, raunte sie ihm zu. »Sicher ist sicher. Ist der Jaguar schon präpariert?«, fragte sie laut.

»Moment«, rief Schwalenberg aufgebracht. »Die Entführer haben ausdrücklich verboten, Peilsender einzubauen oder die Geldübergabe zu überwachen. Ich will kein Risiko eingehen.«

»Wir werden alles tun, um das Leben Ihrer Tochter nicht zu gefährden«, sagte die Kriminaldirektorin einmal mehr. »Allerdings müssen wir auch unsere Arbeit machen und versuchen, diese Verbrecher zu fangen. Und dazu gehört, dass wir in Ihrem Wagen ein GPS-Gerät einbauen werden, damit wir jederzeit über Ihren Aufenthaltsort informiert sind. Das dient auch Ihrer Sicherheit.«

Schwalenberg war noch nicht überzeugt. »Und was ist mit dem Geld?«, wollte er wissen.

»Das werden wir ebenfalls präparieren«, sagte Helen Baum und hob schnell die Hand, um Schwalenbergs Einwänden sofort Einhalt zu gebieten. »Lassen Sie mich bitte ausreden. Ich garantiere Ihnen, dass die Entführer nichts davon merken werden. Wir verwenden ein Präparierungsmittel, das Laien auf keinen Fall erkennen können. Es gibt ein biotechnisches Spezialverfahren, aufgrund dessen sich die Scheine erst sechzig bis siebzig Stunden nach Öffnung der Vakuumverpackung rot verfärben.«

»Und was ist, wenn diesen Leuten doch etwas auffällt? Die haben doch geschrieben, sie seien Profis!«

»Das schreiben sie alle, aber ich bezweifle es. Wenn die Entführer nicht gerade von der CIA oder dem Mossad kommen, wird ihnen nichts auffallen.« Das hatte ein aufmunternder Scherz sein sollen, aber Helen Baum musste sofort erkennen, dass sie das Gegenteil erreicht hatte.

»Das ist mir zu gefährlich«, sagte Schwalenberg bestimmt. »Die Verbrecher haben zwar geschrieben, dass sie Daniela spätestens vierundzwanzig Stunden nach Erhalt des Lösegeldes freilassen werden, aber was ist, wenn sie zur Sicherheit noch ein paar Tage warten und durchdrehen, wenn sie sehen, dass das Geld sich verfärbt?«

»Dieses Risiko ist sehr gering«, widersprach Helen Baum, obwohl Schwalenbergs Einwand berechtigt war. »Vertrauen

Sie uns, bitte. Wir wissen, was wir tun. Bei räuberischen Erpressungen der vorliegenden Art ist der Geldabholer meist nicht der Haupttäter, sondern nur ein Gehilfe. Das heißt, wir können den Geldabholer nicht sofort festnehmen, sondern müssen ihn unter Umständen observieren, damit er uns den Weg zu dem oder den Haupttätern zeigt. Und ich glaube, Ihnen ist genauso wie uns daran gelegen, dass wir diese Leute fassen, und zwar alle.«

Dieter Schwalenberg unterdrückte ein Seufzen. Dann beugte er sich vor und brachte sein Gesicht ganz nah an das der Kriminaldirektorin heran. Helen Baum roch eine Alkoholfahne, die Schwalenberg mit Pfefferminzbonbons zu überdecken versuchte. »Also gut, versuchen wir es«, sagte er. »Aber eines garantiere ich Ihnen: Wenn Sie einen Fehler machen und Daniela zu Schaden kommt, werde ich dafür sorgen, dass Sie in diesem Leben nicht mehr glücklich werden.«

22

Jochen rülpste herzhaft. Dann zerquetschte er die Bierdose und warf sie auf den Boden des Wohnzimmers zu den acht anderen, die er in den letzten drei Stunden geleert hatte.

Freddy schüttelte missbilligend den Kopf. Er selbst trank seit Jahren keinen Schluck Alkohol mehr. Einer musste schließlich klaren Kopf bewahren. Freddy begann sich zu fragen, ob es nicht ein Fehler gewesen war, Jochen für seinen großen Coup mit an Bord zu nehmen. Je länger sich die Entführung hinzog, desto unberechenbarer wurde er.

Er hatte Jochen im Knast kennengelernt. In der JVA Lingen, um genau zu sein, wo Freddy seine Haftstrafe wegen Raubes verbüßte. Freddy hatte schon drei Jahre abgesessen, als Jochen in seine Zelle verlegt wurde. Acht Jahre hatte der wegen einer Vergewaltigungsserie bekommen, darunter war auch eine Dreizehnjährige gewesen. Jochen hatte immer wieder unter den Repressalien seiner Mitgefangenen zu leiden gehabt. Vergewaltiger, zumal wenn sie sich an Minderjährigen vergangen hatten, standen in der Knasthierarchie auf der untersten Stufe. Freddy dagegen genoss als Räuber höchsten Respekt. Außerdem half er den anderen Gefangenen bei ihrem Schriftverkehr mit der Gefängnisleitung und Gerichten, was sein Ansehen noch steigerte. Daher war es ihm gelungen, Jochen vor den schlimmsten Übergriffen der anderen Häftlinge zu bewahren. Seitdem war Jochen Freddy uneingeschränkt dankbar.

Bei der Planung der Entführung hatte Freddy schnell gemerkt, dass er einen absolut loyalen Mann für den gefährlichsten Teil des Unternehmens, die Lösegeldübergabe, brauchte. Nichts wäre schlimmer, als wenn der Abholer des Lösegeldes mit den erbeuteten Millionen untertauchte. Ein vertrauenswürdiger Mann war in den Kreisen, in denen Freddy verkehrte, nur äußerst schwer zu finden. Doch da hatte er sich an Jochen erinnert, der kurz vor ihm aus der Haft entlassen worden war. Jochens sexuelle Vorliebe für junge Mädchen war Freddy immer suspekt gewesen. Davon abgesehen neigte Jochen zum Jähzorn und zu unkontrollierten und unkontrollierbaren Verhaltensweisen. Andererseits wusste Freddy, dass Jochen ihn nie verraten würde, und so hatte er ihm angeboten, er könne sich an der Entführung beteiligen. Als Jochen die Höhe seines Anteils gehört hatte, hatte er sofort zugestimmt und bisher auch gute Arbeit geleistet. Aber jetzt, in der Zeit des scheinbar endlosen Wartens in dem Ferienhaus, traten Jochens negative Eigenschaften immer stärker hervor. Er war einfach unfähig, sich mit sich selbst zu beschäftigen. Saß stundenlang vor dem Fernseher und trank ein Bier nach dem anderen. Freddy hatte ihn zudem in Verdacht, auch andere Rauschmittel zu konsumieren. Nun war es für Reue natürlich zu spät. Freddy konnte nur noch beten, dass Jochen im entscheidenden Moment nicht die Nerven versagten.

Gott sei Dank gab es da noch Gonzo. Von Gonzo waren keinerlei Probleme zu erwarten. Er behielt immer die Ruhe und tat genau das, was ihm gesagt wurde. Auch mit Gonzo hatte Freddy einige Zeit die Zelle geteilt. Der riesige Mann war wegen mehrerer Einbruchdiebstähle zu zweieinhalb Jahren verurteilt worden. Sie hatten Gonzo geschnappt, weil der seinen Personalausweis an einem Tatort verloren hatte. *Deutschlands dümmster Einbrecher* hatte eine Schlagzeile in einer großen Tageszeitung gelautet. Aber Gonzo war nicht dumm, nur manchmal etwas langsamer als andere. Auf Freddy wirkte er trotz seines gewaltigen Körpers wie ein unschuldiges Kind. Nach der Schule hatte Gonzo keine Lehrstelle bekommen und sich mit Gelegenheitsjobs durchs Leben geschlagen. Dann hatte er endlich eine feste Stelle als Hilfsarbeiter in einer Fabrik gefunden, war aber nach einigen Monaten zusammen mit Hunderten anderen entlassen worden, obwohl die Auftragsbücher voll waren und das Unternehmen Millionengewinne machte. Gonzo war vollkommen abgebrannt und verzweifelt gewesen und auf die schiefe Bahn geraten. Freddy hatte sehr bald registriert, dass der nur zehn Jahre jüngere Mann ihn bewunderte, ja sogar so etwas wie einen Ersatzvater in ihm sah. Gonzo war Freddy mehr als dankbar gewesen, als Freddy ihn gefragt hatte, ob er bei einer Sache mitmachen wolle, die allen sehr viel Geld einbringen würde.

Das Einzige, was Freddy nicht eingeplant hatte, war die Abneigung, die Gonzo Jochen gegenüber empfand. Und umgekehrt. Im Knast hatten die beiden sich noch einigermaßen vertragen, jetzt konnte Freddy nur hoffen, dass die gegenseitige Antipathie nicht dazu führte, dass sich die beiden eines Tages an den Kragen gingen und den Erfolg des Unternehmens gefährdeten. Denn eines war Freddy glasklar: Er wollte nie wieder einen Knast von innen sehen. Wenn diese Sache schiefging und sie ihn schnappten, würde er angesichts seiner Vorstrafe ein alter Mann sein, wenn er wieder herauskam. Nein, bevor er noch einmal einfuhr, würde er lieber Schluss machen.

Freddy schüttelte die verstörenden Gedanken ab. Aber das würde nicht passieren. Alles war bis ins Detail geplant, alles würde ... alles *musste* gut gehen. Und dann würde sich Freddy mit seinem Anteil, der natürlich höher war, als der von Jochen und Gonzo zusammen, ins Ausland absetzen und eine Kneipe auf Mallorca aufmachen. Er hatte sich bei seinem letzten Urlaub schon ein passendes Objekt ausgeguckt. Und vielleicht würden dann sogar Martina und sein Sohn zu ihm zurückkommen ...

»Was wirst du mit dem Geld machen?«, fragte Jochen plötzlich in die Stille, als habe er Freddys Gedanken gelesen. Seine Sprache war aufgrund des Alkohols schon etwas verwaschen.

»Noch haben wir das Geld nicht«, erwiderte Freddy heftiger, als er beabsichtigt hatte. »Zerbrich dir darüber also nicht den Kopf.«

»Ich mein ja nur«, gab Jochen kleinlaut zurück. »Man wird doch schon mal ein bisschen träumen dürfen. Ich kenn da einen Puff in der Nähe von Köln. Geile Weiber haben die. Da werde ich die Puppen tanzen lassen.«

»Du wirst nichts dergleichen tun«, fuhr Freddy ihn an. »Wir waren uns doch darüber einig, zuerst Gras über die Sache wachsen zu lassen. Die Scheine werden mit Sicherheit registriert sein, wir müssen das Geld also erst im Ausland waschen. Wenn du ein paar Tage nach der Übergabe des Lösegeldes mit der Kohle nur so um dich schmeißt, kannst du den Bullen gleich deine Visitenkarte schicken.« Freddy kickte eine leere Dose weg. »Und hör auf, so viel zu trinken! Das habe ich dir jetzt tausendmal gesagt. Wegen dir hatten wir schon einmal die Bullen am Hals. Reicht das nicht?«

Bevor Jochen antworten konnte, hörten sie Schritte, die die Kellertreppe hochkamen. Sekunden später betrat Gonzo den Raum.

»Irgendwas über uns?«, fragte er mit einem Kopfnicken in Richtung Radio und Fernseher.

»Nichts«, gab Freddy zurück. »Auch in den Zeitungen kein Wort. Wie geht's der Kleinen?«

»Liegt in ihrem Bett und schläft tief und fest«, antwortete Gonzo zufrieden.

»Mhm«, sagte Jochen genüsslich. Sein Gesicht war stark gerötet. »Liegt in ihrem Bettchen und wartet nur auf mich. Habt ihr das auch schon bemerkt? Die Kleine ist gar nicht mal schlecht gebaut für ihr Alter. Hat schon richtige Titten.«

»Du bist ein verdammtes Schwein, Jochen«, schrie Gonzo ihn an. »Hast du nicht lange genug wegen so einem Scheiß gesessen?«

»Lass mich in Ruhe, Gonzo«, brummelte Jochen. Er riss eine neue Dose auf und leckte lasziv den herausquellenden Schaum ab. »Dir gefällt die Kleine doch auch, gib es nur zu. Warum sollen wir nicht ein bisschen Spaß mit ihr haben? Wir haben ihren Eltern nur versprochen, dass wir ihre Tochter am Leben lassen, wenn sie zahlen, nicht, dass sie sie unbeschädigt zurückbekommen.«

Gonzos Gesicht war inzwischen fast so rot wie Jochens. »Freddy, sag ihm, dass er sie in Ruhe lassen soll, sag ihm das!«, brüllte er. »Wenn er ihr etwas antut, bringe ich ihn um!«

Jochen stand schwankend auf und ballte die Fäuste. Er kniff die Augen zusammen und versuchte mit einiger Mühe, Gonzo zu fixieren. »Komm her, Gonzo, wenn du was von mir willst.«

Das ließ sich Gonzo nicht zweimal sagen. Er zog seinen Pullover aus und lockerte die Nackenwirbel. Dann trat er so dicht an Jochen heran, dass er dessen nach Alkohol stinkenden Atem riechen konnte.

»Aufhören!«, ging Freddy dazwischen. »Hier wird sich nicht geprügelt und Jochen wird die Kleine nicht anrühren. Und damit basta!«

Gonzo schien Jochen mit seinen Blicken durchbohren zu

wollen. »Wenn du sie anfasst, bringe ich dich um«, wiederholte er. Anschließend ging er, immer noch auf Jochen starrend, drei Schritte rückwärts und drehte sich dann erst um. Sekunden später hörten sie, dass die Haustür ins Schloss fiel.

»Gonzo ist ein Idiot«, lallte Jochen. »Wozu brauchen wir den überhaupt?«

»Ich habe ihn für diese Aktion nicht aufgrund seiner geistigen Fähigkeiten ausgewählt, sondern weil er zuverlässig ist. Was man leider nicht von jedem in diesem Haus behaupten kann. Ich sage es dir zum letzten Mal: Hör auf zu saufen! Wir können uns keine weiteren Fehler leisten.«

»Schon gut, schon gut«, murmelte Jochen und stellte sein Bier weg. »Aber was Gonzos angebliche Zuverlässigkeit angeht, bin ich mir nicht so sicher. Die Kleine wickelt ihn regelrecht um den Finger. Ich mag keine Wurst, ich will Käse«, äffte er eine hohe weibliche Stimme nach. »Das ist hier doch kein Hotel. Wir sollten die Kleine kaltmachen! Sofort! Ein Risiko weniger.«

»Tot ist sie für uns wertlos«, widersprach Freddy. »Vielleicht verlangen die Eltern ein weiteres Lebenszeichen. Wenn wir sie nicht mehr brauchen, werden wir sehen. Aber bis dahin bleibst du ruhig, okay?«

»Okay«, bestätigte Jochen zufrieden. Auf seiner Stirn schimmerten Schweißperlen, seine Handflächen wurden feucht. Langsam fuhr er sich mit der Zunge über die Lippen. »Aber lange halte ich es nicht mehr aus«, sagte er leise zu sich selbst.

23

Marc und Schlüter fuhren im Konvoi in die Menzelstraße. Die Festschrift zum fünfundzwanzigjährigen Bestehen des Max-Planck-Gymnasiums lag noch immer auf dem Wohnzimmertisch der schlüterschen Wohnung.

Marc nahm sich die Liste der Schüler der Jahrgangsstufe 12 vor. Er zählte sie durch und kam auf einhundertzweiundfünfzig Namen. Einer der geburtenstarken Jahrgänge, dachte er.

Schlüter sah ihm verständnislos zu. »Und jetzt?«, fragte er.

»Jetzt werden Sie die anrufen.«

Schlüter machte ein entsetztes Gesicht. »Alle?«

»So viele wie möglich. Ich denke, Sie haben Urlaub …«

»Aber ich habe doch gar nicht die Adressen. Von den Telefonnummern ganz zu schweigen.«

»Gibt es in dieser Wohnung einen PC mit Internetanschluss?«, erkundigte sich Marc.

»Nein, mein Vater hat diesen ganzen Technikkram gehasst. Wahrscheinlich war er dafür zu alt. Aber in meiner Wohnung in Enger habe ich Zugang zum Internet.«

»Dann fahren Sie dorthin, loggen sich ins Internet ein und gehen auf die Homepage des Max-Planck-Gymnasiums. www.mpg-bielefeld.de. Wenn Sie dort sind, klicken Sie auf ›Ehemalige‹. Da können sich alle früheren Schüler mit Namen, Wohnort, Telefonnummer und E-Mail-Adresse eintragen. Lassen Sie sich den Abiturjahrgang 1978 anzeigen.«

Schlüter nahm sich einen Zettel und notierte die Angaben. Als er aufschaute, fragte er: »Woher wissen Sie das alles?«

»Ich hatte vor zwei Jahren die zweifelhafte Ehre, die fünfzehnjährige Abi-Feier des Jahrgangs 1990 zu organisieren. Etwa zwanzig Prozent der Adressen der Ehemaligen habe ich auf der Homepage gefunden. Außerdem könnten Sie noch im Telefonbuch nachsehen. Ein paar ehemalige Schüler wohnen bestimmt noch in Bielefeld. Allerdings sollten Sie sich auf die männlichen Namen konzentrieren, weil die meisten Frauen heute wahrscheinlich verheiratet sind und anders heißen.«

»Und dann?«

»Dann rufen Sie die ehemaligen Schüler des Abi-Jahrgangs 1978 an und fragen, ob sie Kontakt zu Susanne Binder haben. Sagen Sie, Sie seien der Sohn ihres ehemaligen Lehrers Walter Schlüter und wollten ein Jahrgangsstufentreffen organisieren. Oder denken Sie sich was anderes aus. Sie können auch E-Mails verschicken, ganz egal. Hauptsache, wir machen Susanne Binder ausfindig.«

24

Die Atmosphäre im Wohnzimmer war zum Zerreißen gespannt. Dieter Schwalenberg rannte wie ein eingesperrter Puma vor dem Kamin auf und ab und warf alle fünf Sekunden nervöse Blicke zum Telefon. Seine Schwägerin und seine Frau saßen eng umschlungen auf der Couch und hatten seit Stunden kein Wort mehr gesprochen. Immerhin weint Renate Schwalenberg nicht, dachte Helen Baum. Aber vielleicht hatte sie auch einfach keine Tränen mehr. Die anderen Polizisten saßen am Esstisch und lasen oder spielten Skat.

Endlich, um kurz vor Mitternacht, schellte das Telefon. Die Abhörspezialisten ließen die Karten fallen und rannten zu ihren Geräten.

Die Kriminaldirektorin richtete ihren Zeigefinger auf Schwalenberg, der bereits ungeduldig neben dem Telefon wartete. »Sie wissen, was Sie zu tun haben«, sagte sie.

Dieter Schwalenberg riss den Hörer von der Station und meldete sich mit seinem Namen.

»Haben Sie das Geld?«, tönte die elektronisch verzerrte Stimme in den Raum.

»Ja.«

»Fünf Millionen Euro?«

»Ja.«

»Dann fahren Sie jetzt los«, sagte die Stimme. »Aber nehmen Sie *nicht* Ihren Jaguar, sondern den Mercedes 500 SL Ihrer Frau! Stecken Sie eine Taschenlampe ein! Keine Tricks, keine Polizei! Sonst stirbt Ihre Tochter.«

»Ich habe verstanden. Wo soll ich hinfahren?«

»Wir wissen, dass der Mercedes Ihrer Frau ein Navigationssystem hat. Fahren Sie zur Voltmannstraße 162. Neben dem Haus befindet sich ein Stromverteilerhäuschen. An der Rückwand finden Sie eine Nachricht. Fahren Sie sofort los! Sie müssen in spätestens dreißig Minuten dort sein. Und denken Sie immer daran: Sie werden ständig von uns überwacht!«

Dann wurde das Gespräch getrennt. Schwalenberg legte auf und musterte die Anwesenden. »Sie haben es gehört«, sagte er. Sein Atem ging stoßweise. »Ich werde mich jetzt auf den Weg machen. Was ist mit der Taschenlampe?«

Helen Baum gab einem Beamten ein Zeichen. »Kümmern Sie sich darum.« Während der Mann sich entfernte, sagte sie zu Schwalenberg: »Immerhin haben wir ein paar neue Informationen über die Täter. Sie scheinen tatsächlich gut über Ihre Belange informiert zu sein. Woher hätten sie sonst wissen sollen, dass der Mercedes Ihrer Frau ein Navigationssystem hat?«

»Ich habe Ihnen gleich gesagt, Sie sollen sich um diesen Kevin Schneider kümmern«, sagte Schwalenberg und zog sich seine Jacke über.

»Wir sind an Schneider dran«, versicherte Remmert. »Aber es gibt andere Möglichkeiten, wie die Täter an die Information gelangt sein können. Fast jeder Mercedes dürfte über ein Navi verfügen.«

Dieter Schwalenberg schaute sich hektisch um. »Verdammt noch mal, wo bleibt die Taschenlampe? Die Zeit läuft ab!«

»Ist in Arbeit«, beschwichtigte Helen Baum. »Und Sie halten sich bitte strikt an die Anweisungen, die Sie von den Entführern bekommen. Versuchen Sie nicht, den Helden zu spielen. Die Täter sind clever. Sie wissen, oder ahnen zumindest, dass wir in Ihrem Jaguar ein GPS-Gerät eingebaut haben. Deshalb fordern sie jetzt ein anderes Fahrzeug und setzen ein Ultimatum, damit keine Zeit für einen Umbau bleibt. Außerdem gibt es in dem zweisitzigen Mercedes Ihrer Frau im Gegensatz zu Ihrem Jaguar keine Möglichkeit, einen Polizisten hinter dem Vordersitz oder im Kofferraum zu verstecken.«

»Und?«, schrie Schwalenberg. »Hätten Sie das nicht voraussehen können?«

»Das haben wir«, erklärte Remmert mit einem milden Lächeln. »Wir haben vorsichtshalber in alle Ihre Autos und auch in die Wagen Ihrer Haushälterin und Ihres Gärtners GPS-Geräte einbauen lassen. Die Entführer sind vielleicht clever, aber wir sind besser.«

Schwalenberg stieß die angestaute Luft langsam wieder aus und wischte sich mit einem Taschentuch den Schweiß vom stark geröteten Gesicht.

Dr. Klausmeier stand neben seinem Freund und musterte ihn besorgt. »Willst du das wirklich auf dich nehmen?«, fragte er.

»Wir haben ein Double vorbereitet«, kam Helen Baum dem Arzt zu Hilfe. »Der Mann steht bereit.«

»Das kommt überhaupt nicht infrage«, lehnte Schwalenberg entschieden ab. »Sie haben die Entführer doch gehört: keine Tricks. Und damit Ende der Debatte!«

In diesem Moment betrat ein Beamter den Raum und meldete Vollzug. »Es ist alles bereit«, sagte er. »Die Taschenlampe liegt auf dem Beifahrersitz des Mercedes, das Lösegeld befindet sich im Kofferraum.«

Schwalenberg schloss für einen Moment die Augen. »Dann los«, sagte er und wandte sich an seine Frau. »In meinem Arbeitszimmer liegt ein Brief auf dem Schreibtisch für den Fall ... äh ... also für den Fall, dass ich nicht zurückkomme. Öffne ihn aber bitte nur, wenn mir wirklich etwas zustößt.« Er umarmte sie und verabschiedete sich per Händedruck von Irene von Kleist und Dr. Klausmeier. Die Polizisten würdigte er dagegen keines Blickes.

Der Unternehmer verließ das Haus und ging zu dem Mercedes, der vor der Garage parkte. Schwalenberg hatte einige Mühe, bis er seine ein Meter fünfundachtzig und seinen nicht unbeträchtlichen Bauch hinter dem Lenkrad des niedrigen Sportwagens eingefädelt hatte. Prüfend sah er sich um: Die Taschenlampe lag auf dem Beifahrersitz, der Schlüssel steckte. Schwalenberg startete den Motor, aktivierte das Navigationssystem und gab als Ziel die Voltmannstraße 162 ein.

Sekunden später bog er auf die Rosenstraße ein. Er beobachtete, wie mehrere Reporter hastig ihre Zigaretten austraten und zu ihren Wagen liefen. In den letzten vierundzwanzig Stunden hatte sich die Zahl der Journalisten, die vor dem Haus Stellung bezogen hatten, vervielfacht. Schwalenberg sah im Rückspiegel, dass sich zwei Autos hinter ihn setzten. Verfluchte Arschlöcher, dachte er. Der Teufel soll euch holen!

Schwalenberg betätigte den Blinker und lenkte den Wagen in die Mönckebergstraße. Die Pressefahrzeuge wollten ihm folgen, wurden aber von drei Polizeiwagen abgeblockt und am Weiterfahren gehindert. Ganz so blöd ist diese Helen Baum doch nicht, dachte Schwalenberg.

Er entspannte sich etwas und folgte den Anweisungen der weiblichen Stimme des Navigationssystems. Er überlegte, wer sich außer dem Taugenichts Kevin noch in seinem Haushalt auskannte, dem eine solche Tat zuzutrauen war. Vielleicht der Gärtner oder die Haushälterin. Beide stammten aus Kasachstan. Wer wusste schon, ob die nicht Kontakte zur Russenmafia hatten? Schwalenberg machte sich eine Notiz in seinem Kopf, Remmert über seinen Verdacht zu informieren. Zu dieser Kriminaldirektorin hatte er nicht das geringste Vertrauen, der Hauptkommissar hingegen schien ein fähiger Mann zu sein.

Da auf den Straßen kaum etwas los war, erreichte Schwalenberg das Haus Voltmannstraße 162 schon eine knappe Viertelstunde nach seinem Aufbruch. Neben dem Haus befand sich tatsächlich ein unbeleuchtetes Transformatorenhaus.

Schwalenberg langte nach der Taschenlampe, verließ den

Mercedes und stieg über den niedrigen Metallzaun, der das Häuschen nur sehr unzureichend vor dem Betreten Unbefugter schützte. Während der Unternehmer langsam um das Haus herumging, tanzte der Lichtkreis der Lampe zittrig über den Boden. Reiß dich zusammen, ermahnte sich Schwalenberg. Es geht um Danielas Leben! Er versuchte, seine rechte Hand unter Kontrolle zu bringen, was ihm aber nicht recht gelingen wollte.

Als Schwalenberg die Rückseite des Gebäudes erreichte, ließ er den Strahl der Taschenlampe über die Wand gleiten, bis der Lichtkegel eine große Plastiktüte von Aldi erfasste, die mit gelbem Kreppband an der Wand befestigt worden war. Schwalenberg zog die Plastiktüte von der Mauer und stellte fest, dass sich darin zwei weitere zusammengefaltete Aldi-Tüten befanden. Außerdem enthielt sie einen Zettel, bedruckt mit Computerschrift: *Packen Sie das Geld in die Tüten um! Dann fahren Sie auf der Voltmannstraße weiter in Richtung Bielefeld-Heepen. Biegen Sie am Ende der Voltmannstraße nach links auf die Jöllenbecker Straße ab und dann die nächste Möglichkeit sofort nach rechts auf die Westerfeldstraße! Nach ca. 3,5 Kilometern erreichen Sie das Eisenbahnviadukt über der Talbrückenstraße. Davor geht rechts ein kleiner Weg ab. Biegen Sie dort ab und halten Sie. Hinter dem dritten Pfeiler des Viadukts finden Sie weitere Anweisungen! Sie haben zehn Minuten!*

Schwalenberg rannte mit den Aldi-Tüten zu dem Mercedes zurück. Dann nahm er das Geld aus den beiden Taschen und stopfte es in die Plastiktüten, wofür er knapp drei Minuten benötigte. Anschließend raste er los. Die kurze Strecke bis zum Viadukt schaffte er in weniger als fünf Minuten.

Als er aus dem Mercedes kletterte, landete er mit seinen nagelneuen Tod's-Slippern mitten in einer tiefen Pfütze. Schwalenberg fluchte laut und watete über einen schlammigen Weg zu dem dritten Pfeiler, der mit Graffiti übersät war. Hinter dem Pfeiler befand sich ein wahrer Müllplatz: Überall lagen Kondome und Einwegspritzen herum, es roch intensiv nach Urin. Offenbar wird diese dunkle Ecke nicht nur für Geldübergaben genutzt, dachte er. Neben dem Unrat entdeckte er eine Klarsichtfolie mit einer neuen Anweisung: *Fahren Sie über die Straße Am Wellbach auf die Eckendorfer Straße. Dort folgen Sie den Schildern zur Autobahn Richtung Dortmund. An der Autobahnauffahrt Bielefeld-Zentrum fahren Sie auf die A2 Richtung Dortmund bis zum Parkplatz Niedergassel! Biegen Sie dort ab und fahren den Pkw-Parkplatz langsam entlang, bis Sie rechts ein Fahrrad sehen, das an einem Zaun lehnt. Weitere Anweisungen finden Sie auf dem Gepäckträger. Sie haben fünfzehn Minuten!*

Als Schwalenberg die Autobahn erreichte, schaltete er das Autoradio ein und suchte einen Sender mit Verkehrsnachrichten. Er atmete erleichtert durch, als für die A2 kein Stau gemeldet wurde.

Von Zeit zu Zeit warf er einen Blick in den Rückspiegel, konnte aber nichts Auffälliges feststellen. Wenn die Entführer ihn tatsächlich beobachteten, stellten sie sich sehr geschickt an. Und auch die Polizisten, die ihn überwachten, verstanden offenbar ihr Handwerk. Trotzdem hätte er dieser Kriminaldirektorin nicht erlauben dürfen, den Wagen und das Geld zu präparieren, ging es Schwalenberg durch den Kopf. Wenn die Entführer etwas merkten, würde das Danielas Ende bedeuten, dessen war er sich sicher.

Zwei Minuten später erreichte er den Parkplatz Niedergassel. Langsam passierte er die Autos, die entlang einem etwa zwei Meter hohen, grünen Zaun parkten, der das Gelände von einem kleinen Wäldchen abgrenzte. Kurz vor Ende des Parkplatzes geriet ein rosafarbenes Damenrad mit einem Plastikkorb auf dem Gepäckträger in den Kegel seiner Schweinwerfer. Wie haben die Entführer das Rad wohl hierhin geschafft?, fragte er sich. Egal!

Schwalenberg hielt genau daneben an und stieg aus. In dem Korb fand er ein DIN-A4-Blatt in einer Plastikhülle:

Fahren Sie weiter auf der A2 bis zur Raststätte Rhynern. Parken Sie vor der Raststätte. Steigen Sie mit dem Geld aus und gehen zu Fuß zum Lkw-Parkplatz. Am hintersten Teil des Lkw-Parkplatzes finden Sie eine Mülltonne mit einem gelben Sack. Werfen Sie die Aldi-Tüten mit dem Geld in diese Tonne mit dem gelben Müllsack, dann gehen Sie zu Ihrem Wagen zurück und fahren sofort weiter. Sie werden die ganze Zeit beobachtet! Wenn wir Polizei entdecken, brechen wir die Aktion sofort ab und Sie werden Ihre Tochter nie wieder sehen! Sie haben genau zwanzig Minuten.

Schwalenberg warf sich erneut hinter das Lenkrad und raste los. Er fädelte sich in den Verkehr auf der Autobahn ein, da spürte er plötzlich einen dumpfen Schmerz in der Brust und ein Ziehen in seinem linken Arm. Diese Zeichen kannte er. Bitte nicht!, dachte er. Jetzt bloß kein neuer Infarkt!

Schwalenberg öffnete die obersten Knöpfe seines schweißdurchtränkten Hemdes. Gleich konnte er besser atmen. Durchhalten!, befahl er sich immer wieder. Nur noch wenige Kilometer, dann hast du es geschafft!

Gott sei Dank ließen die Schmerzen in seinem Arm und in seiner Brust etwas nach. Das würde er diesen Scheißkerlen heimzahlen! Sobald seine Tochter frei war, würde er eine Belohnung von fünfzig…, nein, hunderttausend Euro auf die Ergreifung der Entführer aussetzen. Außerdem würde er die größte Detektei Deutschlands engagieren. Die Polizei, allen voran diese Helen Baum, war offensichtlich inkompetent. Schwalenberg konnte ihre Unsicherheit beinahe körperlich spüren. Für so etwas hatte er eine Nase. Nicht zuletzt seine Menschenkenntnis hatte ihn zu einem erfolgreichen Unternehmer werden lassen. Wenn einer seiner Angestellten mit seiner Arbeit überfordert war, merkte er das sofort und setzte den Betreffenden vor die Tür. Schade, dass das mit dieser Baum nicht so einfach ging. Aber Schwalenberg nahm sich vor, sich nach der Geldübergabe sofort mit dem Polizeipräsidenten in Verbindung zu setzen. Offenbar hatte der seine Leute nicht im Griff.

Schwalenberg ignorierte die Geschwindigkeitsbegrenzung vor dem ehemaligen Atomkraftwerk Hamm-Uentrop und raste mit über zweihundert Stundenkilometern durch die Baustelle. Er hatte sich immer gefragt, warum seine Frau für ihren wöchentlichen Friseurbesuch einen Wagen mit dreihundertachtundachtzig PS brauchte, jetzt war der starke Motor wenigstens für etwas gut. Um Radaranlagen machte er sich keine Sorgen. Zumindest das würde die Polizei ja wohl für ihn regeln können.

Um Punkt 1.12 Uhr erreichte Schwalenberg die Raststätte Rhynern. Er parkte seinen Wagen vor dem modernen Glasbau, nahm die Aldi-Tüten mit dem Geld aus dem Kofferraum und ging mit schnellen Schritten los. Der Lkw-Parkplatz lag links neben dem Raststättengebäude und war im Gegensatz zum Parkplatz der Pkw voll belegt und durch starke Lampen gut ausgeleuchtet. Menschen waren nicht zu sehen. Wahrscheinlich liegen die meisten Fahrer in ihren Kojen und schlafen, dachte Schwalenberg. Am Rand des Parkplatzes verlief ein steiler, etwa fünf Meter hoher, begrünter Lärmschutzwall. Davor standen in einem Abstand von etwa vierzig Metern mehrere schwarze Mülltonnen. Schwalenberg ging zügig an ihnen vorbei, bis er endlich im hintersten Teil des Parkplatzes einen Mülleimer entdeckte, aus dem der Rand eines gelben Plastiksackes ragte. Gott sei Dank! Gleich würde er diese Tortur überstanden haben!

Schwalenberg fing an zu laufen, bis er die Tonne erreicht hatte. Dann stopfte er die Aldi-Tüten in den gelben Sack und schlug den Deckel wieder zu. Für einen Moment war er in Versuchung, sich noch einmal umzusehen, aber dann senkte er den Blick und rannte zu dem Mercedes zurück.

Erst als er auf der Autobahn war, konnte er wieder einigermaßen klar denken. Bitte, lieber Gott, dachte er. Mach, dass meine Tochter wohlbehalten zu uns zurückkehrt.

25

Freddy war wütend, wie noch nie zuvor in seinem Leben.

»Scheiße!«, brüllte er. »Verdammte Scheiße!«

Gonzo trat aus der Küche des Ferienhauses. »Was ist passiert?«, fragte er.

Freddy versuchte mühsam, sich zu beherrschen. »Jochen hat gerade angerufen«, sagte er. »Die Übergabe ist gescheitert. Alles war voller Bullen, sagt er. Aber dafür wird die Schlampe bezahlen.«

Er streifte sich die Sturmhaube über und machte Anstalten, in den Keller zu stürmen.

Gonzo hielt ihn am Arm fest. »Lass die Kleine in Ruhe!«, schrie er. »Sie kann nichts dafür.«

»Ist mir scheißegal.« Freddy riss sich los und rannte die Stufen hinunter. Gonzo wollte ihm folgen, doch dann fiel ihm ein, dass er nicht maskiert war. Er lief schnell in die Küche und griff nach seiner schwarzen Haube.

Freddy hatte inzwischen die Tür des Verlieses aufgeschlossen und ging mit schnellen Schritten auf das schlafende Mädchen zu. Er packte es an beiden Armen, riss es hoch und rüttelte es durch.

»Verdammt noch mal, was hast du eigentlich für Eltern?«, schrie er sein völlig verschüchtertes Opfer an. Er holte mit der rechten Hand aus, als wollte er es schlagen, hielt aber im letzten Moment inne. »Wir haben deinem Vater tausendmal gesagt, keine Polizei, und was passiert? Alles wimmelt von Bullen! Hasst dein Vater dich dermaßen, dass er dich auf diese Weise loswerden will?«

Die Augen des Mädchens füllten sich mit Tränen. Es fing an, hemmungslos zu weinen.

»Hör auf zu flennen!«, schnauzte Freddy. »Das nützt jetzt auch nichts mehr!«

»Du machst ihr Angst!«

Freddy drehte sich langsam um und sah, dass Gonzo genau hinter ihm stand.

Freddy musterte ihn verächtlich. »So, tue ich das?«

»Ja, das tust du. Und wenn du ihr wehtust, werde ich *dir* wehtun.«

Freddy wollte schon zu einer höhnischen Bemerkung ansetzen, doch dann fielen ihm Gonzos gewaltige Kräfte ein und er beruhigte sich ein wenig. Gonzo mochte ein Trottel sein, doch Freddy wusste auch, dass er seine Versprechen hielt und man sich besser nicht mit ihm anlegte.

Also wandte er sich wieder dem Mädchen zu. »Pass mal auf, Kleine«, sagte er etwas ruhiger. »Ich glaube, dein Vater hat den Ernst der Lage noch immer nicht erkannt. Aber das wird sich ab sofort ändern. Jetzt werden andere Seiten aufgezogen.« Freddy drehte sich um. »Hol mir ein Blatt Papier und einen Kugelschreiber«, befahl er Gonzo.

Der Riese verließ den Raum und kehrte kurz darauf mit den geforderten Gegenständen zurück.

»Und nun mach sie los und setz sie an den Tisch.«

Gonzo löste die Handschellen des Mädchens, hob es hoch, als sei es leicht wie eine Feder, und trug es zu dem Stuhl.

Freddy nahm das Blatt Papier und den Kugelschreiber und knallte beides auf den Tisch. »So«, sagte er zu dem Mädchen. »Schreib!«

26

Um 2.10 Uhr parkte Schwalenberg den Mercedes wieder vor der Garage und stürmte in das Wohnzimmer.

»Ist Daniela frei?«, rief er.

»Wir haben alles unter Kontrolle«, erwiderte Helen Baum beruhigend. »Der Übergabeort wird überwacht, aber die Entführer haben das Geld noch nicht abgeholt.«

»O Gott!« Schwalenberg brach auf dem Sofa neben seiner Frau zusammen. »Die haben bestimmt was gemerkt!«

»Das glaube ich nicht«, widersprach die Kriminaldirektorin. »Wir waren überaus vorsichtig. Geben Sie den Entführern noch etwas Zeit!«

»Nein, nein«, jammerte Schwalenberg. »Es ist alles zu spät! Vielleicht ist Daniela schon tot.« Er sah sich in dem Raum um. »Ist Harald noch da? Es geht mir gar nicht gut!«

Dr. Klausmeier eilte hinzu, zog behutsam Schwalenbergs Hemd aus der Hose und hörte die Brust seines Patienten mithilfe eines Stethoskops ab. »Ich habe es geahnt«, fluchte er leise. Dann wandte er sich Helen Baum zu. »Herr Schwalenberg muss in ein Krankenhaus«, sagte er. »Sofort!«

Helen Baum gab die Meldung an Remmert weiter. »Rufen Sie einen Krankenwagen«, sagte sie. »Wir haben einen Notfall.«

»Das geht doch nicht«, protestierte Schwalenberg. »Ich will hier bleiben!«

»Nein, das wirst du nicht!«, befahl der Arzt. »Sonst könnte es gut sein, dass du den morgigen Tag nicht mehr erleben wirst.«

»Gehen Sie nur, Herr Schwalenberg«, stimmte die Kriminaldirektorin zu. »Sie können im Moment ohnehin nichts tun. Ich verspreche Ihnen, dass wir Sie auf dem Laufenden halten.«

Schwalenberg murmelte noch einige Protestworte, aber schließlich fügte er sich in sein Schicksal.

»Wie ernst ist es?«, fragte Renate Schwalenberg den Hausarzt. »Ich würde lieber nicht mitkommen für den Fall, dass Daniela sich meldet.«

»Du kannst Dieter sowieso nicht helfen«, meinte der Arzt. »Wenn sich sein Zustand verschlimmert, werde ich dich sofort informieren.«

Zehn Minuten später traf der Krankenwagen ein. Schwalenberg wurde auf eine Trage gelegt und abtransportiert.

Die nächsten Stunden verbrachte die Gesellschaft mit gespanntem Warten.

Um kurz vor fünf Uhr morgens klingelte das Telefon. Renate Schwalenberg griff mit zitternden Händen nach dem Hörer. »Schwalenberg«, meldete sie sich.

»Wo ist Ihr Mann?«, fragte die verzerrte Stimme.

»Meinem Mann geht es nicht gut. Er ist im Krankenhaus und …«

»Wir haben gesagt, keine Polizei!«, wurde sie von der Stimme unterbrochen. »Wir lassen uns nicht verarschen.«

»Das war nicht unsere Schuld«, stammelte Renate Schwalenberg. »Wir haben die Polizei nicht eingeschaltet.«

»Lügen Sie mich nicht an!«, widersprach die Stimme scharf. »Der ganze Parkplatz war voller Bullen.«

»Es tut mir leid«, wimmerte Renate Schwalenberg. »Es wird nicht wieder vorkommen.«

»Das ist Ihre letzte Chance. Wenn wir noch einmal den Verdacht haben, dass die Bullen anwesend sind, werden Sie Ihre Tochter in Einzelteilen zurückbekommen. Das schwöre ich Ihnen!«

Renate Schwalenberg hielt mit einer Hand die Sprechmuschel zu und warf Helen Baum, die neben ihr stand, einen Hilfe suchenden Blick zu.

»Fordern Sie ein Lebenszeichen!«, zischte die Kriminaldirektorin.

»Ich werde alles tun, was Sie verlangen«, sagte Renate Schwalenberg in das Telefon. »Aber ich muss wissen, ob es meiner Tochter gut geht. Kann ich bitte mit ihr sprechen?«

»Das ist jetzt nicht möglich!«

»Dann fragen Sie sie, wie das Kaninchen hieß, das wir ihr zum achten Geburtstag geschenkt haben.«

Am anderen Ende blieb es sekundenlang still.

»Wir melden uns«, war die Stimme endlich wieder zu vernehmen.

Dann machte es klick.

Renate Schwalenberg ließ den Hörer fallen und stieß einen lauten Schrei aus, der an ein verwundetes Tier erinnerte.

»Mein Gott!«, rief sie und rang wild mit den Händen. »O mein Gott! Ich will mein Baby wiederhaben. Sie ist ganz allein! Wo ist mein Baby?«

27

Schon kurz nach acht Uhr betrat Peter Schlüter die Kanzlei. Stefanie Bloes führte ihn in Marcs Büro.

»Ich habe getan, was Sie gesagt haben«, berichtete Schlüter. »Das mit der Homepage des Max-Planck-Gymnasiums war ein guter Tipp. Für den Abi-Jahrgang 1978 haben sich dreiunddreißig Ehemalige eingetragen, alle mit Adresse und Telefonnummer. Im Bielefelder Telefonbuch habe ich zusätzlich noch sechs Namen gefunden. Ich habe mittlerweile fast alle erreicht.«

»Und?«, fragte Marc gespannt.

»An meinen Vater konnten sich alle erinnern. Auch an seinen Spitznamen: der schöne Walter. Zwei ehemalige Mitschüler wussten sogar noch, dass Susanne Binder eine Affäre mit ihm hatte. Das war an der Schule wohl ein offenes Geheimnis. Allerdings weiß niemand, was aus Susanne Binder geworden ist. Keiner hatte seit dem Abitur Kontakt zu ihr.«

Marc runzelte die Stirn. »Das hört sich nicht gut an«, sagte er.

»Ich habe die Sache sehr wichtig gemacht und alle, die ich angerufen habe, gebeten, sich bei weiteren ehemaligen Schülern, zu denen sie noch in Kontakt stehen, nach Susanne Binder zu erkundigen. Vielleicht kommt so eine Art Schneeballsystem in Gang.«

»Oder es passiert gar nichts, weil die Ehemaligen Wichtigeres zu tun haben, als nach einer alten Mitschülerin zu fahnden.«

»Kann auch sein. Ich muss Ihnen allerdings noch etwas beichten: Ich habe als Kontakt außer meiner Festnetznummer Ihre Handynummer angegeben, weil ich kein Handy besitze. War das in Ordnung?«

Marc nickte ergeben. »Lässt sich eh nicht mehr ändern«, antwortete er.

»Und was machen wir nun?«

»Nun rufe ich eine alte Freundin an.«

Marc nahm den Hörer von der Station und versuchte, Britta Gerland im Düsseldorfer Justizministerium zu erreichen. Er hatte Britta während des Jurastudiums kennengelernt. Anschließend hatten sie sich jahrelang aus den Augen verloren, bis er sie vor zwei Jahren wieder getroffen hatte. Marc hatte die Verteidigung in einem Aufsehen erregenden Mordprozess übernommen und Britta als Staatsanwältin die Gegenseite vertreten. Während des Verfahrens waren sie sich erneut nähergekommen und nach der Urteilsverkündung hatte es sogar eine Zeit lang so ausgesehen, als ob aus ihnen etwas hätte werden können. Aber dann hatte sich Britta, ohne Marc davon in Kenntnis zu setzen, auf eine Stelle im nordrhein-westfälischen Justizministerium beworben. Marc war tief enttäuscht gewesen, weil er eingesehen hatte, dass für Britta die Karriere doch wichtiger war als alles andere. Sie hatte ihm zwar vor ihrem Umzug nach Düsseldorf versprochen, ihn so oft wie möglich in Bielefeld zu besuchen, aber dieser Vorsatz war schnell gescheitert. An den ersten beiden Wochenenden war sie noch gekommen, dann hatte sie sich mit ihrer Arbeit entschuldigt. Marc hatte mehrfach Treffen in Düsseldorf vorgeschlagen, aber Britta hatte behauptet, keine Zeit zu haben. Als persönliche Referentin der Justizministerin müsse sie ihrer Chefin auch am Wochenende permanent zur Verfügung stehen und sie zu allen möglichen wichtigen Veranstaltungen begleiten.

Marc erreichte die Zentrale des Ministeriums, wurde von Pontius zu Pilatus weiterverbunden und erhielt schließlich von einer weiblichen Stimme die Auskunft, Frau Dr. Gerland befinde sich zurzeit in einer wichtigen Besprechung, werde aber zurückrufen, sobald sie Gelegenheit habe.

Marc hinterließ seine Telefonnummer und legte auf. »Sie will sich melden«, verkündete er Schlüter. Und vielleicht tut sie es auch, fügte er in Gedanken hinzu.

Schlüter machte ein angemessen beeindrucktes Gesicht. »Sie haben Kontakte ins Ministerium?«, fragte er.

Marc zuckte die Achseln. Er glaubte eigentlich nicht, dass er noch ›Kontakte‹ hatte. Aber vielleicht hatte Britta wenigstens ein schlechtes Gewissen. »Der Rückruf kann etwas dauern«, sagte er. »Wollen Sie solange warten?«

Schlüter nickte. »Ich habe sonst nichts vor.«

Er setzte sich ins Wartezimmer und studierte Klatschzeitschriften, während Marc Schriftsätze diktierte. Eine halbe Stunde später schellte das Telefon.

»Hallo, Marc, Britta hier. Wie geht es dir?«

Marc ertappte sich, dass allein der Klang der Stimme sein Herz schneller schlagen ließ.

»Ganz gut, danke. Und danke für deinen schnellen Rückruf. Ich habe ein Problem.«

»Warum wundert mich das jetzt nicht?«, fragte Britta gut gelaunt. »Raus damit.«

»Ich suche eine Susanne Binder, sie muss ungefähr Jahrgang 1957 bis 1960 sein. Sie hat mal im Holunderweg 12 in Bielefeld gewohnt, wo sie auch heute noch gemeldet, aber nicht mehr zu erreichen ist.«

»Kannst du mir verraten, warum …?«

»Ich fürchte nicht, nein.«

»Das dachte ich mir. Was kann ich für dich tun?«

»Ich hatte gehofft, du könntest vielleicht über deine Verbindungen herausfinden, was aus Susanne Binder geworden ist.«

»Mhm.« Am anderen Ende der Leitung wurde es still. »Gib mir eine Stunde«, sagte sie dann.

Fünfundvierzig Minuten später schellte das Telefon erneut. »Hier noch mal Britta. Ich habe die Information, die du brauchst.«

Marc schaltete den Raumlautsprecher an, damit Schlüter das Gespräch mitverfolgen konnte, und sagte: »Ja, bitte, ich höre.«

»Marc, du steckst doch nicht in Schwierigkeiten?«, fragte Britta.

»Nein, tue ich nicht«, gab er etwas verwundert zurück. »Was ist los?«

»Susanne Binder ist geboren am 12. Mai 1959. Am 10. September 1978 wurde sie von ihren Eltern Hans und Annemarie Binder als vermisst gemeldet.« Britta machte eine dramatische Pause. »Susanne Binder ist bis heute nicht wieder aufgetaucht.«

Marc sah zu Schlüter hinüber, dessen Gesicht die weiße Farbe der Wand hinter ihm angenommen hatte.

»Kann ich sonst …«

»Nein, danke«, unterbrach Marc sie hastig. »Du hast mir sehr geholfen. Ich melde mich mal wieder bei dir.«

Mit diesen Worten legte er auf.

Schlüter hatte sein Gesicht in den Händen vergraben. »O Gott«, murmelte er immer wieder vor sich hin. »O mein Gott.«

28

Schwalenberg war über Nacht im Krankenhaus geblieben. Der Verdacht auf einen dritten Herzinfarkt hatte sich zwar nicht bestätigt, trotzdem hatten die Ärzte ihm unmissverständlich zu verstehen gegeben, jede weitere Aufregung sei zu viel und könne zum Tod führen. Doch nachdem Schwalenberg gehört hatte, dass die Geldübergabe gescheitert war, hielt es ihn nicht mehr im Krankenhaus. Um neun Uhr morgens kehrte er in seine Villa zurück und bezog wieder Quartier auf dem Sofa im Wohnzimmer. Dr. Klausmeier stand mit besorgtem Blick daneben und ließ seinen Freund nicht aus den Augen.

Um kurz nach zehn Uhr traf Helen Baum, die in der Zwischenzeit den Geldübergabeort auf der Raststätte Rhynern in Augenschein genommen hatte, bei den Schwalenbergs ein.

»Es tut mir leid, dass es nicht geklappt hat«, begrüßte sie Schwalenberg. Hinter ihr trug ein Beamter zwei große Taschen in die Wohnung und stellte sie neben dem Sofa ab. »Wenigstens haben wir das Geld sichergestellt«, sagte sie.

»Das ist alles Ihre Schuld!«, brüllte Dieter Schwalenberg die Kriminaldirektorin an. »Sie haben versprochen, dass diese Verbrecher nichts merken werden.« Er griff sich an die Brust und begann zu hyperventilieren.

Dr. Klausmeier eilte hinzu und drückte ihn mit sanfter Gewalt in seine Kissen zurück. »Dieter, du hast gehört, was die Ärzte im Krankenhaus gesagt haben. Du darfst dich nicht aufregen!«

»Ich *will* mich aber aufregen«, schrie Schwalenberg wie ein störrisches Kind. »Die Polizei ist unfähig und Daniela und wir müssen darunter leiden.«

Helen Baum nahm einen Sessel und zog ihn zu dem Sofa herüber. Dann setzte sie sich Schwalenberg so gegenüber, dass sie ihm genau in die Augen gucken konnte.

»Bitte, beruhigen Sie sich, Herr Schwalenberg«, sagte sie. »Der erste Übergabeversuch klappt fast nie. Manchmal lassen die Täter vereinbarte Geldübergabetermine absichtlich ungenutzt verstreichen, um den Druck zu erhöhen, oder sie betrachten den ersten Übergabeversuch nur als Probelauf für die spätere konkrete Übergabe.«

Schwalenberg schüttelte energisch den Kopf. »Das hat sich aber ganz anders angehört. Meine Frau hat mir erzählt, dass der Entführer stinksauer war.«

»Die Täter stehen unter einem gewaltigen Stress«, erwiderte Helen Baum. »Die Geldübergabe ist für Entführer die problematischste und riskanteste Phase, weil sie spätestens jetzt aus ihrem Loch herauskommen müssen, um in den Besitz des Geldes zu gelangen. Und die Täter wissen sehr genau, dass fast alle Erpresser bei der Übergabe gefasst werden. Ich glaube nicht, dass sie uns auf dem Parkplatz tatsächlich bemerkt haben. Wahrscheinlich waren sie so nervös, dass sie in jedem harmlosen Raststättenbesucher oder Lkw-Fahrer einen Polizisten gewittert haben.«

»Es ist mir egal, ob diese Verbrecher Sie wirklich gesehen haben oder ob sie es nur glauben! Tatsache ist, dass die Entführer offenbar kurz davor stehen, die Nerven zu verlieren. Ich werde keinerlei Risiko mehr eingehen. Das bedeutet: Ab sofort ist die Polizei draußen!«

Helen Baum erschrak. »Herr Schwalenberg, Sie machen einen Riesenfehler! Wenn Sie uns einfach weiter unsere Arbeit tun lassen, besteht eine hohe Wahrscheinlichkeit, dass wir Ihre Tochter unversehrt freibekommen, ohne dass Sie Lösegeld zahlen müssen, *und* dass wir die Täter fassen. Achtzig Prozent der Fälle werden vollständig aufgeklärt.«

»Kommen Sie mir nicht mit Ihren Scheißstatistiken!« Schwalenberg war so laut geworden, dass Dr. Klausmeier sich genötigt sah, ihm besänftigend die rechte Hand auf die Schulter zu legen. »Es ist mir im Moment vollkommen egal, ob Sie diese Verbrecher schnappen oder ob die fünf Millionen futsch sind. Ich will nur meine Tochter zurückhaben.«

»Herr Schwalenberg, ich …«

Schwalenberg hob die rechte Hand, um jeden Einwand abzublocken. »Es bleibt dabei: Sie werden das Haus sofort verlassen, mit allen Mann. Und das bitte mit möglichst viel Aufwand. Falls die Entführer das Haus überwachen, sollen sie ruhig sehen, dass Sie nicht mehr hier sind. Außerdem werden Sie den gesamten technischen Hokuspokus entfernen. Also keine Wanzen, keine Peilsender, keine Präparierungen, keine Hubschrauber mehr. Haben Sie das verstanden? Die Polizeiüberwachung ist zu Ende!«

»Das ist nicht so einfach, wie Sie sich das vorstellen.« Helen Baum suchte nach den richtigen Worten »Wir sind aus Rechtsgründen verpflichtet, alle notwendigen Maßnahmen zu Danielas Schutz und zur Aufklärung der Straftat zu treffen. Ihre Aufforderung, uns herauszuhalten, ist daher für uns irrelevant. Wir müssen auf jeden Fall weiterermitteln, wenn nicht mit Ihnen zusammen, dann ohne Sie. Ich glaube nicht, dass es zu Danielas Vorteil wäre, wenn wir ab sofort unkoordiniert vorgehen.«

»Was Ihre Maßnahmen gebracht haben, haben wir ja gesehen«, blaffte Schwalenberg. »Sie werden jetzt sofort mein Haus verlassen! Der Ministerpräsident ist zufällig ein sehr guter Freund von mir. Ich habe bereits mit ihm telefoniert.«

Helen Baum schüttelte erschöpft den Kopf. »Wie Sie wollen«, sagte sie. Sie wandte sich Remmert und den Abhörspezialisten zu. »Sie haben es gehört. Packen Sie alles zusammen, wir verschwinden.« Dann drehte sie sich noch einmal zu dem Hausherrn um. »Morgen holen wir den Rest«, sagte sie. »Vielleicht überlegen Sie es sich bis dahin noch einmal.«

»Mit Sicherheit nicht«, tönte Schwalenberg. »Schlimmer als mit Ihnen kann es nicht werden.«

Keine zwanzig Minuten später hatten die Kripoleute die Villa verlassen.

»Bist du wirklich überzeugt, dass das die richtige Entscheidung war?«, fragte Irene von Kleist ihren Schwager.

Schwalenberg schüttelte müde den Kopf. »Nein, ich bin mir überhaupt nicht sicher! Aber so ging es doch auch nicht weiter.«

Er ließ sich in die Sofakissen zurücksinken und fasste sich mit der rechten Hand ans Herz. »Es geht mir gar nicht gut«, sagte er. »Ich weiß nicht, ob ich noch einen Übergabeversuch durchstehe.«

»Du wirst auf keinen Fall ein zweites Mal das Geld übergeben!«, entsetzte sich Dr. Klausmeier. »Die Aufregung würde dich umbringen. Wir sollten diese Baum um ein Polizeidouble bitten.«

»Nein, nein!« Schwalenberg wedelte abwehrend mit den Händen. »Ich will mit der Polizei nichts mehr zu tun haben.«

»Vielleicht kann es jemand aus deinem Unternehmen machen«, schlug Dr. Klausmeier vor. »Wie wäre es denn mit deinem Prokuristen?«

»Den habe ich gerade rausgeworfen! Und nach der Massenentlassung weiß ich nicht, welchen meiner Leute ich noch trauen kann. Außerdem will ich keinen Außenstehenden in diese Sache reinziehen. Je mehr Mitwisser es gibt, desto größer wird die Gefahr, dass etwas an die Öffentlichkeit dringt. Und das würde Danielas Leben noch mehr gefährden.«

Irene von Kleist hob zaghaft den Zeigefinger. »Ich glaube, ich wüsste da jemanden.«

29

Sie hatte keine Ahnung, wie lange sie schon in diesem Kellerloch war. Die Kidnapper hatten ihr die Uhr abgenommen und sie hatte jegliches Zeitgefühl verloren. Wie es ihren Eltern wohl ging? Wahrscheinlich machten sie sich wahnsinnige Sorgen um sie. Das hoffte sie zumindest. In den letzten Tagen und Wochen vor der Entführung hatte es häufig Streit gegeben. Ihr Vater hatte ihr vorgeworfen, sie würde sich zu viel herumtreiben und zu wenig für die Schule tun. Und sie hatte ihren Vater angebrüllt: »Du Blödmann, du hast ja keine Ahnung!«

Jetzt taten ihr diese Worte leid. Sie hatte es ja nicht so gemeint, war aber wütend gewesen, weil ihre Eltern alles verboten. Vielleicht würde sie sich nie mehr bei ihnen entschuldigen können.

Und vielleicht war diese Entführung sogar eine Strafe für ihr aufsässiges Benehmen. Bitte, lieber Gott, betete sie leise. Bitte hilf mir! Wenn ich hier rauskomme, werde ich meine Eltern nie wieder anschreien und ich werde nie wieder zu spät nach Hause kommen!

Aber wer weiß, dachte sie. Möglicherweise waren ihre Eltern sogar froh, dass sie ihre widerspenstige Tochter los waren, und weigerten sich deshalb, das Lösegeld zu zahlen. Oder sie zahlten, aber die Entführer verschwanden danach einfach und ließen sie in diesem Loch verrecken. Oder die Entführer verunglückten tödlich und niemand erfuhr, wo sie war. Oder die Verbrecher töteten sie, damit sie später nicht als Zeugin gegen sie aussagen konnte.

Sie schüttelte energisch den Kopf, um die schrecklichen Gedanken zu vertreiben. Du musst durchhalten, befahl sie sich. Auch wenn sie manchmal das Gefühl hatte, sie könnte das Eingesperrtsein keine Sekunde länger ertragen. Sie hatte doch noch so viel vor! Nach dem Abitur wollte sie Medizin studieren. Sie hatte vor fünf Jahren einen Fernsehbericht über das schreckliche Leben kranker Kinder in einem afrikanischen Flüchtlingscamp gesehen und seit diesem Tag nur ein Berufsziel. Ihre Freundinnen änderten ihre Berufswünsche alle drei Monate, sie hatte immer nur Ärztin werden wollen. Und jetzt würde sie vielleicht nicht einmal mehr dazu kommen, das Abitur zu machen.

Früher hatte es Tage gegeben, an denen sie die Schule gehasst hatte, jetzt konnte sie sich nichts Schöneres vorstellen, als wieder zusammen mit ihren Freundinnen dem langweiligen Englischunterricht von Herrn Haber zuzuhören.

Sie atmete tief durch. Vielleicht würde ja doch alles nicht so schlimm werden! Wenn die Entführer vorhatten, sie umzubringen, würden sie sich doch nicht maskieren, oder? Und einer der Entführer, der große Dicke, der ihr immer das Essen und ab und zu etwas zu lesen brachte, schien sogar ganz nett zu sein. Sie konnte zwar nur die Augen des Dicken erkennen, aber die waren gutmütig. Und die Augen sind der Spiegel der Seele, so hieß es doch, nicht wahr? Außerdem hatte sie mitbekommen, dass er versucht hatte, sie vor dem kleinen Entführer zu beschützen. Sie wusste, dass die beiden anderen Männer den Dicken Gonzo nannten, das hatte sie einmal gehört, als die Männer geglaubt hatten, sie würde schlafen. Der andere große Entführer hatte eine Schlange bis über seinen Handrücken tätowiert und stank entsetzlich nach Schweiß und Rasierwasser, der kleine Entführer hatte ein hohe Fistelstimme und hinkte leicht. Sie versuchte, sich alles zu merken, für den Fall, dass sie hier rauskam und der Polizei Hinweise auf die Verbrecher liefern musste. Sie hatte sich auch das Aussehen des Kellers ganz genau eingeprägt. Vielleicht würde die Polizei sie eines Tages hierher führen, sie war sich sicher, dass sie diesen Raum dann sofort wiedererkennen würde. Sie hatte mit dem Messer, das sie zum Essen bekam, ein kleines Kreuz in die Wand genau hinter ihrem Bett eingeritzt. Selbst wenn die Gangster den Raum leer räumten, würden sie dieses Kreuz übersehen, davon war sie überzeugt. Und sie hatte einen Löffel unter der Matratze versteckt. Einen Löffel mit den Fingerabdrücken von diesem Gonzo. Vielleicht konnte die Polizei ihn damit später überführen.

Aber bevor es so weit war, musste sie erst mal hier rauskommen.

Zum wahrscheinlich tausendsten Mal versuchte sie, ihre Hand durch die Handschellen zu ziehen, aber das Eisen schloss sich einfach zu eng um ihr Handgelenk. Sie hatte auch schon probiert, die Handschellen mit einer Gabel zu öffnen, aber so etwas klappte natürlich nur in Büchern und Filmen. Und selbst wenn es ihr gelingen sollte, sich von den Handschellen zu befreien, wie sollte sie die Tür überwinden, die mit einem Schloss und zwei Riegeln gesichert war? Ihre einzige Chance war, Gonzo zu übertölpeln, wenn er ihr die Handschellen abnahm, damit sie die Toilette benutzen oder sich waschen konnte. Aber wie sollte sie diesen Koloss von Mann besiegen? Gonzo war bestimmt zwei Meter groß und wog an die hundertfünfzig Kilogramm. Vielleicht konnte sie an eines der eisernen Werkzeuge gelangen, die in dem Regal lagen, und es ihm über den Kopf schlagen. Aber selbst wenn sie es an Gonzo vorbei schaffen sollte, waren da immer noch die beiden anderen Männer, der Kleine, der offenbar der Anführer der Bande war, und der Widerliche, wie sie ihn insgeheim nannte, der sie immer mit lüsternen Augen anstarrte. Bitte, lieber Gott, dachte sie. Mach, dass sie mir nichts tun.

In diesem Moment hörte sie Schritte, die die Kellertreppe herunterkamen. Sie wusste schon, was in den nächsten Sekunden passieren würde. Der Schlüssel würde ins Schloss gesteckt und zweimal umgedreht werden, dann würden die beiden Riegel zurückgeschoben. Gonzo würde hereinkommen, wie immer mit einer Sturmmaske über dem Kopf, aber seine massige Gestalt war unverkennbar.

Tatsächlich türmte sich kurz darauf der mächtige Mann wie ein Berg vor ihr auf, in der Hand hielt er ein Tablett mit belegten Broten.

»Essenszeit«, verkündete er fröhlich und stellte das Tablett auf dem Bett ab. »Ich hoffe, du magst Gouda. Den habe ich extra für dich gekauft.«

»Danke«, sagte sie. »Wann komme ich endlich hier raus?«

»Hängt ganz von deinen Eltern ab«, brummte der Riese und machte Anstalten, sich zu entfernen.

»Ich hoffe, ich komme bald frei, weil ich mit meinen Eltern in drei Wochen Urlaub in Kenia machen will«, plapperte sie drauflos. Das war zwar frei erfunden, aber sie hatte mal in einem Bericht über Entführungen gelesen, dass das Opfer das Gespräch mit den Tätern suchen und sie auch nach persönlichen Dingen fragen solle, weil so bei den Kidnappern Tötungshemmungen entstanden. »Warst du schon mal in Kenia?«

Der Riese schnaufte belustigt. »Meinst du, ich würde bei so was mitmachen, wenn ich genug Geld hätte, an so einem Ort Urlaub zu machen?«

»Warum machst du überhaupt bei so etwas mit?«, wagte sie sich vor. »Ich glaube, in Wirklichkeit bist du ein guter Mensch.«

»Danke für die Blumen«, gab Gonzo zurück. Es hatte ironisch klingen sollen, aber sie meinte, einen gerührten Unterton in seiner Stimme wahrzunehmen.

»Du hast leicht reden«, fuhr der große Mann fort. »Deine Eltern sind reich und du weißt wahrscheinlich gar nicht, wie es ist, wenn man kein Geld hat. Es ist nicht einfach, ein guter Mensch zu sein, wenn man überall Schulden hat und keine Aussicht, diesen Zustand jemals zu ändern.«

Sie holte tief Luft. Versuch es, sagte ihre innere Stimme. Versuch es einfach.

»Warum lässt du mich nicht frei?«, schlug sie vor. »Ich verspreche dir, sobald ich hier raus bin, werde ich dafür sorgen, dass mein Vater dir eine Menge Geld gibt. Mehr Geld, als du jemals in deinem Leben besessen hast. Und das brauchst du nicht einmal mit jemandem zu teilen.«

Gonzo schien für einen Moment die Luft anzuhalten. Dann sagte er scharf: »Sag so etwas nie wieder. Wenn die anderen das hören, machen sie dich sofort kalt.«

Ihre Augen füllten sich mit Tränen. »Tut mir leid«, schluchzte sie. »Aber ich habe eine so schreckliche Angst, hier nie wieder rauszukommen.«

Gonzo stand hilflos neben dem Bett und betrachtete das weinende Mädchen. »Dir wird nichts geschehen«, sagte er. »Wenn deine Eltern zahlen, lassen wir dich sofort frei.«

»Das glaubst *du* vielleicht. Aber was ist mit deinen Freunden? Vielleicht wollen sie mich trotzdem umbringen.«

»Das ist Unsinn!«, widersprach Gonzo mit fester Stimme. »Niemand wird dir etwas tun.«

»Versprich mir das!«, sagte sie schnell.

Gonzo zögerte einen Moment. Offenbar wusste er nicht, was er tun sollte. »Ich verspreche dir, dass wir dir nichts tun werden«, leierte er dann schnell herunter.

»Nein, versprich es mir ernsthaft.«

Gonzo starrte sie in Gedanken versunken an. Nach einer kleinen Ewigkeit nahm er ihre Hand und drückte sie fest. »Ich verspreche dir hiermit, dass dir nichts geschehen wird. Okay?«

»Okay«, flüsterte sie. »Und Versprechen muss man immer halten.«

»Genau«, antwortete Gonzo mit einem leichten Zittern in der Stimme. »Das muss man, sonst ist man auf ewig verflucht.«

Sie fing wieder an zu weinen, konnte die Tränen nicht zurückhalten. Gonzo stand einfach nur da, die Arme hingen schlaff an ihm herunter. Schließlich setzte er sich neben sie auf das Bett und umarmte sie.

»Schon gut, Kleines, schon gut«, sagte er leise. »Dir wird nichts passieren, das schwöre ich dir.«

30

»... müsste mal wieder richtig durchgefickt werden.«

Helen Baum betrat den Konferenzraum und das laute Gelächter verstummte schlagartig. Die Kriminaldirektorin wusste nicht, von wem die Bemerkung gekommen war, sie richtete ihren Blick auf Hauptkommissar Lohrmann, den Abschnittsleiter Kriminaltechnik.

»Wer müsste mal wieder richtig durchgefickt werden, Herr Kollege?«, fragte sie.

Lohrmann grinste wie ein Honigkuchenpferd. »Niemand«, sagte er und sah sich feixend unter seinen Kollegen um. »Absolut niemand.«

»Auf jeden Fall freut es mich, dass hier so eine gute Stimmung herrscht.« Helen Baum setzte sich. »Vielleicht können wir jetzt mit der Arbeit beginnen?«

Es war Dienstag, zwölf Uhr mittags. Ein Bielefelder Pfarrer hatte in seinem Briefkasten eine Versandtasche gefunden und umgehend bei der Polizei abgeliefert. Der Umschlag enthielt einen handgeschriebenen Brief Danielas an ihre Eltern. Die Schwalenbergs hatten bezeugt, dass es sich um die Handschrift ihrer Tochter handelte, und ein vorläufiger forensischer Schriftvergleich mit Schulheften Danielas hatte diese Auskunft bestätigt. Helen Baum hatte daraufhin sofort eine weitere Lagebesprechung der Sonderkommission einberufen.

»Würden Sie den Brief bitte für alle vorlesen«, bat die Kriminaldirektorin Hauptkommissar Lohrmann.

Der setzte sich seine Brille auf und nahm das Schreiben zur Hand. »*Liebe Mami, lieber Papi*«, zitierte er. »*Es geht mir gut, aber ich glaube, ich halte es nicht mehr lange aus. Warum tut Ihr nichts, um mir zu helfen? Die Entführer haben mir gesagt, am Übergabeort sei alles voller Polizei gewesen, deshalb hätten sie das Lösegeld nicht abholen können! Jetzt sind sie sehr wütend und haben mir gedroht, mich zu töten, wenn die Übergabe das nächste Mal erneut scheitert. Also bitte, bitte: Sorgt dafür, dass es keine verdeckten Polizeieinsätze mehr gibt!! Die Entführer haben mir versichert, ich würde sofort freigelassen werden, wenn das Geld gezahlt wird, und ich glaube ihnen. Ich denke die ganze Zeit an unseren letzten Urlaub an der Nordsee zurück und hoffe, bald wieder mit Euch dorthin fahren zu können, wenn dies hier überstanden ist. Ich vermisse und liebe Euch, Daniela. PS: Das Kaninchen, das ich zu meinem achten Geburtstag geschenkt bekommen habe, hieß Fippsy.*« Lohrmann sah hoch. »Zitat Ende.«

Die Kriminaldirektorin schaute in die Runde. »Möchte jemand etwas dazu sagen?«, fragte sie.

»Könnte eine verschlüsselte Botschaft sein«, mutmaßte Oberkommissar Weigelt. »Das mit der Nordsee, meine ich.

Daniela ist doch ein intelligentes Mädchen. Vielleicht halten die Entführer sie irgendwo an der Küste gefangen.«

»Oder die Entführer haben Daniela gezwungen, die Ortsangabe in den Brief reinzuschreiben, weil sie wollen, dass wir genau das denken und in der falschen Richtung suchen«, meinte Lohrmann.

»Die Idee mit der versteckten Nachricht hatten wir auch schon«, erwiderte Remmert. »Wir haben Schwalenberg gefragt. Er hat bestätigt, dass der letzte Familienurlaub auf Sylt war. Die Bemerkung kann also ganz harmlos sein. Oder es ist doch ein Hinweis von Daniela. Oder eine Falle der Entführer. Auf jeden Fall hilft uns das jetzt nicht weiter. Wir können schließlich nicht die ganze Nordseeküste absuchen.«

Helen Baum wandte sich der Psychologin zu: »Können Sie uns weiterhelfen?«

Petra Seifert schüttelte den Kopf. »Ich weiß nicht, ob Daniela uns eine verschlüsselte Botschaft zukommen lassen wollte«, sagte sie. »Was aber deutlich wird, ist ihre große Angst, noch mehr Tage oder gar Wochen in der Gewalt der Entführer verbringen zu müssen. Sie zeigt ein Verhalten, das man aus vielen Entführungen kennt: Sie nimmt teilweise die Sicht der Täter ein und scheint zu glauben, man nehme ihre Situation nicht richtig ernst. Unser oberstes Ziel sei nicht ihre Befreiung, sondern die Festnahme der Täter.«

»Hat noch einmal jemand mit Schwalenberg geredet, ob er nicht doch lieber mit uns zusammenarbeiten will?«, wollte Weigelt wissen.

»Ich habe auf ihn eingeredet wie auf einen lahmen Gaul«, sagte Helen Baum. »Aber nach Danielas Brief war erst recht nichts mehr zu machen.«

»Wir könnten Schwalenberg heimlich überwachen lassen«, schlug Weigelt vor, aber Helen Baum schüttelte schon den Kopf, bevor der Oberkommissar zu Ende gesprochen hatte.

»Schwalenberg hat mit dem Ministerpräsidenten gesprochen«, sagte sie. »Der mit dem Innenminister, der mit dem

Polizeipräsidenten und der mit mir. Nordkamps Anweisung ist glasklar: Bis zu Danielas Freilassung gibt es keine verdeckten Aktionen mehr. Ich hoffe, das haben alle verstanden?« Sie warf einen prüfenden Blick in die Runde. »Okay«, sagte sie dann. »Haben wir sonst noch was?«

»Die Untersuchung des ersten Erpresserschreibens ist abgeschlossen«, berichtete Lohrmann. »Handelsübliches Papier, keine Schriftbesonderheiten. Das kann an praktisch jedem PC geschrieben worden sein. Wir haben keinerlei Spuren gefunden, insbesondere keine Fingerabdrücke oder Speichelanhaftungen, das heißt, auch eine DNS-Analyse wird nicht möglich sein.«

»Was ist mit der forensischen Textanalyse?«, erkundigte sich Helen Baum.

»Ist auch da«, nickte Lohrmann und nahm einige Blätter Papier zur Hand: »Keine Fehler orthografischer oder grammatischer Art, großer Wortschatz, anspruchsvoller Satzbau, sogar die neue deutsche Rechtschreibung wird beherrscht«, zitierte er die Zusammenfassung. »Der Verfasser des Briefes ist wahrscheinlich mittleren Alters, muttersprachlicher Deutscher, intelligent und verfügt über einen hohen Bildungsgrad, Abitur oder sogar Studium. Er könnte in einem Beruf arbeiten, in dem man viel schreiben muss.«

»Dass die Täter intelligent sein müssen, war mir klar«, bemerkte Helen Baum. »Die Planung und Durchführung eines derartigen Unternehmens bedarf organisatorischen Geschicks und ist von einem primitiven Täter nicht zu leisten. Die Überwindung des Hauptproblems, sicher in den Besitz der Beute zu kommen, erfordert sogar Kreativität und geistig-analytische Fähigkeiten. Und es ist gut, dass zumindest der Haupttäter über eine anscheinend hohe Intelligenz verfügt.«

»Was soll daran gut sein?«, fragte Remmert.

»Wir wissen aus vergleichbaren Fällen, dass intelligente Täter ihre Opfer notfalls laufen lassen, auch wenn kein Lösegeld fließt«, erklärte Helen Baum, bevor sie sich wieder Lohrmann zuwandte. »Sonst noch was?«

Der Hauptkommissar vertiefte sich wieder in das Gutachten. »Nichts Konkretes. Nur das übliche Germanistenblabla.«

»Was ist mit dem letzen Satz des Erpresserbriefes?«, fragte Helen Baum. »Ich meine diesen PS-Satz: *Ihr könnt mich durch dieses Schreiben nicht aufspüren, also lasst es bleiben.* Konnten die Linguisten damit irgendwas anfangen?«

»Denen ist auch nur aufgefallen, dass der Schlusssatz stark vom Rest des Textes abweicht«, entgegnete Lohrmann. »Sie vermuten, dass dieser Satz von jemand anderem stammt als der Rest des Briefes. Aber sie haben nicht die geringste Ahnung, was das bedeuten könnte. Das haben die Kollegen natürlich nicht so ausgedrückt, sondern dazu zwei Seiten mit lateinischen Fachausdrücken benutzt.«

Die Kriminaldirektorin wiegte den Kopf bedächtig hin und her. »Ich weiß genau, dass ich diesen Satz schon einmal irgendwo gelesen habe«, sagte sie und deutete mit Daumen und Zeigefinger eine Spanne von knapp einem Zentimeter an. »Ich bin so kurz davor, darauf zu kommen, wo, aber im Moment ist alles außer Reichweite. Es ist zum Wahnsinnigwerden.«

»Die beiden letzten Anrufe der Entführer kamen wieder aus Telefonzellen, diesmal aus Paderborn beziehungsweise Bünde«, berichtete Lohrmann weiter. »Ansonsten nichts Neues. In den Telefonzellen haben wir keine brauchbaren Spuren gefunden, niemand hat etwas Verdächtiges gesehen oder gehört.«

»Möchte noch jemand etwas sagen?«, fragte Helen Baum und erhielt als Antwort ein allgemeines Kopfschütteln. »Gut, dann beende ich diese Besprechung. Und denken Sie daran: Wir sind vorerst aus der Sache raus. Ich bitte jeden«, sie warf Weigelt und Remmert eindringliche Blicke zu, »sich genau an diese Vorgabe zu halten und nichts auf eigene Faust zu unternehmen. Sonst bekommen wir in unserer Personalakte alle den Edeka-Vermerk.«

»Edeka?«, fragte Weigelt.

»Ende der Karriere«, erklärte Helen Baum. »Ich wünsche Ihnen einen guten Tag.«

Die Mitglieder der Soko standen auf und verließen den Konferenzraum. Als Letzter wollte Remmert gehen.

»Ach, Herr Kollege Remmert, auf ein Wort.«

Der Hauptkommissar hielt in der Bewegung inne. »Was ist?«

»Ich würde jetzt gerne Melanie Bisse befragen, Sie wissen schon, Danielas ehemals beste Freundin. Und ich möchte, dass Sie mich dabei begleiten.«

Remmert rollte übertrieben mit den Augen. »Muss das wirklich sein? Ich war doch schon bei der Vernehmung dieser Viktoria Gelen anwesend. Und was hat es gebracht? Nichts!«

»Das sehe ich etwas anders. Außerdem wäre ich Ihnen dankbar, wenn Sie sich in die Befragung der Zeugen mit einbringen würden, anstatt nur stumm daneben zu stehen.«

Der Hauptkommissar rümpfte die Nase. »Wie Sie meinen«, sagte er mit gepresster Stimme. »Aber ich denke, Nordkamp hat Ihnen untersagt, weiterzuermitteln.«

»Die Anweisung des Polizeipräsidenten bezog sich einzig und allein auf die Überwachung der Schwalenbergs. Sonstige Ermittlungen sind selbstverständlich möglich. Also, können wir gleich los?«

Der Hauptkommissar seufzte theatralisch. Dann deutete er einen militärischen Gruß an. »Sie befehlen, ich gehorche!«

»Schön, dass Sie das endlich begreifen. Sie können dann schon mal den Wagen holen.«

31

»Nein, nein und nochmals nein!« Marc starrte Irene von Kleist mit hochrotem Kopf an. Die Anwältin war überraschend in der Kanzlei aufgetaucht und hatte Marc um ein Gespräch gebeten. Jetzt saßen sie sich in Marcs Büro gegenüber. Der redete sich weiter in Rage: »Suchen Sie sich für die Geldübergabe einen anderen Idioten. Ich habe vor, noch ein wenig länger zu leben.«

»Das sollen Sie ja auch«, versuchte Irene von Kleist, ihren Mitarbeiter zu beruhigen. »Ich habe mit der Leiterin der Sonderkommission, einer Kriminaldirektorin Baum, gesprochen. Die hat mir versichert, die Wahrscheinlichkeit, dass dem Überbringer des Lösegeldes etwas passiert, sei gleich null, wenn er sich genau an die Anweisungen der Entführer hält. Und ich glaube, mit Statistiken kennt sie sich sehr gut aus.«

»Statistiken!« Marc spuckte das Wort beinahe aus. »Statistiker glauben, wenn man die rechte Hand auf eine heiße Herdplatte und die linke Hand in den Kühlschrank legt, gehe es einem durchschnittlich gut.«

»Das ist Polemik. Ich bin mir sicher, dass Ihnen nichts geschehen wird.«

»Den Spruch können Sie dann ja auf meinen Grabstein meißeln. Und überhaupt: Wenn alles so ungefährlich ist, warum macht Schwalenberg es dann nicht selbst?«

»Ich hatte Ihnen bereits erklärt, dass mein Schwager ein schwaches Herz hat. Und meine Schwester würde eine solche Aktion nervlich nicht durchstehen. Zu der Polizei haben die beiden kein Vertrauen mehr. Was ihnen ja auch nicht zu verdenken ist. Und deshalb brauchen sie eine Person außerhalb der Polizei. Ich würde es selbst machen, doch ich glaube nicht, dass ich eine geeignete Kandidatin bin.«

Marc nickte. Schließlich kannte er Irene von Kleists gesundheitliche Probleme nur zu gut. Die Depressionen und den Alkoholismus hatte sie inzwischen zwar einigermaßen im Griff, was aber nicht bedeutete, dass es nicht hin und wieder zu Rückfällen kam. Und bei einem dieser Rückfälle auf dem jährlichen Juristenball war die Rechtsanwältin auf der Rückfahrt von der Polizei angehalten worden. Bei einer festgestellten Blutalkoholkonzentration von 1,6 Promille war Irene von Kleist mit zehn Monaten Fahrerlaubnisentzug noch glimpflich davongekommen.

»Trotzdem«, startete Marc einen weiteren Versuch. »Die Schwalenbergs sind reich. Die werden doch wohl einen Menschen finden, der bereit ist, für sie das Geld zu übergeben.«

»Es stimmt, mein Schwager ist reich. Aber er ist auch unbeliebt. Eigentlich hat er nicht einen einzigen richtigen Freund. Und es geht nicht darum, irgendjemanden zu finden. Es muss eine Person sein, der man vertrauen kann. So jemanden findet man nicht auf die Schnelle. Dabei drängt die Zeit. Die Entführer können sich jeden Moment wieder melden.«

»Und mir vertraut Schwalenberg? Er kennt mich doch überhaupt nicht. Ich habe mich schon einmal mit 1,3 Millionen aus einem Versicherungsbetrug ins Ausland abgesetzt. Da könnte ein Lösegeld von fünf Millionen erst recht eine Versuchung sein.«

»Ich habe Dieter versichert, Sie seien in Ordnung. Und mir vertraut er. Und ich vertraue Ihnen.«

»Das ehrt mich. Ich habe trotzdem keine Lust, mein Leben für wildfremde Menschen aufs Spiel zu setzen.«

»Bitte, Herr Hagen«, flehte Irene von Kleist ihn an. »Es geht nicht um wildfremde Menschen, es geht um meine Nichte! Wie gesagt, das Risiko ist äußerst gering. Und es soll Ihr Schaden nicht sein. Ich denke schon seit einiger Zeit darüber nach, Sie zum Partner zu machen, sobald Sie Ihre Anwaltszulassung zurückerhalten haben. Nicht lange, und ich werde mich zur Ruhe setzen. Sie könnten die Kanzlei dann allein weiterführen. Und ich bin mir sicher, dass auch mein Schwager sich erkenntlich zeigen wird.«

Marc zögerte immer noch, weil er an die Gefahr dachte. Andererseits fühlte er sich geschmeichelt. Und dann war da natürlich noch die Aussicht auf eine eigene Kanzlei und Dieter Schwalenbergs finanziell sicherlich außerordentlich lukrative Dankbarkeit.

»Also gut«, sagte Marc endlich. »Ich mach's. Und wenn es das Letzte ist, was ich tue.«

32

Die Martin-Niemöller-Gesamtschule war ein weitläufiger, verwinkelter Gebäudekomplex im Bielefelder Stadtteil Schildesche. Helen Baum und Peter Remmert wandten sich an den Direktor, der ihnen nach einer kurzen Rücksprache mit seiner Sekretärin mitteilte, dass Melanie Bisse gerade Sportunterricht habe. Die Beamten ließen sich von der Sekretärin den Weg zeigen.

»Kennen Sie Melanie?«, erkundigte sich Helen Baum, während sie einen langen Flur entlanggingen.

Die Sekretärin schnaubte belustigt. »Allerdings. Melanie hat im Durchschnitt etwa jede Woche ein Gespräch mit dem Direktor.«

»Würden Sie sie als schwierige Schülerin beschreiben?«

»Ich würde sie als das beschreiben, was man gemeinhin einen Satansbraten nennt. So, da wären wir.« Die Sekretärin deutete auf die verschlossene Tür der Sporthalle. »Die Stunde müsste gleich zu Ende sein. Ich kann leider nicht mit Ihnen warten. Die Arbeit ruft.« Die Frau machte Anstalten, sich zu entfernen.

»Einen Moment noch«, rief Helen Baum hinter ihr her. »Wie sieht Melanie denn aus?«

Die Sekretärin drehte sich um und grinste. »Sie werden sie auf den ersten Blick erkennen, jede Wette.«

Helen Baum und Remmert wechselten einen erstaunten Blick, dann zuckte die Kriminaldirektorin die Achseln und beschloss, einfach abzuwarten, was passieren würde.

Fünf Minuten später verließ eine größere Gruppe Teenager die Sporthalle. Im Gegensatz zu den Schülern des Ratsgymnasiums trugen nur die wenigsten Gesamtschüler teure Markenklamotten, dafür war der Ausländeranteil mindestens doppelt so hoch. Die Beamten ließen die jungen Leute passieren, bis Remmert mit dem Kinn in Richtung einer Schülerin nickte, die die Halle als Letzte verließ. Die Schulsekretärin hatte nicht zu viel versprochen: Das Mädchen war etwas pummelig und trug Springerstiefel, eine schwarze Lederhose und ein zerrissenes T-Shirt, das den Blick auf eine große Tätowierung auf der rechten Schulter freigab. Ihr Kopf war kahl bis auf einen rot gefärbten Irokesenschnitt, die kleine Stupsnase, die vollen Lippen und die Ohren waren mehrfach gepierct. Um den Hals trug sie ein nietenbesetztes Hundehalsband. Dieses Mädchen hat mehr Eisen im Gesicht, als ich in meinem Werkzeugkoffer, ging es Remmert durch den Kopf. Wenn man sie festnehmen wollte, brauchte man keine Handschellen, ein starker Magnet würde genügen. Die armen Eltern! Der Hauptkommissar schlug innerlich ein Kreuz, als er an seine Tochter dachte. Gott sei Dank hatte Kim ihn bisher mit derartigen Zurschaustellungen ihrer Persönlichkeit verschont.

Helen Baum hatte inzwischen ihren Dienstausweis aus der Tasche gezogen und hielt ihn der Punkerin unter die Nase.

»Mein Name ist …«, begann sie, hielt dann aber inne.

Das Mädchen zog die beiden Stöpsel aus den Ohren, die mit einem MP3-Player verbunden waren, machte aber keine Anstalten, die Musik abzustellen. Helen Baum meinte, die *Sex Pistols* zu erkennen.

»Was is 'n los?«, fragte das Mädchen genervt. »Ich hab dem

Typen die Scheiß-CDs doch schon lange zurückgegeben und mich entschuldigt. Das war echt 'n Versehen.«

»Mein Name ist Helen Baum«, setzte die Kriminaldirektorin erneut an. »Das ist mein Kollege Remmert. Bist du Melanie Bisse? Ich darf doch Du sagen?«

Die Schülerin hob gleichgültig die Schultern. »Mir egal. Was is los?«, wiederholte sie.

»Es geht um Daniela Schwalenberg. Die war doch mal deine beste Freundin, oder?«

»Die blöde Schlampe! Ich will mit der nichts mehr zu tun haben.«

Helen Baum hielt es für das Beste, gleich zur Sache zu kommen. »Daniela ist entführt worden«, sagte sie.

Melanie sah sie einen Moment skeptisch an. Dann grinste sie. »Das glaub ich nicht.«

»Warum glaubst du das nicht?«

Melanie zuckte mit den Achseln. »Weiß nich. Nur so.«

Remmert schaltete sich in das Gespräch ein. »Was du glaubst oder nicht glaubst, ist uns scheißegal«, herrschte er das Mädchen an. »Danielas Leben ist in Gefahr. Und du wirst keinem Menschen etwas von der Entführung erzählen, ist das klar?«

Melanie Bisse schaute trotzig an ihm vorbei, sagte aber nichts.

»Ob das klar ist, habe ich gefragt?«, schnauzte Remmert.

»Ja ja«, sagte das Mädchen in gequältem Ton. »Aber was hat das alles mit mir zu tun?«

»Vielleicht kannst du uns helfen, Daniela zu finden«, übernahm Helen Baum wieder die Gesprächsführung. »Alles kann wichtig sein.«

»Sie glauben, ich hätte was mit dieser Sache zu tun«, stellte Melanie Bisse mit zusammengekniffenen Lippen fest.

»Nein, das glauben wir überhaupt nicht«, widersprach Helen Baum energisch. »Aber vielleicht hast du etwas bemerkt, was uns auf die Spur der Täter bringen könnte.«

Melanie Bisse schüttelte den Kopf. »Wie soll ich was bemerkt haben?«, fragte sie. »Ich hab Daniela schon seit einer Ewigkeit nicht mehr gesehen.«

»Kannst du ein bisschen genauer sagen, seit wann ihr keinen Kontakt mehr habt?«

»Weiß nicht. Seit drei oder vier Monaten vielleicht.«

»Warum bist du nicht mehr Danielas Freundin?«

»Weiß nicht. Hat sich so ergeben.«

Helen Baum bemerkte in den Augenwinkeln, dass Remmert schon wieder aufbrausen wollte, und warf ihm einen warnenden Seitenblick zu. »Aber bis vor drei, vier Monaten hattet ihr ein gutes Verhältnis?«, hakte sie nach.

Melanie zuckte mit den Schultern. »Ging so. Zwischendurch hatten wir immer mal wieder Stress, aber im Großen und Ganzen war Daniela in Ordnung.«

»Kennst du Danielas Eltern?«

»Nie gesehen. Mit so was will ich nichts zu tun haben.«

»Was meinst du damit?«

»So Geldarschlöcher. Hab ich nichts mit am Hut.«

»Wie würdest du die Beziehung Danielas zu ihren Eltern beschreiben?«

»Scheiße.«

»Nur scheiße?«

»Ja, scheiße! Daniela hasst ihre Eltern.«

Jetzt konnte sich Remmert nicht mehr zurückhalten. »Da haben wir aber etwas ganz anderes gehört«, sagte er.

»Von wem?«

»Einer Viktoria Gelen.«

»Viktoria!« Melanie schnaubte verächtlich. »Dieses Schaf. Für die ist es doch das Größte, dass sie von Daniela geduldet wird und sich in ihrer Nähe aufhalten darf.«

»Das mag sein«, meinte Helen Baum. »Aber jetzt ist sie Danielas beste Freundin. Und sie hat uns erzählt, Daniela habe ein Superverhältnis zu ihren Eltern.«

Melanie Bisse brach in höhnisches Gelächter aus. »Was

weiß die schon! Viktoria Gelen hat nicht die geringste Ahnung. Der alte Schwalenberg verbietet Daniela alles. Schreit sie die ganze Zeit an und verteilt sogar Ohrfeigen, wenn sie mal 'ne schlechte Note nach Hause bringt. Und er hat ihr die Beziehung zu einem Jungen verboten und ihr mit Enterbung gedroht, nur weil ihr Freund keinen Schulabschluss hat.«

»Du sprichst von Kevin Schneider?«

»Klar.«

»Wie hat Daniela auf dieses Verbot reagiert?«

Melanie verdrehte genervt die Augen. »Hab ich doch schon gesagt. Sie hasst ihre Eltern. Nicht nur wegen der Sache mit Kevin. Sie glaubt, ihre Eltern würden sie nicht lieben.«

»Warum glaubt Daniela das?«

»Weil die Schwalenbergs nicht ihre richtigen Eltern sind. Daniela ist von ihnen adoptiert worden, als sie noch ganz klein war. ›Sie hassen mich, weil ich nicht ihr richtiges Kind bin‹, hat sie immer gesagt. ›Ich bin ein Nichtkind‹ oder ›Ich bin ein Fremdkind‹. Vor einem Jahr hat Daniela ihren Eltern mitgeteilt, sie wolle ihre richtigen Eltern kennenlernen, aber das haben sie ihr auch verboten. Da ist Daniela richtig ausgetickt. ›Die müssen weg‹, hat sie zu mir gesagt. ›Ich bringe die beiden um, weiß nur noch nicht wie.‹«

»Wie hast du darauf reagiert?«

»Weiß nicht. Hab das am Anfang nicht so ernst genommen. Aber Daniela hat sich da immer weiter reingesteigert und schon richtige Pläne geschmiedet. Sie wollte ihren Eltern Rattengift unters Essen mischen oder die Bremsleitungen vom Wagen ihres Vaters durchschneiden. Noch schlimmer wurde es dann nach der Sache mit Kevin.«

»Aber Daniela hat sich doch von ihm getrennt.«

»Ja, aber nur, weil *sie* es wollte, nicht, weil ihre Eltern es wollten. Die Beziehung zu Kevin war sowieso am Ende. Das hat Daniela ihren Eltern natürlich nicht gesagt. Sie ist ja nicht blöd. Nee, blöd ist sie wirklich nicht. Sie hat ihren

Eltern erzählt, sie würde sich von Kevin trennen, aber nur, wenn sie wieder ins *Meddox* gehen dürfe. Ihre Alten waren so erleichtert, dass sie sofort einverstanden waren.«

»Gehst du auch ins *Meddox?*«

»Früher mal. Jetzt nicht mehr.«

»Warst du zufällig letzten Samstag im *Meddox?*«

»Hab ich doch schon gesagt. Ich geh da nich mehr hin.«

»Hatte Daniela nach ihrer Trennung von Kevin einen neuen Freund?«, wollte Helen Baum wissen.

»Klar, sie war dann mit Timo zusammen. Timo Kaiser. Wegen dem hat sie sich schließlich von Kevin getrennt.«

Die Kriminaldirektorin und der Hauptkommissar wechselten einen fragenden Blick. »Davon haben uns weder Danielas Eltern noch Viktoria Gelen etwas erzählt«, stellte Helen Baum fest.

»Ich hab doch schon gesagt, dass Viktoria nichts checkt. Und nach der Sache mit Kevin war Daniela bestimmt nicht so blöd, ihren Eltern noch einmal von einem Freund zu erzählen. Timo ist nämlich auch nicht gerade das, was sich der alte Schwalenberg unter einem idealen Schwiegersohn vorstellt. Drei abgebrochene Ausbildungen und vorbestraft ist er auch. Ich glaube wegen Drogen und so. Da hat Daniela natürlich schön ihren Mund gehalten und sich heimlich mit Timo getroffen.«

»Sind Daniela und dieser Timo heute noch zusammen?«

»Meeensch, das hab ich doch jetzt schon drei Mal gesagt. Ich hab Daniela seit Monaten nicht mehr gesehen. Und Timo auch nicht.«

»Weißt du, wo Timo Kaiser wohnt?«

»Keine Ahnung. Irgendwo in Heepen, glaub ich.«

»Dann noch eine letzte Frage: Kennst du diesen Jungen?«

Helen Baum zog das Foto von Alexander Neumann aus der Tasche.

Melanie nahm das Bild in die Hand und betrachtete es kurz. »Nie gesehen, den Typen«, sagte sie dann.

»Vielen Dank, Melanie«, sagte Helen Baum. »Das war es auch schon. Du hast gehört, was Herr Hauptkommissar Remmert zu dir gesagt hat. Kein Wort über diese Sache. Das ist kein Spaß! Und mein Kollege kann sehr unangenehm werden, wenn man sich nicht an seine Anweisungen hält.«

Melanie musterte den Hauptkommissar eingehend. Offenbar fand sie Helen Baums Aussage bestätigt, denn sie nickte. »Ja, ja, ich sag nichts. War's das dann?«

Helen Baum nickte. Die Punkerin stöpselte ihre Ohrstecker wieder ein und trollte sich.

»Was halten Sie davon?«, wollte Helen Baum von Remmert wissen, während sie Melanies Abgang beobachtete. »Melanie hat ein ganz anderes Bild von Danielas Beziehung zu ihren Eltern gezeichnet als Viktoria und die Schwalenbergs.«

»Ach was«, tat der Hauptkommissar die Bemerkung mit einer lässigen Handbewegung ab. »Es ist doch ganz normal, dass Eltern und Kinder im Teenageralter mal Zoff miteinander haben. Wie heißt es so schön: Pubertät ist Krieg. Und wenn Schwalenberg seiner Tochter verboten haben sollte, so rumzulaufen wie diese Melanie, hätte er dafür mein vollstes Verständnis.«

»Was Melanie erzählt hat, geht aber über normalen Zoff weit hinaus. Melanie hat gesagt, Daniela habe ihre Eltern gehasst.«

»Hass ist ein großes Wort. Schauen Sie sich diese Melanie doch an. Solche Typen hassen die ganze Welt. Haben Sie Kinder?«

Die Kriminaldirektorin schüttelte den Kopf.

»Wie Sie ja wissen, ist meine Tochter sechzehn«, erzählte Remmert. »Ich glaube, die hasst mich auch, wenn ich darauf bestehe, dass sie um Punkt zehn Uhr abends zu Hause ist. Ein paar Minuten später, wenn der Zorn verraucht ist, bin ich dann wieder der beste Papa der Welt. So sind Kinder in der Pubertät nun mal.«

»Ich weiß nicht«, überlegte Helen Baum. »Ich glaube, das hier ist etwas anderes als ein normaler Eltern-Kind-Konflikt. Oder entwickelt Ihre Tochter Ihnen gegenüber auch Mordfantasien?«

»Das sind keine Mordfantasien«, widersprach Remmert, »das sind pubertäre Fantasien, die man nicht ernst nehmen kann. Ich führe seit meinem dreizehnten Lebensjahr ein Tagebuch. Wenn ich mir heute durchlese, was ich damals geschrieben habe, wundere ich mich jedes Mal, dass aus mir kein Massenmörder geworden ist.«

»Vielleicht wollte Daniela ihre Eltern tatsächlich nicht töten«, meinte Helen Baum. »Vielleicht hat sie eine andere Möglichkeit gefunden, ihren Eltern zu schaden und sich gleichzeitig einen finanziellen Vorteil zu verschaffen.«

»Kommen Sie jetzt wieder mit Ihrer Theorie, Daniela habe ihre Entführung nur vorgetäuscht?«

»Halten Sie die wirklich für so abwegig? Zum einen kann sie sich so an ihren verhassten Eltern rächen, zum anderen bekommt sie auf diese Weise viel Geld, das sie mit diesem Timo Kaiser durchbringen kann. Ich will, dass der sofort durchgecheckt wird. Wenn Melanie recht hat und Timo vorbestraft ist, müssen wir über den ja was haben.«

»Und was ist mit Alexander Neumann?«, fragte Remmert.

»Was soll mit dem sein?«

»Wenn die Entführung nur vorgetäuscht war, muss er in der Sache mit drinhängen. Und dafür haben wir bisher nicht den geringsten Anhaltspunkt gefunden.«

Helen Baum nickte bedächtig. »Neumann ist ein gutes Stichwort. Ich denke, unser angeblicher Augenzeuge ist der Nächste, dem wir einen Besuch abstatten sollten.«

33

»Das ist Herr Hagen«, stellte Irene von Kleist vor. »Er hat sich bereit erklärt, das Lösegeld zu übergeben.«

Dieter Schwalenberg ging auf Marc zu und ergriff dessen Rechte mit beiden Händen. »Vielen Dank, Herr Hagen«, sagte er. »Sie wissen gar nicht, was das für uns bedeutet.«

Und Sie haben wahrscheinlich keine Ahnung, was das für mich bedeuten könnte, dachte Marc, lächelte aber tapfer. Er sah sich in dem Wohnzimmer um. In dem Raum herrschte ein diffuses Halbdunkel, weil die Vorhänge zugezogen waren.

»Wie Sie ja wahrscheinlich draußen bemerkt haben, werden wir von den Journalisten mittlerweile regelrecht belagert«, erläuterte Schwalenberg, der Marcs Blicke richtig gedeutet hatte. »Gestern ist einer von diesen Pressefritzen über den Zaun auf unser Grundstück geklettert und hat durch das Fenster Fotos von meiner Frau gemacht. Schrecklich, diese Menschen.« Er seufzte tief und fuhr fort: »Das ist mein Hausarzt Dr. Klausmeier. Und das ist meine Gattin. Es geht ihr zurzeit leider nicht besonders. Sie hat seit Tagen kein Auge zubekommen. Sie sagt, sie kann erst schlafen, wenn Daniela wieder bei uns ist.«

Marc sah zu Renate Schwalenberg hinüber, die teilnahmslos auf dem Sofa saß. Auf den Knien hielt sie ein dickes Fotoalbum, in das sie mit müdem Blick starrte. Von Zeit zu Zeit blätterte sie mit trägen Bewegungen eine Seite um. Wahrscheinlich steht sie unter dem Einfluss starker Medikamente, überlegte Marc.

»Wir werden Ihnen das nicht vergessen«, redete Schwalenberg weiter. »Irene hat uns erzählt, dass Sie irgendwann ihre Kanzlei übernehmen werden. Ich bin immer auf der Suche nach fähigen, jungen Leuten. Wenn Sie diese Sache ordentlich über die Bühne bringen, verspreche ich Ihnen, dass ich meine sämtlichen Rechtsangelegenheiten ab sofort über Sie abwickeln werde. Wir können auch über einen Beratervertrag reden. Wären Sie mit fünfzigtausend Euro im Jahr einverstanden? Und wenn Sie sich bewähren, kann ich Sie mir in naher Zukunft sehr gut in der Geschäftsführung meines Unternehmens vorstellen.«

Marc zwang sich zu einem dankbaren Lächeln. Er kannte Schwalenberg noch keine fünf Minuten, war sich aber jetzt schon sicher, dass er den Mann nicht mochte und nie mit ihm zusammenarbeiten würde. Hoffentlich war seine Tochter es wert, dass er dieses Risiko auf sich nahm.

»Wie ist der weitere Ablauf?«, erkundigte sich Marc.

»Ich habe von der Bank frisches Geld besorgt«, erklärte Schwalenberg und deutete auf einen großen Samsonite-Koffer. »Die Scheine sind registriert, aber nicht mehr präpariert, um jedes Risiko für Daniela und für Sie auszuschließen. Die Entführer haben versprochen, sich zu melden. Bis dahin werden Sie sich hier bereithalten.«

Marc richtete seinen Blick auf Renate Schwalenberg. »Ich werde mein Bestes tun, damit Daniela wieder freikommt«, versicherte er.

Als Renate Schwalenberg den Namen ihrer Tochter hörte, hob sie den Kopf, aber in ihren Augen war keine Regung zu entdecken. »Wollen Sie Daniela sehen?«, fragte sie leise.

Marc schaute kurz zu Irene von Kleist, die ihm aufmunternd zunickte. »Gern«, sagte er und setzte sich neben Renate Schwalenberg auf das Sofa.

»Das ist Daniela an ihrem ersten Geburtstag«, sagte Frau Schwalenberg und zeigte auf ein Foto, das ein Kleinkind im rosa Strampelanzug zeigte. »Sie war da erst ein paar Wochen bei uns. Mein Mann und ich konnten leider keine eigenen Kinder bekommen, obwohl wir alles versucht haben. Darum haben wir uns zu einer Adoption entschlossen. Als ich Daniela das erste Mal im Heim gesehen habe, habe ich mich

sofort in sie verliebt.« Sie warf Dieter Schwalenberg einen
bösen Blick zu, bevor sie fortfuhr. »Mein Mann hätte ja
lieber einen Jungen adoptiert, als Nachfolger für die Firma,
Sie verstehen? Aber ich wollte unbedingt Daniela. Wir haben tagelang diskutiert und schließlich hat mein Mann nach-
gegeben. Aber richtig abgefunden hat er sich nie damit, dass
Daniela ein Mädchen ist. Immer hat er an ihr rumgemäkelt.
Nie konnte sie es ihm recht machen.« Sie starrte ihren Mann
an. »Bist du jetzt endlich zufrieden?«, schrie sie plötzlich.
»Daniela ist weg und du hast erreicht, was du wolltest!« Sie
fing laut an zu schluchzen. »Mein Baby ist weg. Ich will
mein kleines Baby wiederhaben.«

34

Das Haus, in dem Alexander Neumann wohnte, entpuppte
sich als eine gelb gestrichene Mietskaserne im Bielefelder
Stadtteil Großdornberg. Die Hauswand war mit Graffiti
beschmiert, sämtliche Fenster im Erdgeschoss waren mit
Eisenstäben gesichert, was Helen Baum unwillkürlich an ein
Gefängnis denken ließ. Remmert sah auf die Schilder auf
dem Klingelbrett und drückte den Knopf neben dem Namen
Neumann. Nach zwei weiteren Versuchen ertönte endlich
ein Summer und die Tür sprang auf.

Die beiden Polizisten betraten das Treppenhaus und
quetschten sich an den dort abgestellten Kinderwagen vorbei.
Im ersten Stock wurden sie von einer Frau mittleren Alters
mit niedriger Stirn und fliehendem Kinn erwartet, die aus-
sah, als sei sie gerade erst aufgestanden: Sie trug einen Bademantel und Adiletten, die Haare standen von ihrem Kopf
ab, als habe sie einen Stromstoß bekommen, und die ver-
quollenen Augen deuteten auf zu wenig Schlaf und zu viel
Alkohol hin. In ihrem Mundwinkel hing eine Zigarette, in
der Hand hielt sie eine Fernbedienung. Hinter ihr dröhnte

harter, deutscher Hip-Hop in infernalischer Lautstärke aus der Wohnung.

»Was is?«, schrie die Frau die Polizisten an, um den Lärm zu übertönen. Dann drehte sie sich um und brüllte: »Verdammt noch mal, Alexander, mach den Mist leiser! Ich hab dir das jetzt schon hundertmal gesagt.«

Es erfolgte keine Reaktion, aber damit schien die Hausherrin auch nicht gerechnet zu haben. Mit verschränkten Armen wandte sie sich wieder den Beamten zu.

»Frau Neumann?«, fragte die Kriminaldirektorin und zückte ihren Dienstausweis. »Mein Name ist Baum, das ist mein Kollege Remmert. Wir würden gern Ihren Sohn Alexander sprechen.«

»Was hat er denn jetzt schon wieder angestellt? Alexander ist ein guter Junge, wirklich. Er hat nur die falschen Freunde.«

»Keine Angst, Frau Neumann. Es geht um eine Zeugenaussage.«

»So, so.« Frau Neumann schien das Interesse bereits verloren zu haben. »Na, dann gehen Sie mal durch. Immer dem Krach nach.«

Helen Baum und Peter Remmert passierten den Fußabtreter, auf dem *Willkommen* stand, und betraten den Korridor, in dem es nach einer unguten Mischung aus kalter Zigarettenasche, warmem Speck und Marihuana roch. Während die Dame des Hauses in einem Nebenraum verschwand, gingen die Polizisten bis zu der letzten Tür auf der linken Seite, hinter der sie die Quelle des Lärms vermuteten. Der süßliche Geruch von Gras verstärkte sich und Remmert hatte auf einmal das Gefühl, vor dem Eingang eines Amsterdamer Coffeeshops zu stehen.

Der Hauptkommissar hieb mit der Faust gegen die Tür, erhielt aber keine Aufforderung, einzutreten. Merkwürdig, dachte er. Er versuchte es noch einmal, schließlich zuckte er die Schultern, drückte die Klinke herunter und betrat den Raum.

Alexander Neumann zögerte nicht eine Sekunde. Er hatte nur darauf gewartet, dass der Scheißtyp um die Ecke kam. Blitzschnell lud er sein Gewehr durch und ballerte ihm den Kopf weg, der in einer roten Fontäne explodierte. Zufrieden lehnte sich Neumann zurück. Endlich hatte er das Schwein erwischt.

»Dürfen wir kurz stören?«, schrie Helen Baum gegen den wummernden Bassrhythmus und den Gefechtslärm an, aber Alexander Neumann machte keine Anstalten, sein Gesicht vom Bildschirm abzuwenden.

»Maaaaannn, was ist denn noch?«, brüllte er. »Ich hab doch gesagt, dass ich keinen Hunger hab.«

Helen Baum wartete, bis er zwei weitere Angreifer niedergemetzelt hatte, die auf sein virtuelles Gewehr zugestürmt waren.

»Wir sind's, Herr Neumann. Polizei.«

Endlich drehte Alexander Neumann sich um. »Ach«, sagte er. »Ich dachte, Sie wären meine Mutter. Die Alte nervt langsam.« Er drückte eine Taste und der Bildschirm wurde schwarz. »Was is denn noch? Ich hab doch schon alles gesagt.«

»Wir ...«, Helen Baum warf einen gequälten Blick auf die Stereoanlage. »Wären Sie so freundlich, die Musik etwas leiser zu drehen?«, fragte sie dann.

Die Antwort auf diese Frage schien Neumann nicht leicht zu fallen. Während er noch darüber nachdachte, schritt Remmert zur Tat. Weil er den richtigen Knopf nicht auf Anhieb fand, zog er kurzerhand den Stecker des Gettoblasters aus der Wand. Schlagartig breitete sich wohltuende Stille aus.

Zuerst wollte Neumann gegen dieses Vorgehen protestieren, doch dann begnügte er sich damit, sich in seinem Drehstuhl zurückzulehnen und die Arme zu verschränken.

Einen Platz bot er den Beamten nicht an. Was allerdings in Anbetracht des Zustandes des Zimmers auch kaum möglich war: Außer dem Stuhl, auf dem Neumann saß, gab es keine Sitzgelegenheit. Die Einrichtung des knapp zehn Quadratmeter großen Raumes bestand aus dem Schreibtisch, auf dem der Monitor stand, einem zerwühlten Bett, einem offen stehenden Kleiderschrank und einem Regal, das mit einer Reihe Bücher und vier Reihen DVDs, CDs und Computerspielen bestückt war. Die Wände waren zugekleistert mit Postern: Sido, Bushido, Eminem. Dazwischen hingen einige blonde und brünette Schönheiten, die das Haar offen und sonst nichts trugen.

Helen Baum lehnte sich mit auf den Rücken gelegten Händen gegen das Regal und forderte Remmert mit einem kurzen Nicken auf, mit der Befragung zu beginnen. Sie hatte den Hauptkommissar auf der Fahrt gebeten, die Gesprächsführung zu übernehmen, weil sie sich ein wenig umsehen wollte.

»Herr Neumann«, startete Remmert förmlich. »Wir suchen Sie noch einmal auf, weil wir wissen wollen, ob Ihnen etwas eingefallen ist, was Sie uns Samstagnacht nicht gesagt haben.«

»Ich hab doch alles schon hundertmal erzählt«, entgegnete Alexander Neumann sichtlich genervt. Seine Finger waren unentwegt in Bewegung.

Er ist auf jeden Fall nervös, ging es Helen Baum durch den Kopf. Vielleicht hat er Angst vor uns. Oder er kann es nur einfach nicht abwarten, weiterzuspielen.

»Ihre Aussage ist uns bekannt«, bestätigte Remmert, »aber manchmal fällt Zeugen mit einem gewissen zeitlichen Abstand noch etwas ein. Vielleicht etwas Wichtiges, dem Sie zunächst keine Bedeutung beigemessen haben.«

»Nein«, sagte Neumann sofort. »Mir ist nichts Neues eingefallen. Und wenn, hätte ich mich bei Ihnen gemeldet.«

»Dann würde ich Sie bitten, den Ablauf der Entführung, so wie Sie ihn heute im Gedächtnis haben, zu schildern.«

»Das bringt doch eh nichts.«

»Aber vielleicht würde es etwas bringen, einen Drogen-
spürhund ein wenig in diesem Zimmer herumschnüffeln zu
lassen«, sagte Remmert freundlich. »Ich bin mir sicher, dass
wir dann schnell erfahren, warum es hier riecht wie auf einem Reggaekonzert.«

Neumann lief rot an und erzählte dann noch einmal brav
die Geschichte, die er schon am frühen Sonntagmorgen von
sich gegeben hatte. Helen Baum hörte nur mit einem Ohr
zu und begann unauffällig, die CDs und Bücher in dem Regal zu inspizieren. Hauptsächlich schwarzgebrannte Schei-
ben von Gruppen, von denen Helen Baum noch nie etwas
gehört hatte. Interessanter waren da schon die wenigen Bücher, die nur ein Thema zum Gegenstand hatten: Serienmörder. Ted Bundy, The son of Sam, Jeffrey Dahmer, Peter
Kürten, Fritz Haarmann, Charles Manson, Jürgen Bartsch
und vier oder fünf Bücher über Jack the Ripper.

Und auf einmal rastete in Helen Baums Kopf ein Rädchen
ein.

»Das ist ja im Wesentlichen das, was Sie uns in der Tat-
nacht erzählt haben«, meinte Remmert gerade.

»Sag ich doch.«

»Gibt es ...«

»Ich denke, Herr Neumann kann uns nicht weiterhelfen«,
wurde der Hauptkommissar von Helen Baum unterbrochen.
»Noch einmal vielen Dank für Ihre Hilfe«, sagte sie an
Neumann gewandt. »Wir wollen Sie nicht länger stören.«

Unter den erstaunten Blicken Remmerts verabschiedete
Helen Baum sich per Handschlag von Neumann.

Als sie wieder im Treppenhaus standen, fragte Remmert:
»Was war das denn? Ich dachte, Sie waren scharf darauf,
Neumann noch einmal durch die Mangel zu drehen.«

»Hat sich vorerst erledigt«, erwiderte die Kriminaldirektorin. »Haben Sie Neumanns Bücher gesehen? Fast alle handelten von bekannten Serienmördern.«

»Und, was schließen Sie daraus? Glauben Sie, dass Menschen, die Biografien von Serienmördern lesen, selbst zu welchen werden? Außerdem möchte ich daran erinnern, dass Daniela Schwalenberg keinem Mord zum Opfer gefallen ist, sondern entführt wurde.«

»Das ist mir bekannt. Und jetzt fahren Sie mich bitte zu meiner Wohnung. Ich zeige Ihnen den Weg.«

Remmert sah auf seine Uhr. »Sie wollen schon Feierabend machen?«, fragte er erstaunt.

»Fahren Sie einfach los.«

Während Remmert vor dem Haus im Wagen wartete, hetzte die Kriminaldirektorin die Stufen zu ihrem Loft hoch. Sie schloss die Tür auf und lief direkt zu ihrem Bücherschrank.

Nach kurzem Suchen zog sie ein Buch hervor und blätterte es fieberhaft durch, bis sie auf die richtige Stelle gestoßen war. Dann hämmerte sie ihren Zeigefinger triumphierend unter die Zeile. »Hab dich«, sagte sie laut.

35

Irgendwie war es ihr gelungen, aus dem schrecklichen Haus zu fliehen. Jetzt stand sie auf der hölzernen Veranda und sah sich um. Es war stockdunkel, kein Mensch zu sehen. Sie spitzte die Ohren und lauschte, aber außer dem Rauschen ihres eigenen Blutes in den Ohren war es totenstill.

Das ist deine Chance!, dachte sie. Vielleicht die einzige, die du jemals bekommen wirst. In panischer Angst lief sie über den Rasen. Nur weg von hier! Sie hatte den großen Garten fast zur Hälfte durchquert, als sie hinter sich die Bedrohung spürte. Sie drehte sich um und sah die Silhouette eines großen, schwarzen Mannes, der reglos auf der Veranda stand und sie anstarrte. Dann setzte sich der Mann lautlos in Bewegung und rannte mit schnellen Schritten hinter ihr her. O Gott, schoss es ihr durch den Kopf. Sie wollte weiterlaufen, aber auf einmal gehorchten ihr die Beine nicht mehr. Sie hatte das Gefühl, der Boden unter ihr habe sich in schwankende Gummimatten verwandelt. Mit jedem Schritt sackte sie ein, während ihr Verfolger immer näher kam. Warum hilft mir denn niemand?, dachte sie. Sie spürte den heißen Atem des schwarzen Mannes in ihrem Nacken, gleich würde er sie erreicht haben. Eine entsetzliche Stimme kreischte: »Jetzt gehörst du mir!«, dann fühlte sie eine knochige Hand auf ihrer Schulter.

In diesem Moment wachte sie schreiend und schweißgebadet auf. Einige Sekunden wusste sie nicht, wo sie sich befand. Dann fiel ihr alles wieder ein. Sie lag nicht zu Hause in ihrem Bett, sondern befand sich immer noch in diesem verdammten Raum, den sie nicht verlassen konnte.

Dabei war nicht das Schlimmste die Tatsache, dass sie nicht an die frische Luft und sich frei bewegen konnte.

Das Schlimmste war auch nicht die tägliche Langeweile und Routine, der immer gleiche Tagesablauf, dem sie hier ausgesetzt war: schlafen (meist dämmerte sie allerdings nur in einer Art Halbschlaf vor sich hin, aus dem sie immer wieder aufschreckte), waschen, Zähne putzen, frühstücken (belegte Brote), die Toilette benutzen, wieder schlafen, lesen, essen (Ravioli), schlafen, wieder lesen, wieder essen (häufig eine Fertigsuppe), waschen, Zähne putzen, schlafen und dann alles wieder von vorn.

Das Schlimmste war auch nicht die Isolation, die völlige Abgeschnittenheit von der Welt, von allem, was draußen passierte, oder ihre hochgradige Nervosität, die sie jedes Mal zusammenzucken ließ, wenn sie ein Geräusch hörte.

Nein, das Schlimmste war die entsetzliche Ungewissheit, wie diese Sache ausgehen würde, die absolute Ohnmacht, das Warten auf etwas, was sie nicht beeinflussen konnte, und das ständige Wechselbad von Hoffnung und Depression.

Wann würde die Geldübergabe endlich stattfinden? Wann würde das alles hier endlich ein Ende haben?

Am Anfang war sie noch fest davon überzeugt gewesen, dass ihr Vater das Lösegeld sofort und anstandslos zahlen würde. Inzwischen hatte sie ihre Meinung geändert. Seit dem Scheitern der ersten Geldübergabe war in ihr immer stärker die Überzeugung gewachsen, dass es nicht das primäre Ziel ihres Vaters war, seine Tochter unversehrt zurückzubekommen, sondern die Menschen, die ihm das angetan hatten, zu fassen. Deshalb arbeitete er mit der Polizei zusammen und deshalb versuchte er, die Geldübergabe hinauszuzögern.

Sie kannte ihren Vater nur zu gut. Er war ein harter Mann und er war unversöhnlich. Er hatte einen seiner Buchhalter, der ein paar Tausender unterschlagen hatte, um damit eine alternative Krebsbehandlung für seine Frau zu bezahlen, sofort entlassen und angezeigt, obwohl der Mann ihm unter Tränen angeboten hatte, das gesamte Geld zurückzuzahlen. Und nicht nur das: Ihr Vater hatte auch dafür gesorgt, dass der Sohn des Buchhalters, der in dem Unternehmen eine Ausbildung absolvierte, umgehend gefeuert wurde, obwohl der von der Unterschlagung nichts gewusst hatte.

Eine tiefe Hoffnungslosigkeit überfiel sie. Sie drückte ihr Gesicht in das Kissen und begann, lautlos zu weinen. Sie wurde nur noch von einem einzigen Gedanken beherrscht: Diese Sache geht nicht gut für mich aus!

36

Remmert schreckte aus seinen Gedanken auf. Die Kriminaldirektorin hatte die Tür aufgerissen und ließ sich neben ihn auf den Beifahrersitz fallen.

»Haben Sie gefunden, was Sie gesucht haben?«, fragte er.

»Das habe ich«, bestätigte sie und hielt ihm ein Buch unter die Nase.

»*Jack the Ripper, das Jahrhundertphänomen*«, las der Hauptkommissar den Titel ab. »Ja und?«, fragte er.

»Ich habe das Buch vor einigen Wochen gelesen«, erklärte Helen Baum. »Mir ist aufgefallen, dass Neumann das gleiche Buch besitzt. Jack the Ripper hat Hunderte Briefe an die Polizei und diverse Zeitungen abgeschickt, in denen er sich über die Ermittler lustig gemacht hat. Über zweihundert dieser Briefe sind erhalten geblieben und liegen jetzt im britischen Staatsarchiv. Und einen der Briefe hat er so unterschrieben.« Sie zeigte Remmert die Stelle: »*PS: Ihr könnt mich durch dieses Schreiben hier nicht aufspüren, also lasst es bleiben.*«

Remmert sah die Kriminaldirektorin mit ausdruckslosem Gesicht an. »Ich fürchte, ich verstehe nicht.«

Helen Baum schüttelte über so viel Begriffsstutzigkeit den Kopf. »Erinnern Sie sich an den ersten Erpresserbrief, den die Schwalenbergs erhalten haben? Das war der Schlusssatz. Ich wusste gleich, dass ich ihn irgendwo schon mal gelesen hatte. Als ich das Buch in Neumanns Zimmer gesehen habe, ist es mir wieder eingefallen.«

»Moment! Sie glauben, Neumann habe den Erpresserbrief geschrieben?«

»Nicht den ganzen! Nach der linguistischen Textanalyse stammt das Erpresserschreiben von einem intelligenten und gebildeten Menschen. Ich denke, wir sind uns einig, dass diese Beschreibung auf Neumann nicht zutrifft. Ich bin mir sehr sicher, dass der Erpresserbrief von dem Haupttäter stammt, der die ganze Sache geplant hat. Nennen wir ihn von mir aus das ›Hirn‹. Aber ich bin mir gleichfalls fast sicher, dass der Schlusssatz auf Neumanns Mist gewachsen ist.«

Remmert blieb skeptisch. »Nur mal angenommen, Sie haben recht: Warum sollte Neumann diesen Satz unter den Brief gesetzt haben?«

»Da habe ich zwei Theorien«, erwiderte die Kriminaldirektorin. »Entweder die Entführer sind davon ausgegangen, dass wir irgendwie darauf kommen, dass es sich um ein Zitat von Jack the Ripper handelt, und sie wollten ihre Entschlossenheit, Brutalität und Cleverness unter Beweis stellen. Schließlich ist Jack the Ripper nie gefasst worden und deshalb ist er der berühmteste Serienmörder aller Zeiten.«

»Und Ihre zweite Theorie?«, wollte Remmert wissen.

»Es handelt sich um die infantile Idee eines Jack-the-Ripper-Fans, der meint, er könne die Polizei verhöhnen, genauso wie Jack the Ripper es vor über hundert Jahren getan hat. Ich finde, das passt genau zu Neumann: ein kindlicher Charakter, der seine Zeit mit Videospielen verbringt.«

Remmert runzelte die Stirn. »Sie machen es sich zu einfach«, sagte er. »Ich bin wirklich kein Freund von diesen Killerspielen, aber ich halte auch nichts von der Auffassung, dass man dadurch automatisch zum Verbrecher wird. Und Menschen, die Bücher über Jack the Ripper lesen, gibt es doch zu Millionen. Sie gehören übrigens auch dazu. Trotzdem habe ich Sie nicht in Verdacht, etwas mit Daniela Schwalenbergs Entführung zu tun zu haben.«

»Ich habe aber auch nicht behauptet, ihre Entführung beobachtet zu haben«, entgegnete Helen Baum. »Das ist die erste Verbindung Neumanns zu diesem Fall. Die zweite Verbindung ist dieses Jack-the-Ripper-Zitat. Ein bisschen zu viele Zufälle auf einmal, finden Sie nicht?«

»Nein, das finde ich überhaupt nicht«, widersprach Remmert entschieden. »Und überhaupt: Warum sollte das Hirn, wie Sie es nennen, damit einverstanden gewesen sein, den Erpresserbrief mit so einem kindlichen Quatsch zu beenden?«

»Vielleicht, weil das ›Hirn‹ selbst noch ein Kind ist.«

Remmert stöhnte laut auf. »Ah ja, ich vergaß. Daniela Schwalenberg hat ja alles selbst geplant. Das Mädchen ist sechzehn! Ein bisschen jung, um das Hirn einer so aufwendig geplanten Erpressung zu sein, meinen Sie nicht?«

»Sie vergessen, dass Daniela eine sehr intelligente Sechzehnjährige ist. Nach allem, was ich in den letzten Tagen über sie gehört habe, würde ich ihr so etwas intellektuell zutrauen. Und sie hasst ihre Eltern!«

Remmert rieb sich die müden Augen mit den Handballen. »Sie haben ein Gefühl und jetzt suchen Sie krampfhaft nach Beweisen, die das Gefühl bestätigen, und sehen nichts anderes mehr. Ich kann Sie offenbar nicht von Ihrer absurden Meinung abbringen.«

»Absurdität ist eine Meinungsäußerung, die der eigenen offenkundig widerspricht«, zitierte Helen Baum. »Auf jeden Fall möchte ich, dass Neumann ab sofort Tag und Nacht überwacht wird.«

»Weil er Bücher über Jack the Ripper besitzt.«

»Wenn Sie so wollen.«

»Ich gebe zu bedenken, dass die Soko ›Daniela‹ personell stark angespannt ist. Eine ständige Überwachung bindet mehrere Leute, die wir an anderer Stelle dringend benötigen.«

»Wir haben doch jetzt Kapazitäten frei, nachdem die Überwachung der Schwalenbergs beendet ist«, widersprach die Kriminaldirektorin. »Außerdem möchte ich, dass der Staatsanwalt bei Gericht eine Genehmigung beantragt, dass wir Neumanns Telefon abhören können.«

»Damit kommen wir bei der Beweislage doch nie durch.«

»Das sehe ich anders. Brandt soll es auf jeden Fall versuchen!«

Remmert schüttelte verzweifelt den Kopf. »Frau Baum, bitte«, sagte er in betont sachlichem Ton. »Sie haben sich da in etwas hineingesteigert und jetzt wollen Sie, dass die gesamte Sonderkommission einem Phantom hinterherjagt. Wir sollten alle Anstrengung darauf konzentrieren, Daniela zu finden. Ich fürchte, ihr Leben ist in akuter Gefahr.«

»Es bleibt dabei, was ich gesagt habe«, entschied Helen Baum.

Remmert wandte sich resigniert von ihr ab und startete den Motor. Helen Baum schnallte sich an und starrte aus dem Fenster. Sie war selbst nicht zweifelsfrei von ihrer Theorie überzeugt, aber sie wollte keine Schwäche zeigen. Sie konnte nur beten, dass sie sich nicht irrte.

37

Der lang erwartete Anruf kam um Punkt 21.37 Uhr.

Schwalenberg sprang von seinem Sofa auf, aktivierte den Raumlautsprecher und nahm den Hörer von der Station.

»Schwalenberg«, meldete er sich.

»Haben Sie das Lebenszeichen bekommen?«, fragte die Computerstimme. Marc musste unwillkürlich an einen Nachbarn seiner Eltern denken, dem man den Kehlkopf entfernt hatte und der jetzt nur noch mit einer elektronischen Sprechhilfe kommunizieren konnte.

»Ja, es ist alles in Ordnung«, antwortete Schwalenberg.

»Sind Sie bereit für die Geldübergabe?«

»Es ist alles vorbereitet.«

»Ich hoffe, Sie sind diesmal schlauer als beim letzten Mal und lassen die Polizei aus dem Spiel.«

»Ich schwöre Ihnen, dass die Polizei aus der Sache raus ist. Allerdings gibt es eine kleine Änderung. Auf dringendes Anraten meines Arztes kann ich die Übergabe aus gesundheitlichen Gründen nicht selbst durchführen. Mein Arzt ist hier. Er kann Ihnen das bestätigen.«

»Interessiert mich nicht. *Sie* werden das Geld überbringen!«

»Aber ich habe Ihnen doch gerade erklärt …«

»Dann eben nicht. Die Konsequenzen tragen Sie.«

Es gab ein klickendes Geräusch und die Verbindung war abgebrochen.

Schwalenberg war geschockt. »Verdammt«, flüsterte er. »Was jetzt?«

»Was hast du getan?«, schrie seine Frau. »Sie werden Daniela umbringen!«

»Das glaube ich nicht«, widersprach Irene von Kleist. »Die Entführer wissen genau, dass sie dann keine Chance mehr haben, jemals an das Geld zu kommen.«

»Aber warum hat der Anrufer einfach aufgelegt?«

»Vielleicht ist er nicht der Kopf der Entführung und muss sich bei jeder Abweichung von dem Plan erst rückversichern«, meinte die Anwältin. »Auf jeden Fall können wir im Moment nichts tun.«

Die nächsten zwanzig Minuten verbrachte die kleine Gesellschaft in gespannter Stille.

Dann schellte das Telefon erneut.

Schwalenberg hastete zum Apparat. »Ja«, sagte er atemlos.

»Wer wird das Geld übergeben?«, fragte die verzerrte Stimme.

»Der Mann heißt Marc Hagen«, antwortete Schwalenberg erleichtert. »Er ist Anwalt und Angestellter meiner Schwägerin.«

Am anderen Ende der Leitung blieb es still.

»Sie wollen doch nicht schon wieder Spielchen spielen?«, sagte die Stimme dann.

»Nein, ich sagte doch …«

»Der Mann ist kein Polizeibeamter?«

»Er ist Anwalt, ich schwöre es. Die Polizei ist raus!«

»Gut, versuchen wir es. Aber Sie wissen ja: Das ist Ihre letzte Chance. Wenn es bei der Übergabe irgendwelche Störungen gibt, eröffnen wir ohne Vorwarnung das Feuer und Sie werden Ihre Tochter nie wiedersehen.«

»Wir werden alles tun, was Sie sagen.«

»Okay, dann sagen Sie dem Anwalt, er soll mit dem Geld zum *Glückundseligkeit* fahren, sich dort an die Bar setzen und auf weitere Anweisungen warten.«

»Ich werde …« Schwalenberg unterbrach sich, als er merkte, dass er Selbstgespräche führte. »Gott sei Dank«, sagte er zu Irene von Kleist. »Sie haben es sich anders überlegt.«

Marc atmete tief durch und wischte sich die schweißnassen Hände an der Hose ab. Für einen Moment hatte er schon die Hoffnung gehabt, er würde von den Entführern nicht akzeptiert werden. Aber jetzt gab es kein Zurück mehr. Er stand auf und nahm den Koffer mit dem Geld.

»Ich fahre jetzt los«, verkündete er.

Irene von Kleist schüttelte Marc die Hand. »Viel Glück«, sagte sie.

Dann war Renate Schwalenberg an der Reihe. Sie umarmte Marc wie einen alten Freund und flüsterte ihm ins Ohr: »Ich vertraue Ihnen. Bitte bringen Sie mir mein Baby zurück.«

Von Schwalenberg erhielt er dagegen nur ein kurzes Nicken. Wahrscheinlich betrachtete der Mann ihn schon als einen seiner Angestellten.

Da die Entführer keine Anweisung gegeben hatten, mit welchem Wagen Marc fahren sollte, verstaute er das Lösegeld im Kofferraum seines Golf und fuhr in Richtung Bielefeld-Bethel.

Im Moment beschäftigte ihn weniger die Angst vor den Entführern als die vor Journalisten, die sich an seine Fersen heften könnten. Er hatte die Warnung des Anrufers noch gut im Ohr: Wenn es bei der Übergabe des Geldes irgendwelche Störungen gibt, eröffnen wir ohne Vorwarnung das Feuer. Aber mehrere Blicke in den Rückspiegel gaben ihm Gewissheit, dass ihm niemand folgte. Wahrscheinlich hatten die Reporter ihn nicht auf der Rechnung und gingen davon aus, die Übergabe würde wie beim letzten Mal durch Schwalenberg selbst erfolgen.

Das *Glückundseligkeit* war in ganz Bielefeld bekannt: eine ehemalige evangelische Kirche, die ein umtriebiger Bielefelder Szenegastronom in eine Trend-Bar mit angeschlossenem Restaurant umgewandelt hatte. Marc stellte den Golf auf dem dazugehörigen Parkplatz ab und betrat den Innenraum des entwidmeten Gotteshauses. Obwohl es mitten in der Woche war, war der Laden rappelvoll. Alle Tische waren besetzt, sogar an der langen braunen Holztheke, die sich unter den hohen Kirchenfenstern durch das Hauptschiff bis zum ehemaligen Altarbereich zog, musste Marc einige Minuten warten, bis ein Platz frei wurde. Unter den verwunderten Blicken der anderen Besucher, die sich wahrscheinlich fragten, was der Mann mit einem großen Koffer in einem Bistro zu suchen hatte, kletterte er auf einen der mit schwarzem Leder bezogenen Barhocker. Marc überlegte, was er bestellen sollte. Am liebsten wäre ihm ein Whisky gewesen, um seine Nerven und seine zitternden Hände zu beruhigen, aber er ahnte, dass dies eine lange Nacht werden würde, in der er zudem größere Strecken mit dem Wagen zurücklegen musste. Also orderte er eine Cola, lauschte der gedämpften, meditativen Musik und wartete, dass irgendetwas passierte.

Marc hatte sein Glas halb ausgetrunken, als die junge Frau, die am Eingang die Gäste in Empfang nahm, mit suchenden Blicken durch die Reihen ging und rief: »Ist hier ein Marc Hagen?«

Marc gab sich zu erkennen und wurde von der jungen Frau zum Empfangsschalter geführt, wo sie auf das Telefon zeigte. »Ein Gespräch für Sie.«

Marc bedankte sich und nahm den Hörer auf.

»Sind Sie der Anwalt?«, fragte die elektronisch verfremdete Stimme.

»Ja.«

»Was ist in § 540 BGB geregelt?«

Marc runzelte die Stirn. War der Anrufer verrückt geworden? Aber dann verstand er: eine Testfrage, um abzuklären, ob er ein verdeckter Polizeibeamter war.

»Hören Sie«, sagte Marc geduldig. »Ich weiß nicht, was in § 540 BGB steht. Ich ...«

»Ich habe es gewusst«, sagte die Stimme. »Sie sind doch ein Bulle. Wir werden die Aktion jetzt beenden und ...«

»Warten Sie«, schrie Marc so laut in den Apparat, dass mehrere Gäste sich zu ihm umdrehten. »Lassen Sie es sich doch erklären! Sie sind offenbar kein Jurist, sonst wüssten Sie, dass kein Mensch alle Gesetze kennen kann. Es ist nicht die Aufgabe von Anwälten, Paragrafen auswendig zu lernen. Juristen müssen das Gesetz auf einen bestimmten Sachverhalt anwenden. Ich weiß nicht, wie ich Ihnen das besser erklären kann. Wenn ...«

»Schon gut!«, unterbrach ihn die Stimme. »Ich werde Ihnen vorerst glauben. Aber sobald wir feststellen sollten, dass Sie doch ein Bulle sind, brechen wir sofort ab. Sie werden das *Glückundseligkeit* jetzt verlassen und zu Fuß zu den Krankenanstalten Gilead gehen. Auf dem letzten Parkplatz hinter der Kinderklinik finden Sie einen roten Toyota Corolla mit dem Kennzeichen BI AK 527. Steigen Sie in diesen Wagen ein! Der Wagen ist nicht verschlossen, der Schlüssel steckt. In dem Corolla finden Sie weitere Anweisungen. Sie haben zehn Minuten!«

Marc warf einen Zehneuroschein auf den Tresen. Er wollte gerade loslaufen, als ihm etwas einfiel.

»Der Anrufer, hatte er eine normale Stimme?«, fragte er die junge Frau vom Empfangsschalter.

Die musterte Marc, als habe er nicht alle Tassen im Schrank. »Was?«

»Der Anrufer!«, wiederholte Marc ungeduldig. »War es ein Mann oder eine Frau?«

Die steile Falte auf der Stirn der Empfangsdame vertiefte sich. »Aber Sie haben doch selbst ...«

»Mann oder Frau?«, brüllte Marc.

»Ein Mann«, antwortete die erschrockene Frau schnell.

Marc griff nach dem Koffer und rannte los.

Die Krankenanstalten Gilead lagen in der Nähe des *Glückundseligkeit* auf einem kleinen Hügel über der Stadt, sodass Marc die ganze Zeit bergauf laufen musste. Er passierte die Krankenhausanlagen und hatte endlich die Kinderklinik im Blick. Kurz vor Ablauf des Ultimatums erreichte Marc vollkommen aus der Puste den dahinterliegenden, umzäunten

Parkplatz, auf dem um diese Uhrzeit fast keine Autos mehr standen. Marc musterte die Fahrzeuge, dann atmete er erleichtert durch. In der hintersten Ecke leuchtete ein knallroter Toyota Corolla. Marc rannte darauf zu, checkte das Nummernschild und sprang in den Wagen. Auf dem Beifahrersitz entdeckte er eine Taschenlampe und ein elektronisches Gerät, das in etwa das Aussehen und die Größe eines Handys hatte. Allerdings war es mit einer zirka zehn Zentimeter langen, fest angebrachten Antenne versehen. Unter dem Gerät lag eine auf einem PC geschriebene Bedienungsanleitung. *Was Sie gerade in der Hand halten, ist ein Walkie-Talkie*, stand darauf. *Das Gerät mag aussehen wie ein Handy, aber im Gegensatz zu einem Telefon können Sie damit nicht gleichzeitig hören und sprechen. Zum Sprechen müssen Sie den Knopf Senden gedrückt halten, zum Hören müssen Sie den Knopf wieder loslassen.*

Marc hatte die Anleitung gerade zu Ende gelesen, als das Funkgerät knisternd zum Leben erwachte. Gleich darauf hörte er die elektronisch verzerrte Stimme: »Können Sie mich hören?«

Marc hielt das Walkie-Talkie vor den Mund: »Ich kann Sie gut verstehen«, sagte er.

»Ich höre nichts. Sie müssen erst den Sendeknopf drücken«, befahl die Stimme.

Marc tat, wie ihm geheißen. »Funktioniert es jetzt?«, fragte er.

»Ja! Aber Sie waren zu langsam. Wir hätten die Aktion fast abgebrochen.«

»Ich bin gerannt wie ein Verrückter«, protestierte Marc. »Ihre Zeitvorgaben sind zu knapp.«

»Ich kann Sie nicht verstehen«, sagte die Stimme. »Sie müssen …«

Marc fluchte leise vor sich hin und drückte die Sprechtaste. »Hören Sie, wäre es nicht einfacher gewesen, ein normales Handy zu verwenden?«, fragte er.

»Handys kann man orten, Walkie-Talkies nicht«, lautete die Antwort.

»Es gibt niemanden, der Sie orten will«, sagte Marc. »Die Polizei ist raus, das hat Herr Schwalenberg Ihnen doch mehrfach versichert.«

»Vielleicht«, sagte die Stimme. »Vielleicht auch nicht. Vorsicht ist die Mutter der Porzellankiste.«

»Wenn Vorsicht die Mutter der Porzellankiste ist: Wer ist dann die Tochter?« Marc erschrak über sich selbst. Was redete er denn da? Aber es war wie ein Reflex: Jedes Mal, wenn jemand meinte, den blöden Spruch mit der Porzellankiste anbringen zu müssen, stellte er diese Frage.

Die Reaktion des Entführers ließ nicht lange auf sich warten. »Was?«, hörte Marc die fassungslose Roboterstimme.

»Entschuldigung, ich …«

»Sie werden jetzt aussteigen und den Kofferraum des Wagens öffnen!«, schnitt ihm die Stimme das Wort ab. »Dort finden Sie einen Rucksack. In diesem Rucksack befindet sich ein Trainingsanzug. Ziehen Sie Ihre gesamte Kleidung aus und den Trainingsanzug an. Dann nehmen Sie das Geld aus dem Koffer und packen es in den Rucksack. Bleiben Sie die ganze Zeit unter der Laterne stehen, damit ich Sie sehen kann. Den Rucksack legen Sie anschließend wieder in den Kofferraum. Ihre Kleidung und den Koffer lassen Sie auf dem Parkplatz zurück. Beeilen Sie sich! Sie haben drei Minuten!«

Marc verließ den Wagen und zog sich Jacke, Pullover, T-Shirt, Schuhe und Hose aus. Er wollte gerade den Trainingsanzug überziehen, als das Walkie-Talkie quäkte.

»Alles ausziehen!«, befahl die Stimme. »Auch die Unterwäsche!«

Marc sah sich hektisch um. Er wurde offenbar tatsächlich beobachtet, aber er konnte niemanden entdecken.

Er entledigte sich auch der Unterhose und hielt sie bewusst einige Sekunden hoch, bevor er sie zu seiner restlichen Kleidung warf. In dem Moment näherten sich von hinten schnelle Schritte. Marc fuhr herum. Wollten die Entführer die Übergabe tatsächlich jetzt schon ...?

Aus der Dunkelheit kamen zwei Frauen auf ihn zu. Sie starrten den nackten Mann mit großen Augen an. Nach einer Schrecksekunde wandten sie sich ab, sprangen in einen Ford Escort und fuhren davon. Marc atmete erleichtert durch. Wahrscheinlich Krankenschwestern auf dem Nachhauseweg, dachte er.

Er streifte sich den Trainingsanzug über und wollte seine Schuhe anziehen, als sich schon wieder die Stimme aus dem Walkie-Talkie meldete: »Keine Schuhe!«

Marc unterdrückte ein Seufzen. Offenbar hatten die Entführer panische Angst vor Peilsendern. Mit nackten Füßen lief er über den kalten Asphalt zum Kofferraum. Dort ließ er die Schlösser des Koffers aufschnappen und lud das Geld in den Rucksack um, den er anschließend im Kofferraum verstaute. Dann nahm er auf dem Fahrersitz Platz und wartete.

»Fahren Sie los«, sagte die Stimme. »Nehmen Sie den Ostwestfalendamm Richtung Gütersloh. Am Ende biegen Sie nach links auf den Südring ab Richtung Autobahnauffahrt Bielefeld-Sennestadt. Wenn Sie die Auffahrt erreicht haben, fahren Sie auf die A2 Richtung Dortmund. Und denken Sie immer daran: Sie stehen die ganze Zeit unter unserer Beobachtung. Auch wenn Sie uns nicht sehen, werden wir in Ihrer Nähe sein. Wenn uns der Verdacht kommt, dass die Polizei eingeschaltet ist, brechen wir die Aktion sofort ab und Daniela Schwalenberg wird sterben.«

38

Es war wieder einmal spät geworden.

Hauptkommissar Remmert schloss die Tür seines Reihenhauses auf. Sein erster Weg führte ihn wie immer zum Zimmer seiner Tochter.

Doch heute war der Raum leer. Mit schnellen Schritten lief er die Stufen wieder hinunter und fand seine Frau im Wohnzimmer. »Wo ist Kim?«

»Dir auch einen wunderschönen guten Abend«, gab Ursula Remmert übertrieben freundlich zurück.

»Wo ist Kim?«, wiederholte Remmert ungeduldig, ohne auf die Anspielung einzugehen.

Ursula Remmert seufzte geduldig. »Kim ist bei einer Freundin«, sagte sie. »Sie wollen zusammen Hausaufgaben machen.«

Remmert sah auf seine Uhr. »Um elf Uhr abends?«

Ursula Remmert zuckte die Achseln. »Wahrscheinlich sind sie schon fertig und haben sich verquatscht.«

Der Hauptkommissar schüttelte den Kopf. »Ich möchte, dass du sofort bei dieser Freundin anrufst«, sagte er. »Hast du die Nummer?«

»Ja, aber findest du nicht, du übertreibst?«

»Nein, das finde ich nicht!«, brüllte der Hauptkommissar. Seine Frau zuckte zusammen. Reiß dich zusammen, zwang sich Remmert. »Ruf sie jetzt bitte an!«, sagte er in mühsam beherrschtem Ton.

Ursula Remmert nickte genervt, erhob sich dann aber doch aus ihrem Sessel und ging zum Telefon. Sie blickte auf einen Zettel, tippte ein paar Zahlen ein und wartete.

»Ja, hallo, Frau Schinkel. Ursula Remmert hier. Entschuldigen Sie bitte den späten Anruf. Ist Kim noch bei Ihnen?«

Sie lauschte der Antwort und Remmert konnte selbst aus einer Entfernung von fünf Metern erkennen, dass seine Frau blass wurde.

»Kim war heute überhaupt nicht bei Ihnen?«, vergewisserte sich Ursula Remmert und warf ihrem Mann einen verzweifelten Blick zu. »Schläft Jennifer schon?«, fragte sie dann ins Telefon. »Ja, danke ich warte.« Sie wandte sich ihrem Mann zu. »Kim war nicht bei den Schinkels«, zischte sie ihm überflüssigerweise zu.

Remmert stellte sich dicht neben seine Frau, um mithören zu können. Sekunden später vernahmen sie Jennifer Schinkels Stimme am anderen Ende der Leitung.

»Hallo, Frau Remmert?«

»Jennifer!«, antwortete die Frau des Hauptkommissars. »Kim hat mir gesagt, sie sei heute den ganzen Abend bei dir, weil ihr für eine Englischarbeit lernen wolltet.«

»Wir waren heute nicht verabredet«, gab Jennifer erstaunt zurück. »Ich habe Kim seit Schulschluss nicht mehr gesehen.«

»Hast du eine Ahnung, wo sie sein könnte? Vielleicht bei einer anderen Freundin?«

»Nein, tut mir leid«, sagte Jennifer. »Wir machen in letzter Zeit nicht mehr viel miteinander.«

»Was?«, schrie Ursula Remmert. »Ich dachte, ihr hängt jeden Tag zusammen!«

»Bis vor zwei Monaten war das auch so«, bestätigte Jennifer. »Aber dann hat Kim sich irgendwie verändert.«

»Was soll das heißen?«

»Sie spricht kaum noch mit mir. Sie tut geheimnisvoll und hat sich von fast allen abgekapselt.«

Ursula Remmert schüttelte verwirrt den Kopf. »Danke, Jennifer. Tust du mir einen Gefallen? Falls sich Kim doch bei dir meldet oder du sie sonst wie siehst oder sprichst, sag ihr bitte, sie soll sofort zu Hause anrufen, okay?«

Nachdem Ursula Remmert aufgelegt hatte, begann sie hemmungslos zu weinen.

»Was hat das zu bedeuten?«, stammelte sie. »Was hat das nur zu bedeuten?«

Der Hauptkommissar ließ sich schwer in einen Sessel fallen. »Ich verstehe das nicht!«, sagte er. »Ich arbeite den ganzen Tag bis spät in die Nacht. Da kann ich doch wohl erwarten, dass du wenigstens auf unsere Tochter aufpasst!«

»Ach, jetzt bin ich schuld?«, schrie Ursula Remmert hysterisch. »Der Gedanke, dass du dich mehr um sie kümmern müsstest, kommt dir wohl nicht? Ein Mädchen in dem Alter braucht beide Eltern! Aber du kommst ja immer erst nach Hause, wenn sie schon schläft!«

»Das nennt man Arbeit!«, motzte er zurück. »Einer muss ja das Geld verdienen, um die Raten für dieses Haus und deinen Friseur bezahlen zu können.«

»Und den Schmuck für deine Freundin.«

»Was sollen jetzt diese alten Kamellen? Das ist zehn Jahre her.«

»Weiß ich, ob du nicht inzwischen eine Neue hast? Und jetzt tu endlich was! Du bist doch bei der Polizei! Ruf an! Sie sollen Kim suchen! Wir …«

»Was ist denn hier los?«

Remmert fuhr herum und erblickte seine Tochter, die mit dem Schlüssel in der Hand in der Wohnzimmertür stand. Der Hauptkommissar war sich nicht sicher, ob er sie umarmen oder verprügeln sollte.

»Wo kommst du jetzt her?«

»Ich war bei Jennifer. Das habe ich Mama doch ge…«

»Lüg mich nicht an! Wir haben mit Jennifer gesprochen. *Wo warst du?*«

»Ich …« Kim trat verlegen von einem Fuß auf den anderen. »Ich war mit jemandem verabredet.«

»Mit wem? Ich will Namen hören.«

»Er heißt Sven. Er geht auf die …«

»Sven?«, schrie Remmert. »Du triffst dich mit einem Sven? Verdammt, du bist sechzehn und ich erlaube nicht, dass du …«

»Genau, ich bin sechzehn!«, schrie Kim zu Remmerts Erstaunen zurück. »Alle meine Freundinnen haben einen Freund. Und Sven ist zufällig mein Freund. Und wollt ihr auch wissen, warum ich euch nichts von ihm erzählt habe? Weil ich gewusst habe, dass du genau so reagierst!«

Tränen schossen ihr in die Augen, Kim drehte sich um und rannte die Treppen zu ihrem Zimmer hinauf. Sekunden später hörten die Remmerts das laute Zuschlagen einer Tür.

Der Hauptkommissar rannte in die Diele. »Darüber sprechen wir noch, Fräulein!«, brüllte er die Treppe hoch. »Die nächsten vier Wochen wirst du dieses Haus außer für die Schule nicht mehr verlassen, darauf kannst du Gift nehmen!«

Schwer atmend ging er in die Küche und nahm sich ein Bier aus dem Kühlschrank. Das brauchte er jetzt. Er knackte die Dose, setzte sie an und trank sie halb aus. Zögernd kehrte er in das Wohnzimmer zurück, wo seine Frau noch immer auf dem Sofa saß, den Kopf erschöpft in die Hände gestützt.

Remmert nahm einen weiteren Schluck, um innerlich Anlauf zu nehmen. »Tut mir leid«, sagte er. »Das mit … mit eben war nicht so gemeint. Mir sind einfach die Nerven durchgegangen. Die Entführung Daniela Schwalenbergs macht mir ziemlich zu schaffen. Und dann noch der Ärger mit der Baum.«

Seine Frau blickte auf. »Ist sie immer noch so schlimm?«, fragte sie versöhnlich.

Remmert nickte düster. »Inzwischen dreht sie völlig durch. Hat sich vollkommen in eine absolut blödsinnige Theorie verrannt. Und wir sollen jemanden überwachen, nur weil er zufällig das falsche Buch gelesen hat.«

»Du meinst, sie ist auf dem falschen Dampfer?«

»Das meine nicht nur ich, das weiß jeder. Nur eben nicht unsere sehr verehrte Frau Kriminaldirektorin.«

»Aber irgendwann wird sich doch rausstellen, dass sie unrecht hat, oder?«

»Natürlich. Irgendwann wird diese ganze Schwachsinnstheorie wie eine riesige Blase platzen und der Baum die Scheiße um die Ohren fliegen. Eigentlich müsste mich das ja freuen. Ich fürchte nur, dann ist es zu spät für Daniela Schwalenberg.«

39

Marc steuerte den Corolla auf die Stadtautobahn, die sich wie ein riesiger Lindwurm quer durch die Bielefelder Innenstadt wand. Mit der rechten Hand umklammerte er das Lenkrad, mit der linken presste er sich das Walkie-Talkie ans Ohr. Er hoffte inständig, dass er nicht von übereifrigen Polizisten angehalten wurde, die meinten, er würde ohne Freisprecheinrichtung telefonieren.

Bis zur Autobahnauffahrt kam er aufgrund des geringen Verkehrs problemlos voran und er erhielt auch keine neuen Anweisungen. Erst nachdem er sich auf der Autobahn A2 eingeordnet hatte, hörte er die mechanische Stimme wieder.

»Verlassen Sie die A2 in fünfhundert Metern und fahren Sie auf die A33 Richtung Paderborn.«

Marc warf einen prüfenden Blick in den Rückspiegel. Der Wagen der Entführer musste eigentlich unmittelbar hinter ihm sein. Aber in der Dunkelheit sah er nur ein halbes Dutzend Scheinwerferpaare.

Marc setzte den Blinker und lenkte den Corolla am Autobahnkreuz Bielefeld auf die A33. Die Roboterstimme mahnte: »Bleiben Sie die ganze Zeit auf der rechten Fahrbahn. Überholen Sie nicht! Halten Sie die Geschwindigkeit bei maximal neunzig Stundenkilometern.«

Marc fädelte wie befohlen auf der rechten Spur hinter einem Lkw ein. Die nächsten dreißig Kilometer zockelte er hinter dem Dreißigtonner her, immer einen großen Aufkleber mit der Aufschrift *Hallo, meine Damen, meiner ist zwanzig Meter lang* vor der Nase.

Erst hinter Paderborn ließ die Stimme das nächste Mal von sich hören: »Am Autobahnkreuz Wünnenberg-Haaren fahren Sie auf die A44 in Richtung Kassel. Behalten Sie Ihre bisherige Fahrweise bei.«

Marc folgte den Anweisungen. In Höhe der Raststätte Am Biggenkopf durchbrach das Knacken des Walkie-Talkie das monotone Abrollgeräusch der Räder auf der Straße und die Stimme fragte: »Wer ist denn nun die Tochter?«

Marc glaubte für einen kurzen Moment, er habe nicht richtig verstanden. »Bitte?«

»Die Tochter!«, wiederholte die Stimme ungeduldig. »Vorsicht ist die Mutter der Porzellankiste, wer ist die Tochter?«

»Ach so!« Marc lachte erleichtert auf und drückte die Sprechtaste. »Wenn Vorsicht die Mutter der Porzellankiste ist, muss die Porzellankiste die Tochter sein«, erklärte er. Langsam beherrschte er das Spiel mit den Knöpfen.

Am anderen Ende entstand ein kurzes Schweigen. »Klar«, sagte die Stimme dann. »Wenn man's weiß, ist es ganz einfach.«

Ja, dachte Marc. Und wenn man es nicht weiß, ist es auch nicht besonders schwierig. Offenbar war der Mann am anderen Ende nicht der hellste. Nach allem, was er von Irene von Kleist und den Schwalenbergs erfahren hatte, war Danielas Entführung perfekt geplant und die Täter hatten bisher nicht einen Fehler gemacht. Also war sein Gesprächspartner nicht der Kopf des Unternehmens, sondern nur ein Handlanger, der für die Geldübergabe zuständig war.

»Der war echt gut«, sagte die Stimme und lachte. »Haben Sie noch so einen?«

Marc überlegte. Es konnte nicht schaden, eine persönliche Beziehung zu dem Mann aufzubauen. Zum einen konnte er dadurch seine Chancen erhöhen, unbeschadet aus dieser Sache herauszukommen, zum anderen gelang es ihm vielleicht, etwas über die Entführer herauszufinden. Sunzis Ratschlag fiel ihm ein: *Du musst deine Feinde kennen.*

»Klar«, sagte er also. »Sie haben zwei Geldscheine in der Hand. Zusammen haben die Scheine einen Wert von einhundertzehn Euro. Aber einer der beiden Scheine ist *kein* Zehneuroschein. Was haben Sie für Scheine in der Hand?«

»Hm«, sagte die Stimme. Dann herrschte minutenlanges Schweigen. »Einen Sechzigeuroschein gibt es nicht«, überlegte die Stimme laut. »Und einer der beiden Scheine ist kein Zehneuroschein.«

Erneut blieb es für mehrere Minuten ruhig. »Das geht nicht!«, verkündete die Stimme schließlich im Brustton der Überzeugung.

»Doch«, widersprach Marc. »Das geht!«

»Ich komm nicht drauf«, kapitulierte die Stimme. »Sagen Sie schon!«

»Ganz einfach! Sie haben einen Hunderteuroschein und einen Zehneuroschein.«

»Was? Aber Sie haben doch gesagt, einer der beiden Scheine sei *kein* Zehneuroschein.«

»Ja, genau! *Einer* der beiden Scheine ist kein Zehneuroschein. Denn das ist der Hunderteuroschein.«

Verdutzte Stille. »Sie haben recht!«, meldete sich die Stimme schließlich wieder und ein synthetisches Lachen drang an Marcs Ohr. »Der war auch gut!« Die Stimme hielt einen Moment inne. »Was für eine Farbe hat so ein Hunderteuroschein eigentlich?«, fragte sie dann. »Ich glaube, so einen hatte ich noch nie in der Hand.«

»Hunderteuroscheine sind grün«, erwiderte Marc leicht belustigt. »Sie werden das in Kürze überprüfen können, denn Sie werden bald jede Menge davon besitzen.«

»Genau«, lachte die Stimme. »Das hätte ich beinahe vergessen. Den Schwalenbergs sei Dank.«

Marc nickte und überlegte, ob er es wagen konnte, den Entführer ein bisschen auszufragen. Er rang sich zu einer Entscheidung durch. »Wie sind Sie eigentlich gerade auf Daniela Schwalenberg gekommen?«, fragte er in das Walkie-Talkie.

Die Antwort war verzerrtes Geschrei: »Du glaubst wohl, du kannst mich verarschen! Aber da hast du dich geschnitten! Du fährst einfach weiter und tust, was ich dir sage!

Noch so ein Versuch und du bist tot! Tot, verstehst du? Ich knall dich ab wie einen Straßenköter, das schwör ich dir. Ist das klar?«

Erschrocken über den abrupten Stimmungswechsel, hätte Marc fast vergessen, die Sprechtaste zu drücken. »Glasklar!«, hauchte er in das Gerät. Er war offenbar zu weit gegangen. Sein Gesprächspartner war anscheinend doch nicht so dumm, wie er gedacht hatte. Und er schien zum Jähzorn zu neigen. Wieder musste Marc an Sunzi denken: *Wenn dein Gegner ein cholerisches Temperament hat, dann versuche, ihn zu reizen.* Marc schüttelte den Kopf. Der alte Chinese hatte gut reden. Vielleicht sollte er selbst ein Buch mit Ratschlägen schreiben, wenn er diese Sache überlebte: Wenn du mutterseelenallein und unbewaffnet mitten in der Nacht auf einer Autobahn unterwegs bist und in Kürze auf einen durchgeknallten Verbrecher mit einer Pistole triffst, nimm die Beine in die Hand und hau ab, so schnell du kannst.

Marc wurde wieder bewusst, in welcher Gefahr er schwebte. Er war vollkommen auf sich allein gestellt und hatte einen aggressiven Entführer im Nacken. Seit seiner Abfahrt bei den Schwalenbergs hatte Marc funktioniert wie ein Automat, aber nun wurde er nur noch von einem einzigen Gedanken beherrscht: Vielleicht würde er den morgigen Tag nicht mehr erleben! Er verfluchte sich für seine Dummheit. Er hätte Irene von Kleists Bitte nicht nachgeben dürfen! Was tat er hier eigentlich? Setzte sein Leben für einen Menschen aufs Spiel, den er gar nicht kannte! Und warum? Aus Habgier! Die Aussicht auf Irene von Kleists Kanzlei und Schwalenbergs Dankbarkeit waren der einzige Grund, warum er jetzt hier auf dieser Autobahn fuhr. Wenn es einen Gott gab, würde der das wissen. Und ihn dafür bestrafen! Marc war den Tränen nahe. Aber vielleicht hat das Ganze auch etwas Gutes, dachte er. Wenn diese Verbrecher ihn umbrachten, würde er vielleicht Jana wiedersehen. Seine große Liebe war vor fast vier Jahren bei einem Verkehrsunfall auf Antigua ums Leben gekommen. Seitdem hatte er nicht einmal annähernd so viel für eine Frau empfunden.

Die Stimme riss ihn aus seinen Gedanken. »Fahr am Autobahnkreuz Kassel auf die A7 Richtung Wiesbaden«, befahl sie. »Bleib auf der A7, bis du neue Anweisungen erhältst.«

Marc hob besorgt die Augenbrauen. Mit dem formellen Siezen war es offenbar vorbei. Der Entführer hatte seinen Respekt vor ihm verloren. Keine guten Aussichten, dachte er.

Marc verließ die A44 und reihte sich in den Verkehr auf der A7 ein. Der Corolla fraß Kilometer um Kilometer, aber das Walkie-Talkie blieb stumm. Marc überlegte, ob er das Autoradio einschalten sollte, hatte aber Angst, eine Anweisung des Entführers zu überhören. Also blieb sein einziges Begleitgeräusch das träge Schlappen des Scheibenwischers, der die Insekten auf der Windschutzscheibe zu einer grünen, breiigen Masse rührte. Der Himmel hatte sich zugezogen und es nieselte leicht und stetig.

Erst kurz vor Würzburg meldete sich die Stimme wieder.

»Fahr an der Raststätte Riedener Wald ab. Park auf dem Parkplatz genau vor der Raststätte. Warte dort auf weitere Anweisungen.«

Marc setzte den Blinker. Schwalenberg hatte ihm erzählt, wie die erste Geldübergabe abgelaufen war. Wollten die Entführer ihren Plan wiederholen? Sollte er das Geld in einen Papierkorb werfen? Aber dafür wäre ein Rucksack wohl kaum geeignet.

Marc fand tatsächlich einen Parkplatz genau vor der Raststätte und beobachtete, wie die Leute hineingingen, um etwas zu essen und zu trinken, aber er verspürte keinen Hunger.

Dann hörte er die Stimme wieder. »Fahr wieder los. Folge der Einbahnstraße vor der Raststätte. Bieg nicht zur Tankstelle ab, sondern bleib auf der Straße, bis es nur noch nach rechts oder links geht. Dort fährst du links.«

Marc hatte bis jetzt geglaubt, dass man Autobahnraststätten nur über die Autobahn erreichen und wieder verlassen konnte. Nun wurde er eines Besseren belehrt.

Er verließ das Raststättengelände und fand sich auf einer Landstraße wieder. Rechts und links erstreckten sich schwarze Kartoffeläcker. Inzwischen war es drei Uhr nachts und der Corolla war das einzige Auto weit und breit, auch Häuser schien es hier nicht zu geben. Zwar nicht das Ende der Welt, dachte Marc. Aber man könnte es bestimmt von hier aus sehen, wenn man denn etwas sehen könnte.

»In etwa zweihundert Metern geht ein Wirtschaftsweg von der Landstraße ab«, sagte die Stimme. »Da fährst du drauf. Bleib auf dem Weg, bis es nur noch rechts oder links geht. Dann fahr nach links. Nach etwa hundert Metern beginnt ein hoher Bretterzaun, der entlang des Weges verläuft. Ab da nimmst du den Fuß vom Gas, nur Schrittgeschwindigkeit, bis du auf dem Boden Leuchtstäbe siehst. Dort hältst du an!«

Marc tat, wie ihm geheißen. Die Scheinwerfer schnitten eine Schneise durch die Dunkelheit und erleuchteten den Regen, der jetzt wie Bindfäden vom Himmel fiel. Die Straße verengte sich bis auf eine einzige schmale Spur und verwandelte sich in eine Schotterpiste. Rechts von ihm tauchte der etwa drei Meter hohe Bretterzaun auf, der zehn Meter von der Straße zurückgesetzt stand und schnurgerade parallel zu ihr verlief. Hinter dem Bretterzaun konnte Marc vage die Silhouetten einiger hoher Fertigbauten erkennen. Anscheinend befand er sich an der Rückseite eines Gewerbegebietes. Marc drückte auf das Bremspedal und ließ den Wagen rollen. Eine Minute später sah er mehrere Leuchtstäbe im Gras neben der Straße liegen und stoppte. Da er keine neue Anweisung bekam, blieb er im Auto sitzen und wartete.

Nach zehn Minuten meldete sich die Stimme endlich: »Steig aus! Geh mit dem Geld direkt auf den Zaun zu und wirf den Rucksack darüber. Danach gehst du sofort zu dem

Wagen zurück, steigst ein und fährst, ohne anzuhalten, nach Bielefeld!«

»Ich habe verstanden. Aber was ist mit Daniela?«

»Wenn mit dem Lösegeld alles in Ordnung ist, lassen wir Daniela Schwalenberg innerhalb von vierundzwanzig Stunden frei. Und jetzt mach, was ich dir gesagt habe!«

Marc stieg aus und landete mit den nackten Füßen im feuchten Gras. Binnen Sekunden war er von dem Regen durchnässt. Es war so frisch, dass er seinen stoßweise gehenden Atem erkennen konnte. Wenn die Entführer mich nicht umbringen, hole ich mir wahrscheinlich aufgrund der Kälte den Tod, dachte er. Marc zog den Rucksack aus dem Kofferraum und ging langsam auf den Bretterzaun zu. In einiger Entfernung hörte er das stete Brummen der Fahrzeuge auf der Autobahn, ansonsten war es totenstill. Erst im dritten Anlauf gelang es Marc, den schweren Rucksack über den Zaun zu werfen. Er hörte den dumpfen Aufprall auf der anderen Seite, anschließend lief er schnell zu dem Corolla zurück, stieg ein und fuhr los, ohne sich noch einmal umzudrehen.

Geschafft!, dachte er erleichtert.

40

»Jaaaa!« Gonzo brüllte wie ein Löwe und stieß die geballte Faust in die Luft. »Freddy!«, rief er. »Freddy! Jochen hat gerade angerufen. Wir haben das Geld!«

Er lauschte ein paar Sekunden, aber nur Stille antwortete ihm. »Freddy?«, rief er etwas leiser. Er schaute in der Küche nach, auf dem Klo, im Wohnzimmer. Keine Spur von Freddy. Wo steckte der bloß? Vielleicht war er nur ein wenig Luft schnappen gegangen, um die fast unerträgliche Anspannung abzubauen. Egal. Sie hatten es geschafft! Geschafft!! Sie waren reich und konnten ihre Geisel endlich freilassen! Gonzo freute sich jetzt schon auf das Gesicht des Mädchens, wenn er ihr die freudige Nachricht überbrachte.

Er rannte in den Keller, drehte den Schlüssel im Schloss, schob die Riegel zurück und riss die Tür auf.

»Du hast es überstanden«, lachte er. »Hörst du? Dein Vater hat gezahlt! Du wirst bald frei sein. Verstehst du? Frei!«

Gonzo stutzte. Zu seinem großen Erstaunen bemerkte er in dem Gesicht des Mädchens überhaupt keine Freude. Im Gegenteil! Sie starrte ihn mit panischen, vor Angst weit aufgerissenen Augen an. Was hat sie nur?, dachte er. Warum freut sie sich nicht? Und dann registrierte Gonzo, dass sich das Mädchen die Hände vor die Augen hielt, und verstand: Er hatte vergessen, sich die Sturmmaske überzuziehen! Wenn die anderen das bemerkten, würde das unweigerlich den Tod der Geisel bedeuten. Hektisch fuhr er herum, um die Tür wieder zu schließen, und blickte direkt in das Gesicht von Freddy, der langsam den Kopf schüttelte.

»Du hast Scheiße gebaut, Gonzo«, sagte Freddy ganz leise. »Eine Riesenscheiße.«

41

Am frühen Morgen erreichte Marc Bielefeld. Draußen wurde es gerade hell. Die ersten Vögel sangen und mit fortschreitender Dämmerung stimmten immer mehr in ihr Gezwitscher ein. Obwohl Marc todmüde war, fühlte er sich so gut wie schon lange nicht mehr. Eine beinahe euphorische Stimmung hatte ihn erfasst: Er hatte die wahrscheinlich gefährlichste Situation seines Lebens überstanden. Zuerst fuhr er auf den Parkplatz der Krankenanstalten Gilead und fand den Koffer und seine Kleidung noch genauso vor, wie er sie zurückgelassen hatte. Offenbar ist mir die Polizei tatsächlich nicht gefolgt, dachte er, sonst hätten sie die Sachen sichergestellt.

Nachdem er sich umgezogen hatte, holte er seinen Wagen vom Parkplatz des *Glückundseligkeit* und fuhr damit nach Hoberge-Uerentrup. Marc hatte die Schwalenbergs nach der Übergabe des Lösegeldes von einer Autobahnraststätte aus angerufen und ihnen mitgeteilt, dass alles geklappt hatte. Renate Schwalenbergs Erleichterung war förmlich mit Händen zu greifen gewesen.

Um kurz nach acht Uhr klingelte Marc an der Tür der Villa von Danielas Eltern. Renate Schwalenberg öffnete ihm und fiel ihm gleich um den Hals.

»Haben Sie schon etwas von Daniela gehört?«, fragte Marc.

»Nein«, antwortete sie. »Wir sitzen hier und warten, aber sie hat sich noch nicht gemeldet.«

»Das muss nichts bedeuten«, entgegnete Marc beruhigend. »Der Entführer hat gesagt, Daniela würde innerhalb von vierundzwanzig Stunden freigelassen werden. Die Frist ist noch lange nicht abgelaufen. Wahrscheinlich sind die Gangster gerade dabei, ihre Sachen zusammenzupacken und ihre Flucht vorzubereiten.«

Renate Schwalenberg nickte langsam. »Hoffentlich haben Sie recht! Ich möchte mich in jedem Fall noch einmal herzlich für Ihre Hilfe und Ihren Einsatz bedanken. Das hätte nicht jeder gemacht.«

»Keine Ursache«, wehrte Marc bescheiden ab. »War alles halb so wild. Ich glaube nicht …«

In diesem Moment erwachte der verrückte Frosch in Marcs Jackentasche zum Leben. Marc nahm das Handy heraus und drückte die grüne Taste. »Ja?«, meldete er sich.

»Spreche ich mit Herrn Rechtsanwalt Hagen?«, fragte eine weibliche Stimme.

»Ja«, bestätigte Marc. »Mein Name ist Marc Hagen.«

»Ich habe gehört, Sie suchen mich. Mein Name ist Susanne Binder.«

42

Freddy und Gonzo saßen in der Küche des Ferienhauses. Vor jedem stand eine volle Tasse Kaffee, der langsam kalt wurde, weil niemand trank.

»Du weißt, was das bedeutet«, sagte Freddy. »Wir hatten diesen Fall vorher besprochen: Wenn sie einen von uns erkennt, muss sie sterben.«

Gonzo traute sich kaum, seinem Kumpel in die Augen zu schauen. »Nein, Freddy, bitte nicht! Die Kleine kann doch nichts dafür. Es ist ganz allein meine Schuld. Ich habe vergessen, mich zu maskieren.«

Er hielt einen Moment inne, als sei ihm eine Idee gekommen. »Hör mal«, fuhr er dann fort, »ich verzichte auf meinen Anteil. Jochen und du, ihr könnt das gesamte Lösegeld unter euch aufteilen.«

Auf Freddys Gesicht erschien ein trauriges Lächeln. »Damit ist das Problem nicht gelöst. Wir können sie jetzt nicht mehr laufen lassen. Als Erstes werden die Bullen ihr Fotos zeigen. Und früher oder später wird sie einen von uns auf diesen Fotos erkennen. *Mich* hat sie nämlich auch gesehen. Und eines habe ich mir geschworen, Gonzo: Ich gehe nie wieder in den Knast. Nie wieder!«

»Aber sie wird uns nicht verraten, ganz bestimmt nicht. Die Kleine mag mich.«

»Natürlich«, spottete Freddy. »Jetzt mag sie dich, aber sobald sie frei ist, wird sie die Bullen auf dich hetzen.«

»Das glaube ich nicht. Ich bin mir sicher, sie mag mich wirklich.«

»Schluss jetzt«, herrschte Freddy ihn an. »Dir ist doch wohl klar, dass wir das Risiko nicht eingehen können. Ich habe ein Jahr lang an diesem Plan gearbeitet. *Ein Jahr!* Jetzt will ich mein Leben mit den Millionen genießen. Und niemand wird mir einen Strich durch die Rechnung machen. Niemand!«

Gonzo schloss die Augen und legte den Kopf in den Nacken. »Bitte, Freddy, bitte. Sie ist doch so jung und hat das ganze Leben noch vor sich. Bitte tu ihr nichts!«

Freddys Lippen verzogen sich zu einem schmalen Lächeln. »Keine Angst, Gonzo. *Ich* werde ihr nichts tun.«

Gonzo riss die Augen auf und starrte Freddy entsetzt an. »Was soll das heißen?«

»Stell dich nicht dümmer, als du bist. Du hast es verbockt, also wirst du es auch wieder in Ordnung bringen.«

Gonzo schüttelte verzweifelt den Kopf. »Ich kann das nicht, Freddy. Ich bring das nicht.«

Freddy legte seine Hand sanft auf Gonzos Unterarm und tätschelte ihn. »Ist okay, Gonzo, ist okay. Du musst es auch nicht machen. Aber einer wird es erledigen müssen. Wenn du es nicht tust, wird Jochen das übernehmen. Und Jochen wird es mit Sicherheit gerne machen. Du weißt ja, wie er ist. Aber bei Jochen wird es nicht schnell gehen. Das wird für die Kleine ein sehr langer und qualvoller Tod werden. Das Mädchen muss sterben, daran führt kein Weg vorbei. Entweder sie stirbt auf deine Weise oder sie stirbt auf Jochens Weise. Du hast die Wahl.«

Gonzo starrte lange vor sich hin. »Okay«, sagte er schließlich. »Ich mach's.«

»Du bist dir sicher, dass du das hinkriegst?«

»Ja, verdammt. Ich hab doch gesagt, ich mach's.«

43

»Bringen Sie mich auf den neuesten Stand«, eröffnete Helen Baum die eilig anberaumte Lagebesprechung.

»Schwalenberg hat sich vor drei Stunden bei uns gemeldet«, berichtete Remmert. »Die Übergabe des Lösegeldes ist offenbar letzte Nacht über die Bühne gegangen, aber Daniela ist noch nicht wieder aufgetaucht. Jetzt geht Schwalenberg allmählich der Arsch auf Grundeis.«

»Ich habe ihn mehrfach ausdrücklich gewarnt, uns auszuschließen«, bemerkte Helen Baum. »Vielleicht sieht er endlich ein, dass das ein Fehler war.«

Remmert nickte zustimmend. »Er weiß nicht mehr weiter, deshalb hat er uns ja angerufen. Ich habe ihm versichert, dass wir bis zu Danielas Freilassung jegliche Fahndung unterlassen.«

»Hat Schwalenberg das Lösegeld selbst übergeben?«, wollte Helen Baum wissen.

»Nein, Überbringer war angeblich ein Marc Hagen. Wir haben ihn schon überprüft, eine ziemlich zwielichtige Gestalt. Hagen ist ein ehemaliger Rechtsanwalt, der zurzeit für die Schwester von Frau Schwalenberg arbeitet, diese Dr. Irene von Kleist. Hagen scheint erhebliche Schulden zu haben und ist außerdem vorbestraft wegen Versicherungsbetruges. Hagen hat im Jahr 2003 seinen eigenen Tod vorgetäuscht und ist mit 1,3 Millionen Euro aus seiner Lebensversicherung in der Karibik abgetaucht.«

Bei Helen Baum gingen sämtliche Warnlampen an. »Kann dieser Hagen in die Sache verwickelt sein?«, fragte sie aufgeregt.

Remmert machte eine vage Geste. »Wir haben mit den Schwalenbergs und Frau von Kleist gesprochen. Wie es aussieht, ist es ein reiner Zufall, dass ausgerechnet dieser Hagen das Geld übergeben hat. Schwalenberg hat sich dazu gesundheitlich nicht mehr in der Lage gesehen und die Idee mit Hagen stammte von der von Kleist. Sie hat ihre Hand für ihren Mitarbeiter ins Feuer gelegt.«

»Was nichts heißen muss«, bemerkte Weigelt.

»Natürlich nicht. Wir bleiben an Hagen dran. Wir haben ihn auch schon vernommen, aber das hat nichts ergeben. Hagen hat angegeben, er sei mit einem Walkie-Talkie von einer Person, deren Stimme elektronisch verfremdet war, durch halb Deutschland gelotst worden. Der eigentliche Geldübergabeort befand sich in der Nähe der Raststätte Riedener Wald an der A7. Die Kollegen sind vor Ort. Hagen musste für die Geldübergabe einen Toyota Corolla benutzen. Wir haben den Wagen sichergestellt, die kriminaltechnische Untersuchung läuft noch. Wir wissen aber schon, dass der Corolla vorgestern in Spenge gestohlen worden ist, die Nummernschilder sind ebenfalls gestohlen. Die Entführer haben Hagen für die Geldübergabe einen Trainingsanzug und einen Rucksack zur Verfügung gestellt.«

»Was ist mit der Person, mit der Hagen per Walkie-Talkie gesprochen hat? Gibt es da irgendwelche Erkenntnisse?«

»Wir wissen definitiv, dass es ein Mann war. Die Täter haben Hagen ins *Glückundseligkeit*, eine Bar in Bielefeld-Bethel, bestellt. Dann hat einer der Entführer dort angerufen und mit einer Angestellten gesprochen. Bei diesem Gespräch war die Stimme des Anrufers nicht verfremdet. Wir haben vor zehn Minuten mit der Frau gesprochen. Sie konnte sich an den Anruf noch erinnern. Sie meint, der Anrufer sei etwa dreißig bis vierzig Jahre alt gewesen, aber das ist nur eine vage Schätzung. Zudem haben die Phonetiker uns gesagt, wenn er ein starker Raucher sei, könne der Sprecher bis zu zehn Jahre jünger sein als vermutet. Was das Alter angeht, ist also äußerste Vorsicht angesagt.«

»Sonst noch was über den Anrufer?«, fragte die Kriminaldirektorin.

»Dieser Hagen meinte, er sei ein ziemlich cholerischer Charakter. Außerdem habe der Typ keinen besonders cleveren Eindruck gemacht. Die eigentliche Geldübergabe ist nach Hagens Meinung aber hervorragend geplant und vorbereitet gewesen.«

Helen Baum nickte bedächtig. »Das deckt sich mit meinen Überlegungen. Apropos, was macht die Überwachung von Neumann?«

»Läuft«, berichtete Weigelt. »Gestern Abend war Neumann ab zehn Uhr im *Aladin*. Ein ziemlich schräger Laden. Letzten Sonntag hat da eine Wahl zur hässlichsten Frau Ostwestfalens stattgefunden. Der erste Preis war eine Schönheitsoperation. Letzte Nacht wurde der Mann prämiert, bei dem um zwei Uhr morgens die höchste Blutalkoholkonzentration festgestellt werden konnte. Der wurde dann von einem Chauffeur in einer Stretchlimo mit zwei Bikini-Schönheiten nach Hause kutschiert.«

»Warum erzählen Sie uns das alles?«, unterbrach ihn Helen Baum genervt.

»Weil Neumann gewonnen hat. Die Stretchlimo-Tour, nicht die Misswahl«, fügte Weigelt schnell hinzu. »2,4 Promille. Neumann wurde zu Hause abgesetzt und hat die Wohnung seitdem nicht mehr verlassen. Wahrscheinlich schläft er immer noch seinen Rausch aus.«

»Das heißt, er hat für die Zeit der Lösegeldübergabe ein Alibi«, stellte die Kriminaldirektorin fest.

»Ein Alibi ist, wenn man nichts Böses tut und dabei auch noch beobachtet wird«, witzelte Remmert.

Helen Baum zog es vor, nicht näher auf die Bemerkung einzugehen. »Was aber nicht heißt, dass er nicht doch an der Erpressung beteiligt sein kann«, fuhr sie unbeirrt fort. »Was ist mit Neumanns Telefonüberwachung?«

Remmert schüttelte den Kopf. »Der Antrag wurde abgelehnt. Der Staatsanwalt hat vor einer halben Stunde angerufen. Brandt hat gesagt, der Richter habe ihn ausgelacht, als er den Namen Jack the Ripper gehört hat. Ob Brandt zu viele Krimis gelesen habe, hat er wissen wollen.«

»Aber für eine Telefonüberwachung reicht doch ein einfacher Tatverdacht«, widersprach Helen Baum. »Der Tatverdacht muss weder dringend noch hinreichend sein.«

»Das hat Brandt dem Richter auch gesagt, aber der hat gemeint, eine reine Mutmaßung sei noch nicht mal ein einfacher Tatverdacht. Aber ich hatte Sie ja gewarnt.«

Helen Baum schüttelte trotzig den Kopf. »Ich will, dass Neumann weiterhin lückenlos überwacht wird. Irgendwie ist er in diese Sache verwickelt, das spüre ich. Was ist mit Timo Kaiser, Danielas neuem Freund?«

»Wir haben inzwischen seine Adresse ausfindig gemacht. Er wohnt noch, oder besser gesagt: wieder bei seinen Eltern. Kaiser hat ein paar Monate wegen mehrerer Diebstähle und Drogendelikte abgesessen. Aber er hat sich seit Tagen nicht mehr zu Hause blicken lassen. Niemand weiß, wo er gerade steckt.«

»Was?« Helen Baum war wie elektrisiert. »Dann könnte er der Mann gewesen sein, der das Lösegeld abgeholt hat.«

»Oder ein ganz anderer«, meinte Remmert ironisch. »Kaisers Mutter hat uns erzählt, es sei nicht ungewöhnlich, dass ihr Sohn für mehrere Tage oder sogar Wochen verschwindet, bevor er unvermittelt wieder auftaucht. Wo er in der Zwischenzeit schläft, weiß sie nicht und es interessiert sie wohl auch nicht. Sie vermutet, dass er bei einem Freund unterkommt, aber Namen konnte sie keine nennen. Die Familie Kaiser ist nicht gerade das, was man eine Musterfamilie nennt.«

»Ich will, dass ab sofort alle Anstrengungen darauf konzentriert werden, diesen Kaiser zu finden«, ordnete Helen Baum an. »Ich glaube, der kann uns weiterhelfen.«

»Sollen wir Kaiser mit einer Öffentlichkeitsfahndung suchen?«, wollte Weigelt wissen.

»Nein, nein«, winkte Helen Baum ab. »Ich will keine allgemeine Aufmerksamkeit erregen. Außerdem kennen Sie doch Nordkamps Anweisung: keine Fahndung, solange das Mädchen nicht wieder aufgetaucht ist. Was ist mit Danielas Exfreund, diesem Kevin Schneider?«

»Der ist immer noch auf Mallorca und kommt erst am Samstag zurück.«

Helen Baum nickte. »Hat noch jemand eine Idee?«

»Wir könnten versuchen, die Medien zu nutzen«, schlug

Weigelt vor. »Es gab in der Vergangenheit schon einige Fälle, in denen die Täter unter dem Druck der Öffentlichkeit aufgegeben haben, wenn sie ein Bild ihres Opfers im Fernsehen gesehen haben. Wir könnten Frau Schwalenberg zusätzlich bitten, sich per Fernsehen oder Zeitung an die Entführer zu wenden.«

Helen Baum wiegte den Kopf langsam hin und her. »Dazu ist es noch zu früh«, entschied sie. »Nach der Statistik liegen zwischen Zahlung des Lösegeldes und Freilassung des Opfers durchschnittlich dreißig Stunden. Wenn Daniela nach dreißig Stunden nicht wieder bei ihren Eltern sein sollte, sehen wir weiter.«

44

Der Mercedes holperte den schmalen Schotterweg entlang. Gonzo blickte starr geradeaus durch die verdreckte Windschutzscheibe und hielt das Lenkrad so fest, dass seine Fingerknöchel weiß hervortraten. Kurz bevor der Weg in einen Wald mündete, stoppte er den Wagen. Gonzo stieg aus und sah sich um. Weit und breit war kein Mensch zu sehen. Die kühle Luft kündigte den herannahenden Herbst an, aus dem nahen Wald wehte der Geruch von feuchter Erde und frischem Laub zu ihm herüber. Das Leben könnte so schön sein, dachte Gonzo. Und er fühlte sich so schlecht wie noch nie. Wie hat es nur so weit kommen können?, überlegte er. Seinen Vater hatte er nie kennengelernt, weil der sich sofort nach seiner Geburt aus dem Staub gemacht hatte, seine Mutter war eine Alkoholikerin gewesen. Im Alter von drei Jahren war er in ein Heim gekommen. Es folgte eine Odyssee durch eine Vielzahl von staatlichen Fürsorgeeinrichtungen und Pflegefamilien. In seiner letzten Familie war er fast jeden Tag von seinem Pflegevater verprügelt worden. Aber ist all das eine Entschuldigung dafür, was ich getan habe?, ging es ihm durch den Kopf. Oder für das, was ich gleich tun werde? Andere Menschen stammten auch aus schwierigen Familienverhältnissen, ohne deshalb gleich zum Verbrecher zu werden. Und das war er ohne Zweifel: ein Verbrecher. So tief bist du also schon gesunken, dachte er. Die Frage war, ob er noch tiefer sinken würde.

Gonzo ging um den Mercedes herum und öffnete den Kofferraum. »Wir sind da«, sagte er zu dem Mädchen, das sich in Embryostellung zusammengerollt hatte.

Mit wackeligen Beinen kletterte das Mädchen aus dem Wagen. Nach der langen Zeit, die sie in dem Keller auf dem Bett hatte liegen müssen, fühlte sie sich noch extrem unsicher auf den Beinen.

Als sie endlich neben dem Mercedes stand, musste sie sich am Wagendach festhalten, um nicht umzufallen. Sie versuchte, Gonzo in die Augen zu sehen, aber der wich ihrem Blick aus.

Lieber Gott, bitte hilf mir!, dachte sie.

»Okay, das war's«, sagte Gonzo in einem übertrieben geschäftsmäßigen Tonfall und starrte dabei auf einen imaginären Punkt am Horizont. »Du wirst jetzt diesen Weg immer geradeaus durch den Wald gehen. Das dauert ungefähr eine Stunde. Währenddessen habe ich Zeit, zu verschwinden. Auf der anderen Seite des Waldes wirst du ein paar Häuser finden. Du klingelst einfach irgendwo und rufst deine Eltern an, okay?«

»Okay«, sagte das Mädchen tapfer. Ihre Blicke trafen sich. »Du wirst mir doch nichts tun, Gonzo?«, fragte sie mit fester Stimme.

Der Riese starrte auf den Boden und schüttelte heftig den Kopf. »Nein«, sagte er leise. »Natürlich nicht. So etwas könnte ich nie tun.«

»Und außerdem hast du es versprochen«, erinnerte sie ihn. »Und Versprechen muss man halten. Du hast es selbst gesagt.«

Gonzo nickte. »Ja, Kleines, da hast du recht. Versprechen muss man immer halten. Das ist Ehrensache.« Er merkte, dass ihm Tränen in die Augen stiegen. Im gleichen Moment spürte er, wie das Mädchen seine Hand nahm.

»Dann werde ich jetzt gehen«, sagte sie. »Es hört sich vielleicht blöd an, aber vielen Dank für alles. Nicht für die Entführung natürlich, aber für alles andere, was du für mich getan hast. Das Essen und die Bücher und so. Da waren echt ein paar gute Sachen dabei.« Sie streichelte seinen Handrücken. »Ich mag dich, Gonzo, ich mag dich wirklich. Und du brauchst keine Angst zu haben. Ich verspreche dir, dass ich euch nicht verraten werde. Ich will nur noch nach Hause.«

Gonzo liefen die Tränen in Strömen die Wangen herunter.

»Geh jetzt«, sagte er. »Geh.«

Das Mädchen setzte sich mit zögernden Schritten in Bewegung. Nach ein paar Metern drehte sie sich noch einmal um und sah, dass Gonzo sie immer noch anstarrte. Sie konnte förmlich sehen, wie es in seinem Kopf arbeitete.

Gonzo ballte verzweifelt die Fäuste. Wahrscheinlich begehe ich jetzt den größten Fehler meines Lebens, dachte er.

Gonzo zog die Beretta, die er von Freddy bekommen hatte, unter seiner Jacke hervor. Seine Hand zitterte wie Espenlaub, als er die Waffe auf das Mädchen richtete.

45

»Und das war wirklich Susanne Binder?«, vergewisserte sich Peter Schlüter. Er war sichtlich erleichtert.

Marc nickte und trank die vierte Tasse schwarzen Kaffee an diesem Morgen aus. Er war gerade mehrere Stunden von der Polizei durch die Mangel gedreht worden und litt unter starkem Schlafdefizit. Vom Polizeipräsidium aus war er direkt nach Hause gefahren, um sich aufs Ohr zu legen, hatte aber schnell gemerkt, dass ihn die Ereignisse der letzten Nacht und die Ungewissheit über das Schicksal Daniela Schwalenbergs nicht schlafen lassen würden.

Also war er wieder aufgestanden und hatte Irene von Kleist angerufen, die ihm mitgeteilt hatte, dass Daniela noch nicht wieder aufgetaucht sei. Dann hatte Marc sich mit Peter Schlüter in Verbindung gesetzt und sich mit ihm verabredet. Nun saßen sie sich in der Kanzlei gegenüber.

»Die Frau am Telefon war ohne Zweifel Susanne Binder«, bestätigte Marc und schenkte sich Kaffee nach.

»Erzählen Sie«, forderte sein Mandant ihn auf.

»Susanne Binder hatte tatsächlich eine kurze Affäre mit Ihrem Vater«, berichtete Marc. »Die Beziehung begann im Frühjahr 1978, als Susanne kurz vor dem Abitur stand. Ihr Vater war ihr Deutsch-Leistungskurslehrer und sie sind sich auf einem Kurstreffen nähergekommen. Ein paar Wochen nach dem Abitur hat Susanne Binder sich mit ihren Eltern zerstritten und ist zu Hause ausgezogen. Weil sie nicht wusste, wo sie hinsollte, hat Ihr Vater sie vorübergehend in der ehemaligen Wohnung von Frau Güttmann einquartiert, die seit ihrem Tod im April 1978 leer stand. Dort hat Ihr Vater sie im Sommer 1978 regelmäßig ... nun ja, besucht. Für ihn war das natürlich sehr bequem. Er musste nur zwei Treppen nach oben gehen, um seine Geliebte zu treffen.«

Schlüter schüttelte ungläubig den Kopf. »Und meine Mutter hat von all dem nichts mitbekommen?«, fragte er.

»Susanne Binder meinte, Ihr Vater habe sich keine allzu große Mühe gegeben, das Verhältnis zu verheimlichen. Als sie ihn einmal darauf angesprochen habe, was seine Frau darüber denke, habe er geantwortet, das sei ihm egal, die Ehe existiere sowieso nur noch auf dem Papier.« Marc hob die Schultern. »Vielleicht hat Ihre Mutter es nicht gewusst, vielleicht wollte sie es aber auch nur nicht wissen.«

»Als ich im März 1979 aus den USA zurückgekommen bin, schien mit meinen Eltern alles in Ordnung zu sein«, meinte Schlüter nachdenklich.

»Wahrscheinlich haben sich die beiden irgendwie arrangiert, auch Ihnen zuliebe. Die Beziehung Susanne Binders zu Ihrem Vater war zu dem Zeitpunkt sowieso schon lange in die Brüche gegangen. Die beiden haben sich im September 1978 getrennt. Susanne Binder hat damals das Land verlassen, ohne sich noch einmal bei ihren Eltern zu melden. Sie hatte wohl eine ziemlich flippige und rebellische Phase. Zuerst ist sie bis nach Indien und Thailand getrampt und hat dort mehrere Monate verbracht, dann hat sie einige Jahre auf Samos in einer Hippie-Kommune am Strand gelebt. Anschließend ist sie nach Südspanien gezogen. Dort hat sie 1988 zufällig zeitnah erfahren, dass ihr Vater gestorben ist. Sie war dann sogar noch auf seiner Beerdigung in Bielefeld.«

»Wie kann das sein?«, unterbrach Schlüter. »Ich denke, sie gilt seit 1978 als vermisst?«

»Ja, Susannes Eltern hatten damals eine Vermisstenanzeige aufgegeben, aber sie selbst wusste davon nichts. Als sie zehn Jahre später bei der Beerdigung wieder auftauchte, hat ihre Mutter wohl vergessen, das der Polizei mitzuteilen. Ich habe mich inzwischen noch einmal mit Britta Gerland im Justizministerium unterhalten. Die hat gemeint, jedes Jahr würden in Deutschland achtzigtausend Menschen für kürzere oder längere Zeit verschwinden, die meisten tauchten allerdings irgendwann wieder auf. Dabei komme es relativ häufig vor, dass die Angehörigen in der Wiedersehensfreude nicht daran denken, die Polizei zu informieren. Oder sie glauben, irgendjemand werde das schon für sie erledigen, oder es ist ihnen auch schlicht egal. Und deshalb stehen manche Menschen jahre- oder sogar jahrzehntelang in der Vermisstenkartei, obwohl ihr Aufenthaltsort schon lange wieder bekannt ist.«

»Wie hat Susanne Binder davon erfahren, dass wir sie suchen?«, wollte Schlüter wissen.

»Sie lebt zwar nach wie vor in Spanien, zusammen mit Mann und zwei Kindern in der Nähe von Sevilla, aber seitdem auch ihre Mutter tot ist, pflegt sie den Kontakt zu einem Schulfreund. Der hat aufgrund Ihrer Telefonaktion von unserer Suche erfahren und sich mit ihr in Verbindung gesetzt.«

Peter Schlüter wurde nachdenklich. »Sind Sie sich eigentlich wirklich sicher, dass die Frau, die Sie angerufen hat, Susanne Binder ist?«

Marc lächelte. »Ihre Befürchtungen sind unbegründet. Britta Gerland hat die Frau überprüfen lassen und ich selbst habe sie in Spanien zurückgerufen. Das Ergebnis ist eindeutig: Susanne Binder lebt!«

»Gott sei Dank«, seufzte Schlüter. »Allerdings stehen wir damit wieder am Anfang. Wenn die Tote auf dem Dachboden nicht Susanne Binder ist, wer ist sie dann?«

»Ich denke, um das zu erfahren, bleibt uns nur noch eine Spur«, meinte Marc. »Hans-Werner Ebersbach.«

46

Das Mädchen ging mit unsicheren Schritten auf die Neubausiedlung zu. Etwa fünfzig Meter von den ersten Grundstücken entfernt blieb sie stehen, weil sie nicht wusste, wohin sie sich wenden sollte. Vor ihr standen drei Einfamilienhäuser. In dem Garten des linken Hauses spielten zwei Kinder auf einer Schaukel, das Haus in der Mitte machte einen verlassenen Eindruck, aus einem Fenster des rechten Hauses drang laute Musik nach außen. Abba, wenn sie sich nicht irrte.

Sie entschied sich für das rechte Haus. Sie öffnete die niedrige Pforte des Zaunes, der das Grundstück umgab, und folgte einem Plattenweg durch den schlammigen Garten. Dann ging sie die drei Stufen zu der weißen Haustür hoch und drückte den Klingelknopf. Irgendwo tief im Inneren des Hauses läutete es zweimal, sonst erfolgte keine Reaktion. Sie schellte noch einmal und die Musik verstummte. Sekunden später hörte sie Schritte und die Tür öffnete sich. Eine blonde Frau mittleren Alters erschien in der Öffnung und sah das Mädchen fragend an.

»Ich … ich heiße Daniela Schwalenberg«, sagte sie stockend. »Kann ich bitte mit meinen Eltern telefonieren?«

47

Nach einer fast zweieinhalbstündigen Fahrt verließ Marc die A45. Wenige Minuten später passierte er das Ortseingangschild von Siegen. Für die Schönheit der Landschaft, die die Stadt umgab, hatte er keinen Blick. Er war seit über dreißig Stunden auf den Beinen, war aber immer noch so aufgedreht, dass jeder Schlafversuch nach wie vor zwecklos erschien. Deshalb hatte er sich nach dem Gespräch mit Peter Schlüter in seinen Golf gesetzt und auf die Suche nach Hans-Werner Ebersbach gemacht.

Das wenige, was Marc über die Metropole des Siegerlandes wusste, rührte von einigen Besuchen Anfang der Neunzigerjahre, als ein Schulfreund an der Universität und Gesamthochschule Siegen Betriebswirtschaftslehre studiert hatte: Die Einwohner sprachen ein merkwürdig rollendes R und die Stadt hatte kein richtiges Zentrum, sodass man gezwungen war, auf dem Weg von einer Kneipe zur nächsten das Auto zu benutzen.

Marc steuerte die erste Tankstelle an, trank den wahrscheinlich zehnten Kaffee des Tages und erstand einen Stadtplan. Damit fand er mühelos die Adresse, die Hans-Werner Ebersbach Schlüters Vater als Nachsendeadresse hinterlassen hatte.

Das Haus Bismarckstraße 27a war eines von vier zehnstöckigen Hochhäusern am Stadtrand, die so erbaut worden waren, dass sie sich gegenseitig die Sonne nahmen. Vor jeder

Etage verlief ein Laufgang, nach hinten raus verfügte jedes Appartement über eine Satellitenschüssel und ein großes Fenster, von dem aus die Bewohner ihre Nachbarn in den anderen Betonklötzen beobachten konnten. Zwischen den Häusern hatten die Architekten wenig Grün-, dafür umso mehr Parkflächen angelegt. Nach dem Zustand und dem Alter der darauf abgestellten Autos zu schließen, lebten hier hauptsächlich Empfänger staatlicher Transferleistungen.

Marc parkte seinen Golf an der Straße, stieg aus und steuerte auf den Eingang von Haus 27a zu. Auf dem Klingelbrett waren viele ausländische Namen zu finden, aber kein Bewohner namens Ebersbach. Marc war nicht sonderlich überrascht. Ebersbach hatte es in der Wohnung in der Menzelstraße in Bielefeld gerade einmal fünf Monate ausgehalten, was auf einen etwas unsteten Lebenswandel schließen ließ. Da war kaum zu erwarten gewesen, dass er anschließend neunundzwanzig Jahre lang in demselben Haus wohnen würde. Aber irgendwo musste Marc mit seiner Suche ja beginnen.

Er legte den Kopf in den Nacken und sah an der Fassade hoch. In diesem Moment öffnete sich die Tür neben ihm und eine junge Frau schickte sich an, das Haus, einen Kinderwagen vor sich herschiebend, zu verlassen. Marc hielt ihr die Tür auf und erntete ein dankbares Lächeln.

»Ich würde in diesem Haus gern eine Wohnung mieten«, nutzte Marc die Gelegenheit zur Gesprächsanbahnung. »Gibt es hier einen Hausmeister oder Hausverwalter?«

»Ja, Frau Ruhnke. Die hat ihr Büro im Haus 27d, dem Block dahinten.«

Die Mutter zeigte auf das Hochhaus, das sich in einer Entfernung von knapp fünfzig Metern in den Himmel reckte.

»Vielen Dank. Wie ist es denn so, hier zu wohnen?«

»Sie sehen ja selbst.« Die junge Frau machte eine vielsagende Handbewegung, die den ganzen Komplex umfasste. »Dafür ist die Miete relativ günstig.«

»Darf ich fragen, wie lange Sie hier schon wohnen?«

»Das werden jetzt acht Jahre.«

»Einen Hans-Werner Ebersbach kennen Sie nicht zufällig?«

»Nein, nie gehört.«

Marc bedankte sich noch einmal und machte sich auf den Weg zu Haus 27d. Im Erdgeschoss fand er tatsächlich ein kleines Büro. *Hausverwaltung* verrieten durchsichtige Buchstaben auf der Rauchglastür. Marc betätigte die daneben angebrachte Klingel, aber niemand öffnete. Probehalber drückte er die Türklinke hinunter, aber das Büro war abgeschlossen. Ohne Erfolg suchte er eine Mitteilung über die Öffnungszeiten. Schließlich wandte er sich der Wohnungstür neben dem Büro zu. Tatsächlich hatte er Glück. *Mechthild Ruhnke* stand unter der Klingel.

Marc schellte und zehn Sekunden später wurde ihm von einer korpulenten, blondierten Frau Ende vierzig geöffnet. Bekleidet war sie mit einer braunen Hose und einem dicken grünen Pullover, darüber trug sie eine bunt gemusterte Schürze. »Ja, bitte?«

»Frau Ruhnke?«

Ein bestätigendes Kopfnicken.

»Mein Name ist Hagen, mir wurde gesagt, Sie seien die Hausverwalterin.«

»Hausverwalterin, Hausmeisterin, Mädchen für alles.«

»Dann bin ich bei Ihnen an der richtigen Adresse. Ich werde demnächst nach Siegen umziehen und suche eine Wohnung. Ist hier vielleicht etwas frei?«

»Da müsste ich nachschauen.« Mechthild Ruhnke wischte sich die nassen Hände an ihrer Schürze ab und zog diese anschließend aus. »Haben Sie einen Wohnberechtigungsschein?«, fragte sie.

»Kann ich besorgen«, versicherte Marc.

Frau Ruhnke studierte seine Erscheinung, dann nickte sie, als habe sie keine Schwierigkeiten, ihm zu glauben. Marc wurde sich auf einmal bewusst, dass er sich seit gestern weder rasiert noch gewaschen noch seine Kleidung gewechselt hatte.

Die Hausverwalterin nahm einen Schlüssel von dem neben der Tür angebrachten Brett. »Wenn Sie mir bitte folgen würden.«

Sie führte Marc zu dem Büro, schloss auf und bedeutete ihm, auf dem Freischwinger gegenüber dem mächtigen Schreibtisch Platz zu nehmen. Anschließend zog sie einen dicken Ordner aus dem Regal und schlug ihn auf.

»Wollen mal sehen, ob ich Ihnen helfen kann«, murmelte sie lächelnd, während sie sich setzte. Mit dem Zeigefinger fuhr sie eine lange Liste herunter, schüttelte den Kopf und blätterte weiter. Dann blickte sie wieder auf. »Ich habe zurzeit nur eine Vierzimmerwohnung in 27b zu vergeben«, verkündete sie.

»Nichts Kleineres?«, fragte Marc mit Enttäuschung in der Stimme. »Ich bin allein.«

Mechthild Ruhnke schüttelte bedauernd den Kopf. »Tut mir leid. Sie können aber Ihre Telefonnummer hierlassen. Wenn in der nächsten Zeit etwas frei werden sollte, werde ich mich bei Ihnen melden.«

»Das wäre nett. Ein Bekannter meiner Eltern hat in dieser Anlage mal eine Wohnung gemietet. Vielleicht wohnt er immer noch hier. Ein Hans-Werner Ebersbach.«

Auf Mechthild Ruhnkes Gesicht erschien eine nachdenkliche Falte. »Der Name sagt mir nichts«, meinte sie dann.

»Das ist schade. Meine Eltern haben mir ausdrücklich aufgetragen, Herrn Ebersbach von ihnen zu grüßen, wenn ich schon mal hier bin. Er ist im Januar 1979 im Haus 27a eingezogen, seitdem haben sie nichts mehr von ihm gehört.«

»Kann sein, dass er mal hier gewohnt hat. Ich habe allerdings erst vor dreizehn Jahren als Hausverwalterin angefangen.«

»Haben Sie keine Unterlagen aus dem Jahr 1979? Alte Mietverträge zum Beispiel. Vielleicht kann man anhand derer feststellen, wie lange er hier gewohnt hat und wo er jetzt lebt.«

Mechthild Ruhnke lachte schallend. »Sie suchen einen Mietvertrag aus dem Jahr 1979? Schauen Sie sich doch mal um! Ich habe in diesem Kabuff gerade mal Platz für die laufenden Verträge.«

»Vielleicht kann sich Ihr Vorgänger an Hans-Werner Ebersbach erinnern?«, blieb Marc hartnäckig.

»Das war der alte Pachelke. Der ist aber schon viele Jahre tot.« Auf dem Gesicht der Frau erschien wieder die nachdenkliche Falte. »Warten Sie mal. 1979 sagen Sie? Ihr Herr Ebersbach ist aber nicht zufällig der Selbstmörder, oder?«

Marc horchte auf. Mechthild Ruhnke hatte seine volle Aufmerksamkeit. »Was für ein Selbstmörder?«

»Der alte Pachelke hat mir bei der Übergabe erzählt, von einem der Hochhäuser sei mal einer runtergesprungen. Das muss Ende der Siebzigerjahre gewesen sein. So viel passiert im Leben eines Hausverwalters ja nicht, und das war wohl sein aufregendstes Erlebnis.«

»Und dieser Selbstmörder war Hans-Werner Ebersbach?«

»Wie gesagt, an Namen kann ich mich nicht erinnern. Aber von der Zeit her könnte es ungefähr hinkommen.«

48

Die nächsten Stunden liefen vor Daniela Schwalenberg ab wie ein Film, dessen Hauptdarstellerin sie war.

Fünfzehn Minuten nach ihrem Anruf traf zusammen mit ihren Eltern die Polizei ein. Renate Schwalenberg wollte ihrer Tochter sofort um den Hals fallen, aber eine Polizistin ging dazwischen. Daniela musste ihre gesamte Kleidung ausziehen, die anschließend in Plastiksäcke gesteckt wurde. »Wegen der Fasern«, wurde ihr gesagt. Die Polizistin gab Daniela einen Trainingsanzug, dann durfte sie ihre Eltern umarmen.

Anschließend wurde das Mädchen in ein Krankenhaus gebracht. Die Ärzte stellten ihr einige Fragen, unter anderem, ob ihr sexuelle Gewalt angetan worden sei. Daniela verneinte. Sie wurde gründlich untersucht, äußere oder innere Verletzungen wurden nicht festgestellt. Endlich durfte sie sich duschen und ihre Haare waschen.

Eine Polizistin kam und fragte, ob sie bereit und in der Lage sei, sich einer ersten Vernehmung zu stellen. Ihre Aussage sei wichtig, es könne auf jede Minute ankommen. Daniela bejahte und auch die Ärzte hatten keine Einwände. Daraufhin wurde sie in Begleitung ihrer Eltern zum Bielefelder Polizeipräsidium gebracht.

Jetzt saß Daniela neben ihrer Mutter und ihrem Vater im Vernehmungszimmer und wartete. Die ganze Zeit wurde nicht ein Wort gesprochen. Daniela starrte abwechselnd auf ihre Hände und auf die Tischplatte, sie war kaum in der Lage, den Blick zu heben.

Renate Schwalenberg hielt mit ihren Händen Danielas rechten Arm so fest umklammert, als wollte sie ihn nie wieder loslassen. Dieter Schwalenberg, der rechts neben seiner Tochter saß, zeigte dagegen das Gesicht eines wütenden Kampfhundes.

Wahrscheinlich malt er sich aus, was er mit den Entführern anstellen wird, wenn sie gefasst werden, dachte Helen Baum.

Sie stand zusammen mit Hauptkommissar Remmert und der Polizeipsychologin Petra Seifert im Observationsraum und beobachtete durch den Einwegspiegel das Stillleben in dem daneben liegenden Verhörzimmer.

»Die Schwalenbergs haben darauf bestanden, bei Danielas Befragung anwesend zu sein«, sagte Remmert.

Helen Baum massierte sich die Nasenwurzel. »Können wir dann?«, fragte sie mit Blick auf ihren Stellvertreter und Petra Seifert und erhielt bestätigendes Kopfnicken. »Herr Remmert, ich würde Sie bitten, die Vernehmung zu leiten.

Sie sind ohne Zweifel erfahrener und ich möchte mich zunächst auf das Zuhören und Beobachten beschränken.«

Der Hauptkommissar schaffte es kaum, seine Überraschung zu verbergen. »Geht in Ordnung«, sagte er nur.

Die drei Beamten verließen den Beobachtungsraum und betraten das Verhörzimmer, einen in Pastellfarben gehaltenen, lichtdurchfluteten Raum mit hellen Möbeln, Pflanzen und Drucken an der Wand. Helen Baum musste jedes Mal den Kopf schütteln, wenn sie die Vernehmungsräume in Fernsehkrimis sah: fensterlose, dunkle Löcher, die an Gestapo-Gefängnisse erinnerten und in denen die Verdächtigen bei den Verhören mit grellen Lampen geblendet wurden. Wahrscheinlich vergaßen die Fernsehheinis, dass in diesen Räumen auch die Opfer von Gewalttaten befragt wurden, denen die Vernehmung so angenehm wie möglich gemacht werden sollte. Außerdem wollte die Polizei ja auch von den Verdächtigen etwas wissen und in einer freundlichen Atmosphäre war es wesentlich leichter, die Leute zum Reden zu bringen.

Helen Baum begrüßte die Schwalenbergs mit Handschlag, dann wandte sie sich der Tochter zu. »Hallo, Daniela«, sagte sie zur Begrüßung. »Ich darf doch Du sagen?«

Daniela Schwalenberg starrte weiter auf den Boden, aber Helen Baum meinte, ein kaum wahrnehmbares Nicken bemerkt zu haben, was sie als Einverständnis wertete. »Zunächst einmal möchte ich dir sagen, dass wir alle sehr froh sind, dass du wohlbehalten zurück bist. Das ist Petra Seifert«, stellte sie dann vor. »Frau Seifert ist Psychologin. Wenn du ihre Hilfe brauchst, sag einfach Bescheid, wir können jederzeit unterbrechen. Das ist Herr Hauptkommissar Remmert. Er wird dir gleich ein paar Fragen stellen. Ist das in Ordnung?«

Als Antwort erhielt die Kriminaldirektorin wieder ein schwaches Nicken. »Gut, dann fangen wir jetzt an.«

Remmert, Helen Baum und die Psychologin nahmen auf der anderen Seite des Tisches Platz. Der Hauptkommissar setzte sich in die Mitte, sodass er Daniela Schwalenberg genau gegenübersaß, Helen Baum und Petra Seifert verteilten sich auf den Stühlen rechts und links daneben.

»Daniela, es ist wirklich sehr wichtig, dass du uns hilfst«, begann Remmert. »Schließlich wollen wir die Menschen fassen, die dir das angetan haben. Die Entführer sind mit Sicherheit auf der Flucht und wollen sich vielleicht sogar ins Ausland absetzen. Deshalb können wir nicht mit unseren Fragen warten, auch wenn du jetzt wahrscheinlich viel lieber deine Ruhe hättest. Okay?«

Das Mädchen starrte auf den Tisch. Dann bewegte sie den Kopf erneut langsam auf und ab.

»Gut«, meinte Remmert. »Ist es in Ordnung, wenn unser Gespräch aufgezeichnet wird?« Er deutete auf das Aufnahmegerät und das Mikrofon. Nach dem nächsten stummen Kopfnicken sagte er: »Vielleicht kannst du uns erst einmal mit deinen Worten schildern, wie die Entführung abgelaufen ist.«

»Ich … ich war Samstagnacht auf dem Heimweg aus dem *Meddox*«, setzte Daniela stockend an. »Ich war schon vor unserem Haus, da kamen auf einmal zwei Männer von hinten und haben mich gepackt und hochgehoben. Ich glaube, ich habe noch versucht, mich zu wehren. Dann weiß ich nichts mehr, bis ich in einem Raum aufgewacht bin. Dort haben die Männer mich gefangen gehalten und heute freigelassen.«

»Wie viele Männer waren es?«

»Ich bin mir nicht sicher. Ich glaube, es waren drei, es können aber auch mehr gewesen sein.«

»Hast du einen der Entführer erkannt? Konntest du ein Gesicht sehen?«

Daniela Schwalenberg zögerte lange, bevor sie antwortete. Schließlich sagte sie: »Nein, ich habe niemanden erkannt. Die Männer waren immer maskiert, wenn sie mit mir gesprochen haben.«

»Wie sieht es mit dem Alter der Männer aus? Größe? Stimme? Geruch? Sonstige Auffälligkeiten? Irgendetwas, was uns helfen könnte, diese Leute zu fassen?«

Die Frage rief bei Daniela Schwalenberg zunächst ein erneutes Zögern, dann ein bedauerndes Kopfschütteln hervor. »Nein, tut mir leid. Ich fürchte, ich bin Ihnen keine große Hilfe. Ich hatte solche Angst um mein Leben, dass ich mich auf nichts anderes konzentrieren konnte.«

»Das verstehen wir natürlich«, sagte Remmert. »Vielleicht kannst du ja irgendetwas zu dem Auto sagen, mit dem du entführt worden bist? Oder zu der Wegstrecke, die die Gangster nach der Entführung mit dir zurückgelegt haben? In welche Himmelsrichtung sind sie gefahren? Sind sie in der Stadt gefahren, auf einer Landstraße oder auf der Autobahn? Seid ihr vielleicht mal durch einen Tunnel gefahren?«

Daniela schüttelte den Kopf. »Ich weiß es nicht. Ich war doch die ganze Zeit bewusstlos.«

»Und als sie dich freigelassen haben?«, mischte sich Helen Baum ein. »Warst du da auch bewusstlos?«

»Nein, aber da habe ich auch nichts gesehen. Ich war so aufgeregt.«

»Okay«, übernahm Remmert wieder die Gesprächsführung. »Vielleicht kommen wir später noch einmal auf diese Punkte zurück. Manchmal hilft der zeitliche Abstand bei der Erinnerung. Wie sieht es mit dem Ort aus, an dem du gefangen gehalten worden bist? Kannst du uns dazu etwas sagen?«

»Ich war die ganze Zeit in diesem Raum und konnte nicht nach draußen schauen. Keine Ahnung, wo das gewesen sein könnte.«

»Kannst du dich an Geräusche erinnern? Züge? Straßenbahn? Feuerwehr? Flugzeuge? Haben die Täter Radio gehört? Wenn ja, welchen Sender?«

Das Mädchen schüttelte erneut den Kopf. »Tut mir leid«, stammelte sie. »Ich weiß gar nichts. Ich kann nicht mehr.«

»Brauchst du eine Pause?«, fragte der Hauptkommissar behutsam.

Daniela Schwalenberg nickte und lächelte schüchtern. »Ja, ist vielleicht besser«, sagte sie leise.

»Okay, dann lassen wir dich jetzt ein paar Minuten allein.«

49

Marc verabschiedete sich von der Hausverwalterin. Auf dem Weg zu seinem Auto meldete sich sein Handy. Er schaute auf das Display und stellte fest, dass er eine SMS von Irene von Kleist bekommen hatte. Als er die Nachricht öffnete, machte sein Herz einen kleinen Sprung: Die Anwältin teilte ihm mit, Daniela Schwalenberg sei unverletzt von den Entführern freigelassen worden und befinde sich in Sicherheit. Marc schloss für einen Moment die Augen. Sein Einsatz war also nicht umsonst gewesen.

Er atmete durch. Jetzt konnte er sich mit ganzer Kraft der Suche nach Hans-Werner Ebersbach widmen. Marc zog den Stadtplan zurate, dann stieg er wieder in seinen Golf und fuhr zum Einwohnermeldeamt, das im Siegener Rathaus untergebracht war.

Dort musste er eine halbe Stunde warten, bis er gegenüber einer jungen blonden Frau mit breitem, ehrlichem Gesicht, Pausbacken und Sommersprossen Platz nehmen durfte. Marc konnte sich ein Lächeln nicht verkneifen. Mit dieser Trulla vom Lande würde er leichtes Spiel haben.

»Mein Name ist Hagen«, sagte er zur Begrüßung und warf einen Blick auf das Namensschild auf dem Tisch. »Frau Seghers, ich hätte gern eine Auskunft über Hans-Werner Ebersbach, geboren am 11.3.1953, der am 1. Januar 1979 von Bielefeld nach Siegen umgezogen ist.«

»Januar 1979«, wiederholte Frau Seghers langsam. »Personen, die vor mehr als fünf Jahren verzogen oder verstorben sind, sind im aktuellen Melderegister nicht mehr zu ermitteln, weil sie gesondert gespeichert werden müssen«, dozierte sie. »Für eine Auskunft aus dem archivierten Melderegister müssten Sie nachweisen, dass Sie die Auskunft zu wissenschaftlichen Zwecken oder zur Behebung einer Beweisnot brauchen oder dass Herr Ebersbach schriftlich eingewilligt hat.«

Marc behielt sein Lächeln unerschütterlich bei. »Ich benötige die Auskunft zur Behebung einer Beweisnot«, behauptete er und überreichte der Angestellten eine seiner alten Visitenkarten aus Büttenpapier, auf der noch in goldenen Lettern die Berufsbezeichnung ›Rechtsanwalt‹ prangte. »Ich bin Rechtsanwalt und ermittle in einer Erbschaftsangelegenheit. Herr Ebersbach kommt als Erbe eines nicht unbeträchtlichen Vermögens in Betracht.«

»So, so, Rechtsanwalt«, meinte Frau Seghers misstrauisch und musterte ihr Gegenüber eingehend.

Marc fuhr sich mit einer verlegenen Geste über seine Bartstoppeln. »Ja, Rechtsanwalt«, bestätigte er noch einmal. »Es ist wirklich wichtig.«

Endlich kam Bewegung in die Verwaltungsangestellte. »Also gut«, sagte sie. Sie beugte sich nach unten, zog eine Schublade ihres Schreibtisches auf und holte einen Vordruck daraus hervor, den sie vor Marc auf den Tisch legte.

»Für Auskünfte aus dem archivierten Melderegister müssen Sie einen schriftlichen Antrag stellen«, erläuterte sie. »Wenn Sie das Formular bitte sorgfältig ausfüllen würden.«

»Geht es nicht ausnahmsweise mündlich?«, protestierte Marc lahm. »Ich könnte da ohnehin nur das reinschreiben, was ich Ihnen eben schon gesagt habe.«

»Ich fürchte nicht«, bedauerte Frau Seghers. »Die Schriftform ist geboten, weil nur so eine nachträgliche beweissichere Prüfung möglich ist, ob die Daten tatsächlich zu dem von Ihnen benannten Zweck verwendet wurden.«

»Aber ich möchte doch nur wissen, ob Herr Ebersbach noch lebt, und wenn nicht, wann er verstorben ist. Wenn er tot ist, kann ich ihn von meiner Liste streichen und sofort nach Bielefeld zurückfahren.«

»Schriftlich«, wiederholte sie stur.

Marc unterdrückte den Wunsch, der Frau mitten in ihr Pfannkuchengesicht zu schlagen, und zückte seinen Kugelschreiber. Dann dachte er sich ein paar Namen aus und kritzelte etwas in die vorgegebenen Kästchen.

Als er fertig war, nahm Frau Seghers das Formular mit einem zufriedenen Gesichtsausdruck entgegen. Sie überflog Marcs Angaben, dann sagte sie. »Sie erhalten dann Bescheid. Ich wünsche Ihnen noch einen guten Tag.«

»Bescheid?«, fragte Marc entsetzt. »Ich sitze doch hier und jetzt vor Ihnen. Warum geben Sie mir nicht sofort Bescheid?«

Die Verwaltungsangestellte machte ein mitleidiges Gesicht. »Herr Hagen«, sagte sie geduldig. »Ein Bescheid setzt eine verwaltungsmäßige Prüfung des Vorgangs voraus. Und die dauert nun einmal. Ein paar Wochen werden Sie sich schon gedulden müssen.«

»Ein paar Wochen?«, stöhnte Marc. Doch dann riss er sich noch einmal zusammen. »Frau Seghers«, sagte er in dem beflissensten Ton, zu dem er fähig war. »Ich bin extra den weiten Weg von Bielefeld nach Siegen gefahren, weil ich die Informationen über Herrn Ebersbach dringend benötige.«

»Wenn Sie vorher angerufen hätten, hätte ich Sie schon am Telefon über das Prozedere aufklären können«, erwiderte die Angestellte.

»Da haben Sie natürlich vollkommen recht, Frau Seghers. Ich bin der allein Schuldige an dieser unbefriedigenden Situation. Schreiben Sie es von mir aus meiner Unerfahrenheit zu, ich bin noch in der Probezeit. Aber wenn ich jetzt mit leeren Händen nach Bielefeld zurückkehre, bekomme ich einen riesigen Ärger mit meiner Chefin. Vielleicht verliere ich sogar meinen Job. Sie kennen Frau Dr. von Kleist nicht. Sie hat ...«

»Das stimmt, Herr Hagen«, schnitt Frau Seghers ihm das Wort ab. »Ich kenne die Dame nicht und ich habe auch nicht vor, sie kennenzulernen. Wenn ich sie allerdings kennenlernen würde, könnte ich ihr nur das Gleiche sagen, was ich Ihnen bereits mehrfach erklärt habe.« Sie sah an Marc vorbei und warf einen nachdrücklichen Blick auf die Schlange, die sich hinter ihm gebildet hatte. »Wenn ich sonst noch etwas für Sie tun kann?«

»Ja«, knurrte Marc. »Vielleicht können Sie mir mündlich verraten, ob Siegen ein Stadtarchiv hat.«

50

Helen Baum, Peter Remmert und Petra Seifert verließen das Verhörzimmer und gingen in den Observationsraum zurück, wo sie an dem runden Tisch Platz nahmen. Durch den großen Venezianischen Spiegel konnten sie sehen, dass Daniela Schwalenberg im Nachbarzimmer den Kopf in den Händen vergraben hatte, während ihre Mutter leise und beruhigend auf sie einsprach.

»Was halten Sie von dem Mädchen?«, wollte Helen Baum von Remmert wissen.

»Was soll ich sagen?«, gab der zurück. »Sie ist halt vollkommen fertig und will in Ruhe gelassen werden. Aber das ist ja wohl auch kein Wunder, nach allem, was sie durchgemacht hat.«

»Da bin ich anderer Ansicht«, widersprach Helen Baum.

Der Hauptkommissar hob die Augenbrauen. »Tatsächlich?«, fragte er.

»Ich finde, Daniela Schwalenberg verhält sich höchst seltsam«, meinte die Kriminaldirektorin. »Normalerweise erzählen freigelassene Entführte ihre Geschichte immer wieder. Die *wollen* es loswerden, damit sich die Belastung abbaut. Sie müssen sich das mal vorstellen! Eine Geisel, die tagelang in der Gewalt ihrer Peiniger war und nichts tun konnte! Nach der Freilassung brennen diese Leute geradezu darauf, etwas dazu beitragen zu können, die Menschen zu finden, die ihnen das angetan haben.«

»Können Sie sich nicht vorstellen, dass jeder Mensch ein Individuum ist, das unterschiedlich auf derartige Situationen reagiert?«, entgegnete Remmert heftig. »Nehmen Sie nur die bekanntesten Entführungsfälle der letzten Jahre: Sabine Dardenne, die in Belgien von diesem Dutroux entführt worden ist. Oder Stephanie Rudolph in Dresden und Natascha Kampusch in Österreich. Die Mädchen waren völlig traumatisiert.«

»Aber Stephanie Rudolph und Natascha Kampusch haben auch pausenlos Interviews gegeben, in denen sie die Tat bis in alle Einzelheiten geschildert haben, bei Kerner, bei RTL oder im *Spiegel.* Und was macht Daniela Schwalenberg? Ja, nein, weiß nicht. Nein, ich bin überzeugt, dass Daniela uns etwas vorspielt. Sie erzählt deshalb so wenig wie nötig, um sich hinterher nicht in Widersprüche zu verwickeln.«

»Und ich denke, Sie haben sich vollkommen in Ihre Theorie mit der vorgetäuschten Entführung verrannt und suchen jetzt krampfhaft nach irgendetwas, um sie beweisen zu können.« Der Hauptkommissar schüttelte verzweifelt den Kopf und wandte sich der Psychologin zu. »Was halten Sie von dem Mädchen?«, fragte er.

»Meiner Meinung nach macht Daniela einen glaubwürdigen Eindruck«, stimmte Petra Seifert ihm zu. »Einige Entführungsopfer verkraften ihre Gefangenschaft erstaunlich gut, andere leiden noch jahrelang psychisch unter den Folgen der erlittenen Angst und Ungewissheit.« Mit diesen Worten wandte sie sich der Kriminaldirektorin zu. »Frau Baum, was ich jetzt sage, bitte ich nicht als Kritik oder gar als Vorwurf zu verstehen. Aber wir wissen aus Untersuchungen, dass gerade bei weiblichen Polizisten die Gefahr besteht, dass sie angesichts ihrer Hilflosigkeit gegenüber

Gewalterscheinungen ihre eigenen Gefühle nicht zulassen und sich durch betont kühles Auftreten und distanzierte Ablehnung von den Gewaltgeschädigten abgrenzen. Das kann zu einem mangelnden Verständnis für die Notlage des Opfers führen.«

Remmert nickte zufrieden, während Helen Baum spürte, dass sie rot anlief. Jetzt war auch noch die einzige andere Frau der Soko gegen sie.

»Ja, sehen Sie denn nicht, was hier vor sich geht?« Die Kriminaldirektorin bemühte sich, nicht zu schreien, obwohl ihr danach zumute war. »Es *gibt* in diesem Fall kein Opfer! Daniela kann uns nichts sagen, weil diese Entführung nie stattgefunden hat. Und deshalb will sie uns auch nicht helfen.«

»Vielleicht gibt es eine andere Erklärung für Danielas scheinbar so sonderbares Verhalten«, versuchte die Psychologin, die aufgeheizte Stimmung zu entspannen. »Wahrscheinlich haben Sie schon einmal von dem sogenannten Stockholm-Syndrom gehört. Opfer mit Stockholm-Syndrom neigen dazu, sich mit ihren Peinigern zu solidarisieren, ja, sich ihnen gegenüber sogar dankbar und liebevoll zu verhalten, während sie die Polizei als ihren Feind betrachten. Deshalb kann die Bereitschaft des Opfers, der Polizei zu helfen, stark eingeschränkt sein.«

»Und Sie glauben, bei Daniela Schwalenberg ist ein derartiges Stockholm-Syndrom erkennbar?«, fragte Remmert.

»Ob es ein echtes, voll ausgebildetes Stockholm-Syndrom ist, ist erst einmal zweitrangig«, meinte die Psychologin vorsichtig. »Wichtig ist es, zu verstehen, was in einer Geisel vor sich geht. Sie müssen sich vorstellen, dass eine Geiselnahme eine existenzielle Ausnahmesituation für das Opfer darstellt. Man verliert völlig die Kontrolle über das eigene Leben und ist Todesängsten ausgesetzt. Das Einzige, was noch zählt, ist, zu überleben und möglichst unverletzt aus der Situation herauszukommen. Deshalb tut das Opfer aus reinen Selbsterhaltungsgründen alles, was der Täter verlangt, und gibt ihm die Hand, um die Überlebenschancen zu erhöhen. Ein Opfer, das sich so verhält, zeigt keine Störung, sondern eine rationale und situationsangemessene Haltung. Im Gegensatz zu diesem Ziel des Opfers hat die Polizei unter anderem auch die Aufgabe, die Täter zu stellen. Das ist der Geisel aber erst einmal völlig gleichgültig. Die Geisel will überleben; ob der Täter seine gerechte Strafe erhält, ist für sie ohne existenzielle Bedeutung. Ein Verhalten der Geiseln entgegen den polizeilichen Erwartungen ist somit eigentlich vollkommen normal.«

»Aber Daniela ist spätestens jetzt keine Geisel mehr!«, gab Helen Baum zu bedenken. »Warum hilft sie uns nicht?«

»Weil sie ihren Entführern immer noch dankbar ist, dass sie sie am Leben gelassen haben«, erklärte Petra Seifert. »Manche Geiseln bauen eben sogar eine echte emotionale Bindung zu dem Täter auf und nehmen den oder die Täter gegenüber der Polizei in Schutz. Geiseln und Täter haben grundsätzlich das gleiche Interesse, nämlich heil aus der Situation herauszukommen. Bei Geiseln und Tätern wachsen so vergleichbare Erwartungen und Ängste, die in etwa in folgende Richtung gehen: ›die da draußen‹ und ›wir hier drinnen‹.«

Remmert nickte zufrieden. »Genau meine Meinung.«

»Dabei sollte man übrigens nicht vergessen, dass auch manche Täter positive Gefühle und Sympathien gegenüber der Geisel entwickeln«, fuhr die Psychologin fort. »Ein Effekt, welcher die Überlebenschancen der Geisel positiv beeinflussen kann, weil die Aggressionsbereitschaft der Täter der Geisel gegenüber gehemmt wird. Je mehr sich Täter und Geisel austauschen im Hinblick auf die jeweilige Lebenslage und die Motive des Täters, je begreifbarer der andere als Person und als Individuum wird, je mehr ›menschliche Züge‹ beim jeweils anderen entdeckt werden, umso größer ist die Chance des Sympathiegewinns für die andere Seite. Es …«

Ein Beamter betrat den Raum und unterbrach die Ausführungen der Psychologin: »Frau Baum, Telefon für Sie.«

Er reichte der Kriminaldirektorin ein Handy. Das Gespräch war sehr einsilbig: »Aha.« – »Mhm.« – »Ja.« – »Nein.«, und am Ende sagte Helen Baum: »Vielen Dank, Sie haben mir sehr geholfen.«

Die Kriminaldirektorin drückte die Aus-Taste und schenkte dem Hauptkommissar einen triumphierenden Blick. »So, Herr Remmert, wir werden jetzt zurück ins Verhörzimmer gehen«, sagte Helen Baum. »Und ab sofort werde ich die Fragen stellen.«

51

Tatsächlich hatte Frau Seghers Marc die Adresse des Stadtarchivs ohne schriftlichen Antrag gegeben. Dort angelangt wandte Marc sich an eine Mitarbeiterin und trug sein Anliegen vor. Die Frau erklärte ihm, dass die *Siegener Zeitung* seit Jahren auf Mikrofilm archiviert wurde. Sie führte ihn in einen Raum, in dem die Lesegeräte standen. Marc nahm vor einem Gerät mit der Aufschrift *Readerprinter* Platz. Nachdem der entsprechende Knopf gedrückt worden war, leuchtete der Bildschirm nach einer kurzen Aufwärmphase. In der Zwischenzeit suchte die Mitarbeiterin die richtigen Mikrofilmrollen, die jeweils einen Zeitraum von etwa einem Monat umfassten, heraus und zeigte Marc, wie man die Rollen einlegte, scharf stellte und weiterdrehte.

Schließlich war Marc allein. Er rollte den Film, bis er die Zeitung vom 2. Januar 1979, dem Tag nach Ebersbachs Umzug nach Siegen, gefunden hatte. Die globale Erwärmung war vor achtundzwanzig Jahren offenbar noch kein Thema gewesen, denn die Schlagzeile lautete: *Leichte Entspannung an der Schneefront im Norden. Vierzehn Menschen erfroren. Zweitausendachthundert Bundeswehrsoldaten im Einsatz.*

Der strenge Winter sorgte auch anderweitig für Besorgnis, hatte er die Arbeitslosenquote doch von 4,4 Prozent auf 5,1

Prozent nach oben schnellen lassen, die Zahl der Arbeitslosen lag bei knapp über einer Million. Tja, dachte Marc. Für diese Werte würde sich heute jeder Politiker feiern lassen.

Marc drehte den Knopf weiter nach rechts und ließ die Tage langsam an sich vorbeiziehen. Am Anfang machte ihm die Zeitreise in die Siebzigerjahre noch Spaß und er las Meldungen, obwohl sie mit seiner Recherche nichts zu tun hatten: Der Schah verließ den Iran, zwei Wochen später kehrte Khomeini nach Teheran zurück, Helmut Schmidt war Bundeskanzler, Jupp Derwall Fußballbundestrainer. Dieter Hoeneß spielte in der Bundesliga gegen seinen Bruder Uli, Björn Borg Tennis gegen Jimmy Connors. Die großen Kinohits des Frühjahres waren *Superman* mit Christopher Reeve und *Ein Käfig voller Narren,* im Fernsehen gab es ganze drei Programme, Sendebeginn war gegen sechzehn Uhr, Sendeschluss um spätestens ein Uhr nachts. Es liefen *Dalli Dalli* und *Am laufenden Band.* Die amerikanische Fernsehserie *Holocaust* sorgte für Zuschauerdiskussionen bis spät in die Nacht, wie Marc der Schlagzeile vom 24.1.1979 entnehmen konnte.

Nach über einer Stunde konzentrierten Sehens und Suchens dröhnte das Gerät immer lauter, Marc spürte leichte Kopfschmerzen und die winzigen Buchstaben verschwammen ihm vor den Augen. So hätte er fast die Top-Meldung vom 31. Januar 1979 überlesen. Marc bewegte den Träger etwas zurück, um die Schlagzeile wieder auf den Schirm zu bekommen: *Erster Fahndungserfolg im Entführungsfall Oetker.*

Marc erinnerte sich an die Sache: Der Sohn des im Januar 2007 verstorbenen Bielefelder Unternehmers Rudolf August Oetker, Richard, war Ende 1976 in der Nähe von München entführt worden. In der Zeitung wurde berichtet, nach über zweijähriger Spürarbeit sei der siebenunddreißigjährige arbeitslose Betriebswirt Dieter Zlof wegen dringenden Tatverdachts verhaftet worden, nachdem er sieben Tausender des Lösegeldes ausgegeben hatte. Marc schüttelte langsam den Kopf. Entführungen mit Lösegelderpressungen werden wohl nie aus der Mode kommen, dachte er. Gott sei Dank war Daniela Schwalenberg im Gegensatz zu Richard Oetker unverletzt freigelassen worden. Ob es in ihrem Fall wohl auch mehr als zwei Jahre dauern würde, bis die Gangster gefasst wurden?

Unten auf der Seite erregte eine weitere Meldung Marcs Aufmerksamkeit: *Carter begnadigt Patricia Hearst.* Marc las sich den Bericht über das bekannteste Opfer des Stockholm-Syndroms durch. Die Millionenerbin und Tochter des amerikanischen Zeitungsverlegers Randolph Hearst, Patricia, war am 4. Februar 1974 von der ›Symbionese Liberation Army‹, einer kleinen extremistischen Gruppe, entführt worden. Siebenundfünfzig Tage war Hearst in einem Schrank eingesperrt, wurde misshandelt und vergewaltigt. Dann verliebte sich die damals Neunzehnjährige in einen der Entführer und wechselte die Seiten. Acht Wochen nach der Entführung nahm Patricia Hearst an zwei bewaffneten Banküberfällen teil. Ihr Bild mit Maschinengewehr in der Hand ging um die Welt. Im Mai 1974 stellte die Polizei die SLA: Es gab viele Tote. Hearst konnte fliehen und galt fortan sogar als Kopf der Bande. Nach ihrer Festnahme im September 1975 gab Patricia Hearst als Grund für ihr Verhalten an, sie habe unter großem psychischem Druck gestanden und sei sich ihrer Taten nicht bewusst gewesen. Die Richter dagegen glaubten, die Entführung sei nur vorgetäuscht gewesen. Patricia Hearst wurde zunächst zu fünfunddreißig Jahren Haft verurteilt, ein Berufungsgericht setzte die Strafe später auf sieben Jahre herab und jetzt, nach Verbüßung einer Freiheitsstrafe von vierundzwanzig Monaten und zehn Tagen wurde sie vom amerikanischen Präsidenten begnadigt.

Die erste Mikrofilmrolle endete mit dem 31. Januar 1979 und Marc fädelte die nächste ein, die den Februar 1979 dokumentierte. Am Anfang des Monats gab es nach der Verhaftung Zlofs fast keinen Tag, an dem nicht über die Oetker-Entführung berichtet wurde:

3.2.1979: Indizienkette gegen Zlof wird dichter!
6.2.1979: Zlofs Bruder sucht für 100.000 Mark Entlastungszeugen!
7.2.1979: Einiges spricht dafür: Zlof rief Frau Oetker an.
8.2.1979: Zeugin: Zlof gewann Geld im Spielkasino.

Marc musste unwillkürlich grinsen. Die öffentliche Auslobung von Zlofs Bruder hatte anscheinend schnell Wirkung gezeigt.

10.2.1979: Oetker machte nur »unpräzise Beobachtungen«.
12.2.1979: Hat Zlof Profis aus Italien angeheuert? Im Fall Oetker führen Spuren ins südliche Ausland.
13.2.1979: Oetker, Snoek, Albrecht bitten Finanzamt zur Kasse – ›Vater Staat‹ soll einen Teil der Lösegelder übernehmen.
15.2.1979: Der Ring um Zlof schließt sich!
16.2.1979: Hat Zlof den Oetker-Coup ganz allein ausgeführt?

Im Zuge der Oetker-Berichterstattung gerieten auch andere spektakuläre Entführungsfälle der letzten Monate wieder in den Blickpunkt des Medieninteresses. In der *Siegener Zeitung* vom 16.2.1979 wurde über das Kidnapping der Gütersloher Unternehmertochter Nadine Weber im August des Vorjahres und der Frau des bekannten Kölner Schönheitschirurgen Dr. Roon, Petra Roon, im Januar 1979 berichtet. Während Petra Roon nach Zahlung eines Lösegeldes von drei Millionen Mark freigelassen worden war, fehlte von Nadine Weber trotz Übergabe eines Lösegeldes in Höhe von acht Millionen Mark nach wie vor jede Spur.

Marc erschrak, als die Archivangestellte ihm auf die Schulter tippte. »Wir schließen in zehn Minuten«, teilte sie ihm mit.

Marc verfluchte sich im Stillen dafür, dass er sich so lange mit den Entführungsmeldungen aufgehalten hatte. In der Sache Ebersbach war er noch nicht einen Schritt weitergekommen. Er machte einen Schnelldurchlauf durch die nächsten Tage und dann endlich, am Montag, den 19.2.1979 wurde er fündig. Auf der Frontseite wurde verkündet, China sei in Vietnam einmarschiert und Europa kämpfe weiter mit Frost, Schnee und Sturm. Der Selbstmord war der *Siegener Zeitung* eine Meldung auf der ersten Seite des Lokalteils wert gewesen. Ein Hans-Werner E., Mieter einer Wohnung im Haus Bismarckstraße 27a, habe vorgestern seinem Leben durch einen Sprung vom Dach des Hochhauses ein Ende gesetzt. E. sei sofort tot gewesen. Über das Motiv sei nichts bekannt, auch ein Abschiedsbrief sei nicht gefunden worden. Allerdings wurde berichtet, eine Mieterin des Hauses, eine Heidi M., habe kurz vor dem Sprung noch mit E. gesprochen und versucht, ihn von dem Selbstmord abzuhalten.

Marc machte für dreißig Cent eine DIN-A3-Kopie von der Seite, dann schaltete er das Gerät aus, bezahlte drei Euro für die Benutzung des ›Readerprinter‹ und fuhr zurück in die Bismarckstraße.

52

Helen Baum, Peter Remmert und Petra Seifert kehrten in den Verhörraum zurück. Die Kriminaldirektorin nahm den Platz direkt gegenüber Daniela ein, den vorher der Hauptkommissar innegehabt hatte. Wenn die Schwalenbergs sich darüber wunderten, ließen sie es sich nicht anmerken.

»Geht es wieder, Daniela?«, fragte Helen Baum und erhielt zur Antwort ein Kopfnicken.

»Gut, dann machen wir weiter.« Die Kriminaldirektorin nahm ein Foto aus der vor ihr liegenden Akte und reichte es dem Mädchen über den Tisch. »Hast du den schon mal gesehen?«

Daniela warf einen kurzen Blick auf die Aufnahme. »Nein«, sagte sie dann bestimmt.

»Das ist Alexander Neumann«, erklärte Helen Baum. »Er hat angegeben, deine Entführung beobachtet zu haben.«

Daniela Schwalenberg zuckte mit den Achseln. »Ich habe niemanden bemerkt«, sagte sie.

»Den Namen Alexander Neumann hast du auch noch nie gehört?«

»Nein.«

»Gut. Vielleicht kannst du mit Timo Kaiser mehr anfangen.«

Daniela Schwalenbergs Gesicht zeigte keine Regung, aber auf ihrer Stirn hatte sich eine einzige Schweißperle gebildet, die begann, langsam ihre Wange herunterzulaufen.

»Daniela?«, hakte Helen Baum nach.

»Den … den kenne ich auch nicht«, antwortete Daniela Schwalenberg schließlich zögernd.

»Hm. Aber Melanie Bisse, die kennst du doch?«

»Ja, wir waren mal befreundet.«

»Melanie war sogar mal deine beste Freundin, nicht wahr?«, präzisierte die Kriminaldirektorin. »Wir haben gestern mit ihr gesprochen und sie hat uns erzählt, du seiest seit fast einem halben Jahr mit Timo Kaiser zusammen. Dann müsstest du ihn doch eigentlich kennen, oder?«

Zum ersten Mal hob Daniela Schwalenberg den Blick und schaute Helen Baum direkt in die Augen. »Melanie ist eine falsche Schlange«, sagte sie. »Wir haben uns zerstritten und seitdem verbreitet sie Lügengeschichten über mich.«

»Du bleibst also dabei, dass Timo Kaiser nicht dein Freund ist?«, vergewisserte sich Helen Baum.

Bevor Daniela antworten konnte, meldete sich Dieter Schwalenberg zu Wort. »Sie haben doch gehört, was meine

Tochter gesagt hat«, versetzte er in scharfem Ton. »Daniela hatte seit diesem Kevin keinen Freund. Das hätten wir als ihre Eltern ja wohl gewusst.«

»Eltern wissen nicht alles«, fertigte Helen Baum ihn kurz ab. »Deshalb hätte ich die Antwort gerne von Daniela gehört.«

»Hab ich doch schon gesagt«, maulte die. »Ich kenn den nicht.«

»Hm.« Helen Baum kramte wieder in der Akte herum und zog schließlich ein Blatt Papier daraus hervor. »Daniela, ich habe hier eine Auskunft der Telekom über die Telefonate, die du in den letzten Wochen und Monaten geführt hast. Da taucht eine Nummer besonders häufig auf. Und das ist die Handynummer von Timo Kaiser. Willst du immer noch behaupten, dass du ihn nicht kennst?«

Daniela Schwalenberg schaute trotzig auf den Boden.

»Daniela?«, forderte Helen Baum sie auf.

Schließlich holte das Mädchen tief Luft. »Also gut, ich bin mit Timo zusammen. Ich habe die Beziehung vor meinen Eltern geheim gehalten wegen der Sache mit Kevin.«

»Du hattest Angst, dass dir deine Eltern den Umgang mit Timo verbieten, genauso wie sie dir vorher den Umgang mit Kevin Schneider verboten haben.«

»Ja. Ich glaube nicht, dass sie mit Timo einverstanden gewesen wären.«

»Was vielleicht sogar verständlich ist.« Helen Baum zog ein weiteres Blatt Papier aus ihren Unterlagen. »Ich habe hier einen Bericht über Timo Kaiser. Kein Schulabschluss, Vorstrafen wegen Diebstahls und Drogendelikten. Außerdem ist er neun Jahre älter als du.«

Helen Baum legte das Blatt zurück und beobachtete die Reaktion der Schwalenbergs. Dieter Schwalenberg starrte seine Tochter mit kaum unterdrückter Wut an, sagte aber nichts. Die Augen von Renate Schwalenberg füllten sich mit Tränen.

»Aber Kind«, jammerte sie. »Warum hast du uns denn nichts von Timo erzählt? Du kannst doch mit allem zu mir kommen.«

Daniela Schwalenberg zuckte hilflos die Achseln. »Ich weiß nicht. Nach der Sache mit Kevin ... Du weißt doch, wie Papa ist.«

Renate Schwalenberg bedachte ihren Mann mit einem vorwurfsvollen Blick. »Allerdings«, sagte sie dann. »Jetzt siehst du, was du von deinen dauernden Verboten hast. Unsere Tochter hat kein Vertrauen mehr zu uns.«

Dieter Schwalenberg blies empört die Backen auf und ließ die Luft langsam wieder zwischen seinen Lippen entweichen, als müsse er Dampf ablassen. »Darüber sprechen wir später«, sagte er und nahm Helen Baum ins Visier. »Ich verstehe nicht, was dieser Timo Kaiser mit der Entführung meiner Tochter zu tun hat.«

»Dazu wollte ich gerade kommen«, erwiderte Helen Baum liebenswürdig. »Wir lassen Alexander Neumann seit gestern überwachen. Und jetzt raten Sie mal, mit wem sich Neumann vor zwei Stunden getroffen hat? Die Antwort lautet: Timo Kaiser.« Helen Baum hielt einen Moment inne und registrierte mit Genugtuung Remmerts verblüffte Blicke. Daniela Schwalenberg ließ dagegen keine Reaktion erkennen. »Kaiser ist bei seinen Verhaftungen erkennungsdienstlich behandelt worden«, fuhr die Kriminaldirektorin fort. »Die Kollegen, die Neumann observieren, haben ihn anhand seiner Karteifotos eindeutig identifiziert. Neumann und Kaiser haben sich in einer Kneipe in Herford getroffen und eine Lokalrunde nach der anderen geschmissen. Die observierenden Kollegen hatten den Eindruck, Neumann und Kaiser hätten richtig was zu feiern. Möchtest du etwas dazu sagen, Daniela?«

Die starrte wieder auf den Boden. »Na und?«, fragte sie abwehrend. »Was geht mich das an?«

»Ich denke, sehr viel. Oder glaubst du, dass es ein Zufall

ist, dass der angebliche Augenzeuge der Tat offenbar sehr gut bekannt mit dem Freund des Opfers ist? Und glaubst du auch, dass es ein Zufall ist, dass diese beiden Personen, die von Hartz IV leben, wenige Stunden nach der Übergabe von fünf Millionen Euro Lösegeld mit dem Geld nur so um sich schmeißen? Glaubst du das wirklich?«

Daniela Schwalenberg schüttelte stumm den Kopf. »Mein Gott«, stammelte sie nur.

Dafür meldete sich Dieter Schwalenberg wieder zu Wort. »Ich denke, niemand von uns glaubt an einen Zufall«, sagte er. »Es ist, wie ich von Anfang an vermutet habe: Einer der dubiosen Freunde meiner Tochter hat diese Entführung geplant und zusammen mit einem Kumpanen durchgezogen. Ich habe Daniela von Anfang an gewarnt, sich mit solchen Menschen einzulassen. Nun, es ist für sie und für uns zum Glück einigermaßen glimpflich ausgegangen und ich denke, Daniela hat für die Zukunft aus dieser Sache gelernt.« Er warf seiner Tochter einen eindringlichen Blick zu. »Sie können sicher sein, Frau Baum, dass ich mich mit meiner Tochter über dieses Thema noch eingehend unterhalten werde. Was ich allerdings nicht verstehe, ist, was Sie jetzt noch von Daniela wollen. Verhaften Sie diese Verbrecher und sorgen Sie dafür, dass die beiden für immer weggeschlossen werden. Ich denke, wir können dann gehen.« Schwalenberg machte Anstalten, aufzustehen und den Raum zu verlassen.

»Wenn Sie noch ein paar Minuten warten würden?«, bat Helen Baum und Danielas Vater ließ sich wieder auf seinen Stuhl zurücksinken.

»Danke«, sagte die Kriminaldirektorin freundlich. »Aus meiner Sicht besteht in der Tat kein Zweifel, dass Neumann und Kaiser an der Entführung beteiligt sind. Aber sie haben die Entführung Ihrer Tochter mit Sicherheit nicht geplant. Neumann und Kaiser sind zwei Kiffer, die mit so etwas vollkommen überfordert wären. Nein, hinter dieser Sache steckt ein anderer.« Die Kriminaldirektorin fixierte Daniela Schwalenberg. »Jemand, der zwar noch sehr jung ist, der aber intelligent genug ist, so etwas zu organisieren und durchzuziehen. Daniela, hast du eine Ahnung, von wem ich rede?«

Das Gesicht des Mädchens zeigte keinerlei Regung.

Helen Baum lehnte sich in ihrem Stuhl zurück. Daniela Schwalenberg war eine harte Nuss. So kam sie nicht weiter. Die Kriminaldirektorin beschloss, alles auf eine Karte zu setzen, auch wenn das das Ende ihrer Karriere bedeutete.

»Okay, Daniela, ich werde dir jetzt erzählen, wie diese ›Entführung‹ meiner Meinung nach abgelaufen ist. Ich bitte dich, dir meine Theorie bis zum Ende anzuhören. Danach kannst du dich ja dazu äußern. Okay?«

Sie erntete immer noch keine sichtbare Reaktion, also redete Helen Baum einfach weiter: »Die Geschichte beginnt mit einem Mädchen, das sich in einen jungen Mann verliebt. Eigentlich eine ganz normale Sache, die täglich tausende Male passiert. Leider ist der Vater des Mädchens mit der Partnerwahl seiner Tochter nicht einverstanden. Ganz und gar nicht einverstanden. Und deshalb verbietet er seiner Tochter den Umgang mit dem jungen Mann. Irgendwann beendet die Tochter die Beziehung und beschließt, in Zukunft vorsichtiger zu sein. Bei ihrer nächsten Freundschaft, wiederum mit einem jungen Mann, mit dem ihr Vater mit Sicherheit nicht einverstanden wäre, wenn er denn davon wüsste, kommt der Tochter eine Idee. Ihr Vater ist nämlich sehr reich und mit seinem Geld hätten sie und der junge Mann eine sorgenfreie Zukunft. Hinzu kommt, dass das Mädchen seine Eltern hasst, weil es sich von ihnen nicht geliebt fühlt. Also schmiedet sie gemeinsam mit ihrem Freund einen Plan: Sie lässt sich zum Schein entführen, ihr Freund fordert von dem Vater ein Lösegeld in Höhe von fünf Millionen Euro. Um alles realistischer und dramatischer zu gestalten, behauptet ein Freund des jungen Mannes, er habe die Entführung beobachtet. Alles läuft nach Plan. Der Vater zahlt und der junge Mann und die Tochter können, spätestens wenn die Tochter achtzehn ist, ins Ausland gehen und mit dem Geld des Vaters ein Leben in Saus und Braus führen. Ende der Geschichte.« Helen Baum hielt einen Moment inne. »Daniela, bevor du dazu etwas sagst, muss ich dich darüber belehren, dass sich der Tatverdacht gegen dich so weit verdichtet hat, dass du als Mittäterin einer gemeinschaftlich begangenen räuberischen Erpressung zum Nachteil deiner Eltern in Betracht kommst. Als Beschuldigte steht es dir frei, dich dazu zu äußern oder nicht zur Sache auszusagen und jederzeit einen von dir zu wählenden Verteidiger zu befragen. Ich muss dich ferner darüber belehren, dass du zu deiner Entlastung einzelne Beweiserhebungen beantragen kannst. Hast du das verstanden?«

Daniela Schwalenberg schüttelte energisch den Kopf. »Ja, aber das ist alles nicht wahr«, beteuerte sie. »Ich bin *wirklich* entführt worden. Warum glauben Sie mir nicht?«

Helen Baum schaute zu Renate und Dieter Schwalenberg hinüber. Während die Mutter die Kriminaldirektorin nur entsetzt anstarrte, war Danielas Vater knallrot angelaufen. Wie ein siedend heißer Kessel kurz vor dem Platzen, dachte Helen Baum.

»Daniela«, fuhr sie in sachlichem Ton fort. »Neumann und Kaiser werden rund um die Uhr überwacht. Früher oder später werden sie uns zu dem Lösegeld führen. Wir werden die beiden festnehmen und verhören. Und irgendwann wird einer von ihnen auspacken und uns alles sagen. Denn eines wissen die ganz genau: Wer zuerst redet, bekommt einen Strafrabatt, die anderen gehen leer aus. Warum willst du nicht diejenige sein, die uns zuerst die Wahrheit sagt? Der Richter wird das bestimmt berücksichtigen.«

Daniela saß nur da und schüttelte den Kopf. »Das ist alles nicht wahr«, wiederholte sie. »Warum glauben Sie mir denn nicht?«

Helen Baum spürte, dass Remmert neben ihr immer unruhiger wurde und in das Verhör eingreifen wollte. In diesem Moment explodierte Dieter Schwalenberg. »Das ist doch alles ein Riesenschwachsinn!«, brüllte er. »Okay, Daniela hat leider diesen fatalen Hang zu gescheiterten Existenzen. Ich habe sie schon bei diesem Kevin davor gewarnt, dass dieser Typ sie nur ausnützt und an mein Geld will. Dass es aber eines Tages so weit kommt, dass dieser menschliche Abschaum, mit dem Daniela sich abgibt, meine Tochter entführt und mich erpresst, habe ich, ehrlich gesagt, nicht für möglich gehalten. Nun gut. Es ist passiert und ich bin mir sicher, dass Daniela in Zukunft bei der Wahl ihrer Freunde vorsichtiger sein wird.«

Aber, dachte Helen Baum.

»Aber«, schrie Schwalenberg, jetzt völlig außer sich, »wer behauptet, *meine* Tochter sei irgendwie in diese Sache verwickelt, der bekommt es mit mir zu tun! Diese Person mache ich fertig, die werde ich vernichten, und mit dieser Person meine ich Sie, Frau Kriminaldirektorin!«

Im Verhörraum breitete sich angespanntes Schweigen aus.

»Ich bin nicht deine Tochter«, sagte Daniela Schwalenberg plötzlich in die Stille. Sie richtete sich in ihrem Stuhl auf und sah ihrem Adoptivvater direkt in die Augen.

Helen Baum bekam den Eindruck, einen vollkommen anderen Menschen vor sich zu haben. Aus dem verschüchterten Mädchen war eine selbstbewusste Frau geworden.

Dieter Schwalenberg glaubte, nicht richtig gehört zu haben. »Was hast du gesagt?«

»Ich habe gesagt, dass ich nicht deine Tochter bin«, wiederholte Daniela ganz ruhig. »Und die da«, sie zeigte mit dem Zeigefinger auf Renate Schwalenberg, »ist nicht meine Mutter. Ich weiß nicht, wer meine Eltern sind, aber ihr seid es mit Sicherheit nicht. Und Timo ist kein ›menschlicher Abschaum‹. Timo ist der Mann, den ich liebe und immer lieben werde. Ihr seid Menschen, die, ohne mit der Wimper zu zucken, ihre Arbeiter ausbeuten und entlassen, wenn ihnen der Sinn danach steht, nur damit ihr ein paar Millionen mehr auf eurem Konto horten könnt. Ihr seid Menschen, die schlecht über andere Menschen denken, nur weil die nicht mit einem goldenen Löffel im Mund groß geworden sind, und ihr seid Menschen, die ihre Tochter schlagen und ihr alles verbieten, nur weil sie mal zu spät oder mit einer schlechten Note nach Hause kommt. Der menschliche Abschaum seid ihr!«

Mit diesen Worten wandte Daniela Schwalenberg sich Helen Baum zu. »Ihre Geschichte trifft im Wesentlichen zu«, erklärte sie mit fester Stimme. »Nach der Sache mit Kevin wusste ich, dass meine Eltern auch Timo nicht akzeptieren würden. Wir haben beschlossen, in ein paar Jahren ins Ausland zu gehen, aber dazu brauchten wir Geld, viel Geld. Das wollten wir uns von meinen Eltern holen. Wir haben einen Freund von Timo, Alexander Neumann, als Zeugen engagiert, meine Entführung vorgetäuscht und meine Eltern erpresst. Die letzten Tage habe ich mich in einem leer stehenden Haus in einer Schrebergartenkolonie versteckt. Nachdem Timo mir Bescheid gegeben hatte, dass meine – sogenannten – Eltern gezahlt haben, bin ich in der Neubausiedlung als Entführungsopfer wieder aufgetaucht.«

»Nein!«, schrie Renate Schwalenberg laut auf. »Daniela, wie kannst du nur so etwas sagen?«

Daniela musterte ihre Adoptivmutter mit unverhohlener Verachtung. »Weil es die Wahrheit ist. Ihr werdet euch damit abfinden müssen: Die, die ihr eure Tochter nennt, ist eine Kriminelle. Die ganze Stadt wird es erfahren. Der Tennisverein, der Reitverein und der Golfclub. Alle werden über euch reden. Die Schwalenbergs werden monatelang das Tagesgespräch Nummer eins sein. Und wenn es zum Prozess kommt, wird alles noch einmal hochgekocht. Ich sehe schon jetzt die Schlagzeilen in der Zeitung vor mir und alle werden lesen, was ihr für Menschen seid und warum ich das getan habe. Und wenn alles ausgestanden ist, werde ich Timo heiraten und mit ihm ins Ausland gehen. Dann habt ihr mich das letzte Mal gesehen.« Daniela schaute zu Helen Baum. »Und jetzt möchte ich bitte hier raus. Ich halte es nicht eine Sekunde länger mit diesen Menschen in dem gleichen Zimmer aus.«

Renate Schwalenberg heulte hemmungslos an der Schulter ihres Mannes. Der war kreidebleich geworden und sagte kein Wort. Mit zitternden Knien erhob er sich, zog seine Frau mit und verließ den Raum.

53

Endlich schien Marc Glück zu haben: Im Haus Bismarckstraße 27a wohnte eine Heidi Martens.

Marc schellte und ihm wurde geöffnet. Er betrat das Treppenhaus, wo er im zweiten Stock von einer blonden Frau empfangen wurde. Sie mochte Mitte fünfzig sein.

»Frau Martens?«, fragte Marc.

Die Frau musterte ihn gründlich, dann nickte sie kurz. »Sie wünschen?«, fragte sie misstrauisch.

»Ich weiß nicht, ob ich bei Ihnen richtig bin. Es geht um einen Hans-Werner Ebersbach.«

Frau Martens' Reaktion zeigte Marc, dass er ins Schwarze getroffen hatte. Obwohl seit Ebersbachs Tod fast dreißig Jahre vergangen waren, wurde die Frau bleich.

»Was ist mit ihm?«, fragte sie.

Marc entschied sich, bei der Geschichte zu bleiben, die er bereits der Hausverwalterin aufgetischt hatte. »Ich werde demnächst nach Siegen umziehen und suche hier eine Wohnung. Meine Eltern haben mich gebeten, mich bei der Gelegenheit nach Herrn Ebersbach zu erkundigen. Er war ein guter Bekannter meiner Eltern und ist Anfang Januar 1979 von Bielefeld aus in dieses Haus gezogen. Seitdem haben sie nichts mehr von ihm gehört. Ich habe gerade herausgefunden, dass Hans-Werner Ebersbach am 17. Februar 1979, also etwa sechs Wochen nachdem er hier eingezogen ist, Selbstmord begangen hat. In der Zeitung stand, eine Heidi M. habe kurz vor dem Suizid mit ihm gesprochen. Ich habe überlegt, ob Sie wohl diese Heidi M. sind.«

»Das ist richtig«, bestätigte die Frau Marcs Vermutung. »Aber kommen Sie ruhig rein.«

Sie führte Marc in ihr Wohnzimmer, wo sie ihn auf dem Sofa Platz nehmen ließ. Ein Getränk lehnte Marc ab.

»Was soll ich sagen?«, meinte Heidi Martens, nachdem sie sich mit einem Glas Wasser Marc gegenübergesetzt hatte. »Diese Geschichte hat mich jahrelang verfolgt und ich hatte eigentlich gehofft, dass mich niemand mehr darauf anspricht.«

»Es tut mir leid, wenn ich in alten Wunden rühre«, sagte Marc aufrichtig.

Heidi Martens lächelte zaghaft. »Schon gut, es ist halt schwer, die Gespenster der Vergangenheit loszuwerden. Was wollen Sie wissen?«

»Mich interessieren die genauen Umstände von Herrn Ebersbachs Selbstmord. Was ist damals passiert?«

Heidi Martens starrte an Marc vorbei auf die Wand, als helfe ihr das, sich die Ereignisse in Erinnerung zu rufen. Dann begann sie zu erzählen: »Ich kann mich an diesen Tag noch erinnern, als wäre es gestern passiert. Und ich fürchte, dass ich diesen Tag auch nie vergessen werde. Es war ein Samstag, der 17. Februar 1979, um die Mittagszeit. Ich kam gerade vom Einkaufen. Ich habe meinen Wagen auf dem Parkplatz vor dem Haus abgestellt und wollte schnell in meine warme Wohnung. Ich weiß noch, wie ich gefroren habe, obwohl ich dick eingepackt war. Es war an dem Tag bitterkalt, überall lag Schnee. Vor dem Haus standen ein paar Kinder um einen halb fertigen Schneemann herum, aber sie haben die ganze Zeit nach oben gestarrt. Ich habe gedacht: ›Was haben die nur?‹, und dann ebenfalls nach oben geschaut. Und da habe ich es gesehen: Auf dem Dach dieses Hauses saß ein Mann. Er saß ganz ruhig auf der Kante, seine Beine baumelten über der Tiefe. Ich habe meine Einkaufstüten fallen lassen und den Kindern zugerufen, sie sollten zu ihren Eltern laufen und die Polizei und die Feuerwehr alarmieren. Handys gab es damals ja noch nicht. Dann bin ich zum Fahrstuhl gerannt und bis in den obersten Stock gefahren. Ich habe mal gesehen, wie ein Techniker auf das Dach gelangt ist, und tatsächlich die Leiter gefunden. Die bin ich dann hochgeklettert.«

»Das war sehr mutig von Ihnen«, bemerkte Marc.

Heidi Martens lächelte traurig. »Ich weiß nicht. Im Nachhinein habe ich mir oft gewünscht, ich hätte es nicht getan. Aber damals habe ich gar nicht nachgedacht, alles ging ganz automatisch. Als ich auf dem Dach ankam, saß der Mann immer noch da, ich war vielleicht zwanzig Meter von ihm entfernt. Er hat mich nicht gehört, weil ein ziemlich starker Wind ging. Ich weiß noch, dass ich mich gewundert habe, dass der Mann nur mit einem dünnen Hemd bekleidet war, obwohl es so kalt war. Ich bin dann von hinten langsam auf ihn zugegangen und musste aufpassen, dass ich nicht ausrutschte und selbst runterfiel, weil überall auf dem Dach Eisschollen verteilt waren. Als ich noch ungefähr fünf Meter von ihm entfernt war, habe ich leise gerufen. Ich wollte schließlich nicht, dass er vor Schreck herunterstürzt, wenn ich ihn berühre. Der Mann hat sich dann ganz langsam zu mir umgedreht. Ich hatte ihn vorher noch nie gesehen. Dass er schon einige Wochen in diesem Haus gewohnt hat, habe ich erst später erfahren. Aber hier wechseln die Mieter so oft, dass man manche nie zu Gesicht bekommt.«

Sie seufzte und trank einen Schluck Wasser, bevor sie fortfuhr. »Als Erstes sind mir seine Augen aufgefallen. Die waren so unendlich traurig. Als ich diese Augen gesehen habe, wusste ich: Der meint es ernst. Er hat kein Wort gesagt, mich nur die ganze Zeit angeschaut. ›Was machen Sie denn da?‹, habe ich ihn gefragt. Was man so redet, wenn man nicht weiß, was man sagen soll. ›Wonach sieht es denn aus?‹, hat er erwidert. ›Tun Sie das nicht!‹, habe ich zu ihm gesagt. ›Warum auch immer Sie das vorhaben, *das* ist es nicht wert. Es gibt immer einen Ausweg.‹ Heute würde ich mir wünschen, ich hätte diese Worte nicht gesagt. Es war, als hätte der Mann auf einmal eine Erleuchtung gehabt. Seine Augen öffneten sich leicht und er hat gelächelt. ›Danke‹, hat er gesagt. ›Es gibt tatsächlich immer einen Ausweg. Aber manchmal eben nur diesen einen.‹ Dann hat er sich umgedreht und sich fallen lassen. Einfach so, völlig lautlos und ohne noch ein Wort zu sagen. Er war ganz einfach nicht mehr da. Ich war so fertig, dass ich am ganzen Körper gezittert habe und mich erst einmal setzen musste. Ich hatte keine Kraft mehr, wieder aufzustehen. Die Feuerwehr hat mich eine Viertelstunde später vom Dach geholt. Ich glaube, die dachten, ich wollte auch springen.«

Marc wartete eine Weile, bis Heidi Martens sich wieder einigermaßen gefangen hatte. »Sonst hat Ebersbach nichts gesagt?«, fragte er dann. »Kein Wort über sein Motiv?«

Heidi Martens schüttelte langsam den Kopf. »Das hat mich damals auch sehr beschäftigt. Als es mir ein paar Tage später etwas besser ging, habe ich mich deswegen an die Polizei gewandt. Die konnten mir aber auch nicht helfen. Es gab keinen Abschiedsbrief und niemand hier im Haus kannte Ebersbach. Als ich mich später noch mal erkundigt habe, haben sie mir gesagt, die Ermittlungen seien abgeschlossen. Es habe sich eindeutig um Selbstmord gehandelt und der sei in diesem Land nicht strafbar.« Sie lächelte matt. »Na ja, wen sollte man dafür auch bestrafen? Die Einzige, die dafür bestraft worden ist, bin ich. Ich habe noch monatelang unter dieser Sache gelitten.«

»Ich bin mir sicher, dass Sie nichts hätten tun können«, versuchte Marc, die Frau zu trösten.

»Mein Verstand sagt mir dasselbe«, erwiderte Heidi Martens. »Aber mein Gefühl sagt mir etwas anderes. Vielleicht wäre er nicht gesprungen, wenn ich anders vorgegangen wäre. Wenn ich doch nur wüsste, warum er gesprungen ist.«

Stille Tränen liefen über ihre Wangen.

»Ich fürchte, das werden wir nie erfahren«, meinte Marc. »Alles in Ordnung mit Ihnen?«

Sie nickte.

Er atmete tief durch, dann stand er auf und verabschiedete sich von ihr.

Das war's dann endgültig, dachte er, als er die Treppenstufen hinunterging. Alle Spuren waren im Sande verlaufen und es war wohl das Beste, die unbekannte Tote den Behörden zu melden.

54

Fünf Stunden nach der Befragung Daniela Schwalenbergs klopfte Helen Baum an die Tür von Remmerts Büro. Als sie eintrat, fand sie den Hauptkommissar hinter seinem Schreibtisch sitzend vor.

»Ach, Herr Kollege«, sagte sie wie beiläufig. »Ich wollte Sie nur darüber in Kenntnis setzen, dass morgen früh um zehn die Abschlussbesprechung der Soko ›Daniela‹ stattfindet.«

»Schlussbesprechung?«, fragte der Hauptkommissar erstaunt. »Halten Sie es nicht für ein wenig verfrüht, die Sonderkommission aufzulösen?«

»Welchen Zweck sollte die Soko noch erfüllen?« gab die Kriminaldirektorin zurück. »Der Fall ist aufgeklärt. Sie wissen ja, dass Timo Kaiser und Alexander Neumann vor vier Stunden festgenommen worden sind.«

»Haben die beiden schon gestanden?«

»Bisher haben sie noch kein einziges Wort gesagt«, musste Helen Baum zugeben. »Aber das dürfte nur eine Frage der Zeit sein, nachdem der Rucksack mit dem Lösegeld bei ihnen gefunden wurde. Außerdem haben wir ja das Geständnis der Haupttäterin.«

Der Hauptkommissar schüttelte müde den Kopf. »Das Einzige was Sie haben, ist ein *falsches* Geständnis aus Gründen, die offensichtlich sind. Gut, Alexander Neumann und Timo Kaiser stecken offenbar hinter dieser Sache. Aber es gibt nicht den geringsten Beweis, dass Daniela Schwalenberg an ihrer eigenen Entführung beteiligt war.«

Helen Baum bewegte den Zeigefinger hin und her. »Ich finde, Sie sind ein schlechter Verlierer, Herr Hauptkommissar«, sagte sie mit mildem Tadel in der Stimme. »Sie sollten mir endlich gratulieren und zugeben, dass ich von Anfang an recht hatte.«

»Sie hatten nur in einem einzigen Punkt recht!«, brauste Remmert auf. »Daniela Schwalenberg hasst ihre Eltern. Das ist bei ihr keine Pubertätserscheinung, sie hasst sie wirklich. Sie fühlt sich ungeliebt, missverstanden und unterdrückt. Und deshalb behauptet Daniela jetzt, sie habe die Entführung geplant, weil sie es ihren Eltern heimzahlen will. Sie will, dass ihre Eltern genauso leiden, wie sie gelitten hat.«

»Glauben Sie das wirklich?«, fragte Helen Baum.

»Ich bin sogar felsenfest davon überzeugt«, entgegnete Remmert ernst.

»Dann lesen Sie sich doch mal den Bericht der Spusi durch«, sagte die Kriminaldirektorin und warf eine schmale Kladde auf Remmerts Schreibtisch. »Ist gerade reingekommen. Sowohl auf dem Rucksack als auch auf dem Lösegeld sind Fingerabdrücke von Timo Kaiser, Alexander Neumann *und* Daniela Schwalenberg sichergestellt worden. Danielas Fingerabdrücke sind nach einer Ninhydrin-Behandlung auf genau neunundachtzig Hunderteuroscheinen entdeckt worden. Der Zustand der Scheine deutet nach Auffassung der Kollegen darauf hin, dass sich die drei vor Freude in dem Geld hin und her gewälzt haben.«

Remmert war kreidebleich geworden. »Das kann nicht sein!«, murmelte er vor sich hin. »Das ist doch nicht möglich.« Er öffnete die Kladde und las sich die Zusammenfassung des daktyloskopischen Berichts der Spurensicherung durch. Als er am Ende angelangt war, schluckte er schwer.

»Frau Kriminaldirektorin, ich glaube, Sie haben recht: Ich muss mich bei Ihnen entschuldigen.« Er blickte langsam auf. »Ich ...«

Remmert hielt inne; Helen Baum hatte das Büro schon lange verlassen.

55

Am späten Abend fand sich Marc einmal mehr in der Bielefelder Menzelstraße ein.

Schlüter öffnete ihm und führte Marc in das Wohnzimmer, das inzwischen weitgehend leer geräumt war. Er bot Marc einen Platz auf dem letzten verbliebenen Sessel an, dann zog er einen vollgepackten Umzugskarton heran, setzte sich seinem Gast gegenüber und lauschte Marcs Bericht über die Ereignisse in Siegen.

»Ich fürchte, damit ist das Ende der Fahnenstange erreicht«, schloss Marc. »Es ist durchaus möglich, dass Ebersbachs Selbstmord etwas mit der Toten auf dem Dachboden zu tun hat. Vielleicht hat er sie umgebracht und den Mord nicht verwunden. Aber das ist natürlich reine Spekulation. Vielleicht hat Ebersbach sich auch umgebracht, weil er Schulden hatte. Oder er war unglücklich verliebt. Oder manisch-depressiv. Oder er hatte unheilbar Krebs. Motive, aus denen Menschen ihrem Leben ein Ende setzen, gibt es wie Sand am Meer.«

Schlüter nickte langsam. »Und Sie glauben, es bringt nichts, weiter zu suchen?«

Marc schüttelte den Kopf. »Wir haben bisher nichts erreicht und ich bin mir sehr sicher, dass wir mit unseren Mitteln auch nicht mehr herausfinden werden. Wir wissen nicht, wer die Tote ist, wir wissen nicht, warum sie ermordet wurde, und wir wissen nicht, warum sie in diesem Haus versteckt wurde. Ich kann Ihnen daher nur raten, schnellstmöglich zur Polizei zu gehen. Vielleicht können die den Fall aufklären.«

Schlüter verzog skeptisch den Mund. »Ich weiß nicht«, sagte er. »Was ist, wenn mein Vater doch etwas mit ihrem Tod zu tun hat?«

»Dafür gibt es nicht den geringsten Anhaltspunkt, nachdem wir wissen, dass die Tote nicht Susanne Binder ist. Wenn Sie Gewissheit haben wollen, müssen Sie die Polizei einschalten.«

Schlüter zog scharf die Luft ein, dann seufzte er. »Das wird das Beste sein. Herr Hagen, Sie haben getan, was man tun konnte. Vielleicht mehr als das. Ich kann mich nur bei Ihnen bedanken.«

Marc grinste. »Ich fürchte, Sie irren sich. Meine Rechnung kommt in den nächsten Tagen. Ich bin mir nicht sicher, ob Sie dann immer noch so freundlich über mich denken.«

Sie standen auf und schüttelten sich zum Abschied die Hand. In diesem Moment schellte es. Schlüter entschuldigte sich und ging zur Tür.

Wenige Sekunden später betrat er in Begleitung eines älteren Paars den Raum: Frau und Herr Kasperczak.

»Sie kennen sich ja bereits«, meinte Schlüter. »Die Kasperczaks sind gekommen, weil ich ihnen angeboten habe, sich von den restlichen Sachen meines Vaters zu nehmen, was immer sie gebrauchen können. Landet ja sonst eh auf dem Sperrmüll.«

Herr Kasperczak nickte Marc zu. »Sie waren doch bei uns und haben sich nach Susanne Binder und diesem Ebersbach erkundigt«, erinnerte er sich. »Sind Sie da weitergekommen?«

»Teils, teils«, antwortete Marc vage und sah auf die Uhr. Mittlerweile hatte er seit fast vierzig Stunden nicht mehr geschlafen und sehnte sich nach seinem Bett.

»Unser Sohn Sebastian ist heute zu Besuch da, deshalb

kommen wir auch so spät vorbei«, sagte Frau Kasperczak. »Wir hatten Ihnen ja erzählt, dass er und Ebersbach früher manchmal was zusammen unternommen haben. Warten Sie mal.« Sie wandte sich ihrem Mann zu. »Hermann, bist du so lieb und sagst Sebastian Bescheid, dass er mal runterkommt.«

Ihr Mann nickte bereitwillig und verschwand, bevor Marc protestieren konnte. Frau Kasperczak drehte sich wieder zu ihm um. »Wir haben unserem Sohn erzählt, dass Sie sich für Ebersbach interessieren, und er konnte sich auch sofort an ihn erinnern.«

Marc lächelte müde. »Vielen Dank, Frau Kasperczak. Aber wir haben inzwischen herausbekommen, dass Hans-Werner Ebersbach tot ist. Ich fürchte, da wird uns auch Ihr Sohn nicht weiterhelfen können.«

Zwei Minuten später betrat Herr Kasperczak wieder den Raum, gefolgt von einem großen Mann mit schütterem Haar, dessen Alter Marc auf Mitte bis Ende vierzig schätzte. »Das ist unser Sebastian«, stellte Frau Kasperczak mit sichtlichem Mutterstolz vor. »Er wohnt ja jetzt in Düren, besucht seine alten Eltern aber noch regelmäßig, obwohl er so viel zu tun hat. Unser Sohn ist Elektrikermeister, müssen Sie wissen, und hat inzwischen seinen eigenen Betrieb ...«

»Mutter, lass doch«, wehrte Sebastian Kasperczak ab. »Ich glaube kaum, dass das den Herrn interessiert.« Er wandte sich Marc zu und reichte ihm die Hand. »Sebastian Kasperczak«, stellte er sich vor und nickte auch Schlüter kurz zu. »Hallo, Peter. Mein herzliches Beileid zum Tod deines Vaters.«

»Danke. Das ist Herr Hagen. Er ist Rechtsanwalt und hilft mir ein wenig, den Nachlass zu ordnen.«

»Aha.« Sebastian Kasperczak musterte Marc interessiert. »Und was hat Hans-Werner Ebersbach damit zu tun?«

»Eigentlich gar nichts«, musste Marc zugeben. »Sie kannten Ebersbach?«

»Ich habe ihn Ende der Siebzigerjahre kennengelernt«, nickte Kasperczak. Er schloss die Augen, blickte zur Decke und begab sich in Gedanken auf eine Zeitreise in seine Jugend. »Das waren wilde Zeiten damals. Alkohol, Mädchen, Marihu…«, er unterbrach sich, als ihm bewusst wurde, dass seine Eltern zuhörten. »Na ja. Auf jeden Fall ist Hans-Werner Ebersbach irgendwann Ende der Siebziger in die Wohnung über meinen Eltern gezogen. Ich war damals siebzehn und in der Lehre, Hans-Werner muss so Mitte zwanzig gewesen sein. Eigentlich ist das in dem Alter ein ziemlich großer Abstand, aber wir haben uns trotzdem gut verstanden. Hans-Werner war neu in der Stadt und hatte noch keine Freunde, da habe ich mich ein wenig um ihn gekümmert. Wir waren ein paarmal zusammen mit meinen Kumpels im *Römereck,* das war eine Kneipe, gleich hier schräg gegenüber, die Straße runter. Die existiert auch schon seit Jahren nicht mehr.« Er schüttelte betrübt den Kopf. »Also, was wollen Sie wissen?«

»Können Sie mir ein wenig mehr über Ebersbach erzählen?«, fragte Marc nun doch. »Was war er für ein Mensch?«

»Nett, eigentlich ganz nett. So ein Kumpeltyp halt. Wenn auch nicht gerade der Gescheiteste.«

»Wissen Sie, was er beruflich gemacht hat?«

»Ich glaube, gar nichts. Meine Kumpel und ich hatten damals zwar auch nicht viel Geld, aber wir mussten Hans-Werner immer einladen, weil er chronisch pleite war.«

»Hatte Ebersbach eine Freundin? Oder haben Sie ihn je in Begleitung einer Frau gesehen?«

Sebastian Kasperczak schüttelte den Kopf. »Nein, nie. Er war nicht gerade der Typ, auf den Frauen stehen. Er war ziemlich fett und sah nicht besonders gut aus. Auch wenn er sehr lieb war.«

»Wissen Sie, warum Ebersbach wieder aus diesem Haus ausgezogen ist?«

»Keine Ahnung. Er war von einem Tag auf den anderen verschwunden, ohne sich von mir oder meinen Freunden zu verabschieden. Ich habe nie wieder etwas von ihm gehört.«

»Hans-Werner Ebersbach hat sich kurz nach seinem Auszug im Februar 1979 das Leben genommen«, sagte Marc. »Haben Sie eine Erklärung dafür?«

»Was? Das hätte ich nicht für möglich gehalten«, entfuhr es Kasperczak. »Auf mich hat er nie einen depressiven Eindruck gemacht. Gut, er wirkte manchmal ein wenig melancholisch, aber er hat nicht über seine Probleme gesprochen. Frauen, Fußball, Autos, das waren damals unsere einzigen Themen.« Er grinste. »In der Reihenfolge.«

Marc musste gähnen und hielt sich die Hand vor den Mund. »Sonst noch etwas, was Sie mir über Ebersbach erzählen können?«, fragte er. Sein Interesse war wieder erlahmt.

Kasperczak schüttelte den Kopf. »Ich würde Ihnen gerne helfen. Aber Hans-Werner und ich waren nicht im eigentlichen Sinn befreundet. Eher gute Bekannte, die ab und zu mal einen trinken gegangen sind. Das war's eigentlich.«

Marc nickte und blickte bedeutungsvoll auf seine Uhr. »Dann danke ich Ihnen für Ihre Informationen«, sagte er zu Kasperczak. Und zu Schlüter: »Ich melde mich bei Ihnen.«

Mit diesen Worten drehte er sich um und machte Anstalten, den Raum zu verlassen. Da vernahm er noch einmal Kasperczaks Stimme in seinem Rücken. »Moment! Etwas ist mir gerade noch eingefallen«, sagte er.

Marc hielt in der Bewegung inne. »Ja?«

»Hans-Werner Ebersbach hatte einen Spitznamen«, sagte Kasperczak. »Gonzo. Wir haben ihn alle immer nur Gonzo genannt.«

Neue Westfälische

UNBEKANNTE LEICHE IDENTIFIZIERT

Die unbekannte Leiche, die vor drei Wochen auf dem Dachboden eines Hauses in der Bielefelder Menzelstraße gefunden wurde (die NW berichtete), ist aufgrund ihrer Kleidung, zahnärztlicher Unterlagen und einer DNS-Vergleichsprobe mit Verwandten eindeutig identifiziert worden.

Bei der Toten handelt es sich um die fünfzehnjährige Nadine Weber, die am 29. August 1978 in Gütersloh auf offener Straße gekidnappt wurde und seitdem spurlos verschwunden war.

Die Entführung hatte vor neunundzwanzig Jahren für beträchtliches Aufsehen gesorgt: Nadine Webers Vater, der 1995 verstorbene Gütersloher Bauunternehmer und Multimillionär Günther Weber, zahlte nach zwei gescheiterten Übergabeversuchen ein Lösegeld in Höhe von acht Millionen D-Mark. Trotzdem wurde Nadine nicht freigelassen.

Nadines letztes Lebenszeichen war ein handgeschriebener Brief, den sie in der Geiselhaft an ihre Eltern verfasst hatte, der Brief ist datiert vom 10. September 1978. Offenbar wurde Nadine Weber kurz darauf von den Entführern ermordet.

Die kriminaltechnischen Untersuchungen haben ergeben, dass die Tatwaffe eine italienische Pistole der Marke Beretta war.

Nadines Bruder, Jürgen Weber (47), der das Unternehmen 1993 von seinem Vater übernommen hat, nahm gegenüber der NW für die Familie Stellung: »Einerseits sind wir erleichtert, dass Nadines Schicksal endlich geklärt ist, andererseits sind wir sehr traurig und wütend. Nadine war noch so jung und sie war der freundlichste und hilfsbereiteste Mensch, den ich je kennengelernt habe. Nach dem Abitur wollte sie Medizin studieren und anschließend als Ärztin in einem Dritte-Welt-Land arbeiten. Diese Verbrecher haben nicht nur Nadines Leben zerstört, sondern unsere gesamte Familie.«

Bei der Aufklärung der Tat steht die Staatsanwaltschaft offenbar kurz vor dem Abschluss.

Ein Sprecher: »Dringend tatverdächtig ist ein ehemaliger Mieter des Hauses Menzelstraße 24, der im Februar 1979 verstorbene Hans-Werner Ebersbach. Bei der Überprüfung der Personen, mit denen Ebersbach sich in den Jahren 1976 und 1977 in der JVA Lingen die Zelle geteilt hat, sind wir auf die Spur von Jochen Meinrad und Friedrich Kornblum gestoßen.«

Meinrad wurde vor vier Tagen in Worms verhaftet und hat gestanden, an der Entführung beteiligt gewesen zu sein. Mit dem Tod Nadine Webers will er allerdings nichts zu tun gehabt haben. Friedrich, genannt ›Freddy‹, Kornblum hatte sich bereits im Winter 1978 nach Mallorca abgesetzt. Er entzog sich seiner bevorstehenden Verhaftung durch die spanische Polizei durch Freitod.

Westfalenblatt

MILLIONÄRSTOCHTER VERURTEILT

Gestern endete vor der Großen Jugendstrafkammer des Bielefelder Landgerichts der Prozess um die vorgetäuschte Entführung der Bielefelder Unternehmertochter Daniela S. mit teilweise empfindlichen Freiheitsstrafen.

Die siebzehnjährige Daniela S. wurde wegen räuberischer Erpressung ihrer Adoptiveltern zu einer zweijährigen Jugendstrafe auf Bewährung verurteilt, ihre Mittäter, der zwanzigjährige, vorbestrafte Alexander N. zu einer dreijährigen Jugendstrafe und der sechsundzwanzigjährige, ebenfalls erheblich vorbestrafte Timo K. nach Erwachsenenstrafrecht zu einer Freiheitsstrafe von vier Jahren und sechs Monaten.

Strafmildernd fielen die umfassenden Geständnisse der drei Täter ins Gewicht und die Tatsache, dass das von dem Ehepaar S. erpresste »Lösegeld« von fünf Millionen Euro fast vollständig sichergestellt werden konnte.

Der Vater von Daniela S., Dieter S., sagte unmittelbar nach der Urteilsverkündung: »Ich bin froh, dass es endlich vorbei ist. Dieses Verfahren war für meine Frau und für mich eine große Belastung.«

Auf die Frage nach dem derzeitigen Verhältnis zu seiner Tochter antwortete S. wörtlich: »Ich habe keine Tochter mehr.«

Marc-Hagen-Krimis von Andreas Hoppert

Der Fall Helms
ISBN 978-3-89425-273-1

»*Der Politthriller ist reich an Leichen, Rätseln, brenzligen Situationen und deutlichen Anspielungen, etwa was die innere Sicherheit Deutschlands angeht.*« Tip Berlin – Stadtmagazin

Erbfall
ISBN 978-3-89425-281-6

»*Der Roman ist nicht nur mit Überraschungen und Spannung gespickt. Er ist auch eine Geschichte von Liebe und Verrat. Eine deutsche Geschichte zwischen den Generationen – und wie die heutige Generation mit dem Erbe der vergangenen fertig wird.*«
Richter ohne Robe

»*Andreas Hopperts ›Erbfall‹ ist spannend von der ersten bis zur letzten Seite. In den 286 Seiten steckt nicht nur ein klasse Krimi, Hopperts Spiel mit geheimen Sehnsüchten (zum Beispiel nach reichen Erbonkeln) macht ebenso viel Spaß.*« WAZ Wochenende

Die Medwedew-Variante
ISBN 978-3-89425-308-0

»*Schon sein ›Fall Helms‹ und sein ›Erbfall‹, beide mit zeitgeschichtlichem Hintergrund, boten Spannungslektüre, mit dem neuen Buch hat er sich übertroffen. ... Binnen kurzem befinden wir uns in einem undurchdringlichen Gewebe von Schurkereien, Vorspiegelungen und Lügen. Das liest man in einem Zug, atemlos und ungeduldig, bis zum Ende.*« Neue Westfälische

»*Dieser Krimi ist so hochspannend, dass man ihn nicht mehr aus der Hand legt.*« Heidelberg aktuell

Zug um Zug
ISBN 978-3-89425-315-8

»*Wie Marc Hagen versucht, seinen Mandanten gegen alle Indizien vor dem Knast zu retten, ist hervorragend und kenntnisreich geschrieben.*«
Brigitte

»*Der Verlag bezeichnet den Autor als deutsche Antwort auf Grisham. Er irrt. Hoppert ist besser.*« Richter ohne Robe

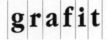

Anwaltskrimis von Wilfried Eggers

Die Tote, der Bauer, sein Anwalt und andere
ISBN 978-3-89425-233-5

»Ohne je an Fahrt zu verlieren, gewürzt mit bissigen Schilderungen aus dem Innenleben der Justiz, lockt der Roman mit prallen Bildern in die Tiefe von Landschaft, Geschichte und Schicksal. ... Was als klobige Dorfgeschichte begonnen hatte, entpuppt sich als tiefgründiges Drama um Schuld und Sühne.«
Robert Hültner, Münchener Abendzeitung

»Vom Recht, vom Moor und von den Bauern hat Eggers also eine Ahnung – und darüber schreibt er zum Glück auch. Und wie! ... Stilsicher wechselt der Schriftsteller zwischen den Milieus, die er treffsicher und amüsant beschreibt.«
Westdeutsche Zeitung

»Mann tötet Frau – der ›Bauernkrimi‹ handelt von einem ganz normalen Fall mit einem nicht ganz so normalen Ende. Er erzählt von dem Leben auf dem Land, den angeblich Normalen und den herrlich Verrückten, die es überall gibt. Und er vermittelt einen Einblick ins Intimleben der blinden Justitia.«
Land & Forst

Ziegelbrand
ISBN 978-3-89425-277-9

»Eine eindringliche Geschichte mit hervorragenden Personenschilderungen und mit bissigen Kommentaren zum Justizapparat, dem Leben in einer norddeutschen Kleinstadt und ganz speziell dem Leben in einem Altenheim.«
Buchprofile/Borromäusverein Bonn

»In Eggers' Roman überzeugen die dichte Atmosphäre und die sorgfältige Charakteristik der Protagonisten, selbst der Nebenfiguren. Der Anwalt Schlüter repräsentiert glaubhaft den Zweifler an Justiz und Gerechtigkeit, Döpner den klassischen Mitläufer im Nationalsozialismus – denjenigen, der nie gefragt und aus Angst nie Nein gesagt hat.« The Associated Press

»Wilfried Eggers gelingen in seinem zweiten Krimi mehrere Kunststücke. Das eine: Er berichtet mit unbarmherziger Genauigkeit vom Alltag im Altersheim und kann die Leser damit nicht nur für die Alten einnehmen, sondern sie auch noch amüsieren. Das andere: Er verzichtet auf viele Elemente einer gängigen Krimidramaturgie – auf Action sowieso – und erreicht doch eine Suspensegesättigte Lektüre von Beginn bis hin zum überraschenden Ende.« Lesart

Bester finnischer Krimi 2006

Matti Rönkä: Der Grenzgänger

Deutsche Erstausgabe
Aus dem Finnischen von Gabriele Schrey-Vasara
ISBN 978-3-89425-652-4

»›Der Grenzgänger‹ hebt sich deutlich ab vom Krimi-Mainstream. Matti Rönkä hat seine Charaktere wirklich mit Leben gefüllt, seine Sprache ist unprätentiös, klar und schnörkellos, die Handlung spannend und dabei realistisch. Der Grenzgänger wurde mit Recht 2006 als bester finnischer Krimi ausgezeichnet. Und was noch besser ist: Es werden weitere folgen.« Bayerischer Rundfunk

»Dieser zum ausgedehnten Selbstbetrug fähige Ermittler des Finnen Matti Rönkä ist ein großer Wurf, weil er alles andere darstellt als noch eine Knautschverpackung hehrer Werte. Im Roman ›Der Grenzgänger‹ nimmt Kärppä einen ganz legalen Suchauftrag an. Fast jede Frage aber trifft auf Gereiztheit, Misstrauen oder Schadenfreude, denn dieser Krimi spielt in einer Grenzregion, zwischen Esten, Finnen und Russen, alten KGB-Apparatschiks, neuen Geschäftemachern und ewigen Chauvinisten. Hier lösen sich die Grenzen des Nationalstaats ebenso auf wie jene der Moral.«
Thomas Klingenmaier, Stuttgarter Zeitung

»Zum Leben erweckt und geradezu schillernd wird diese Geschichte durch die intelligent konzipierte Figur des Detektivs Viktor Kärppä, in dessen Person sich die Themen spiegeln, die diesen Roman eigentlich, jenseits der Kriminalhandlung, so spannend machen: das alte und das neue Finnland, das finnische Estland und das estnische Finnland, die Armutsgrenze und der Wohlstandstraum zwischen Ost und West, die hehre Moral und das pure Durchkommen und nicht zuletzt das (Über-)Leben in Zeiten des neoliberalen Kapitalismus, für den das organisierte Verbrechen literarisch längst ein Synonym geworden ist.«
Ulrich Noller, WDR Funkhaus Europa

»Mit ›Der Grenzgänger‹ gibt uns Matti Rönkä einen intimen Einblick in das schwierige russisch-finnisch-estnische Dreiecksverhältnis. Der Tod kennt keine Grenzen.« Martin Schöne, 3sat ›Kulturzeit‹

»Rönkä erzählt mit ganz wirkungsvollen Mitteln – kunstvoll einfach. Und das muss man in Zeiten des Schwurbels schon sehr hoch loben.«
Thomas Wörtche, www.kaliber38.de

»Nach dem respektablen Harry Nykänen und dem kaum noch zu übertreffenden Pentti Kirstilä flattert uns aus Dortmund nun Matti Rönkä ins Haus – und überzeugt.« Dieter Paul Rudolph, www.hinternet.de – Watching the detectives